ええじゃないか

民衆運動の系譜

西垣晴次

講談社学術文庫

目次

本書中の市町村名は、原本刊行時（一九七三年）のものです。

また、本文中で「現在」とある場合も、本書が執筆された一九七三年頃のことを指しています。

ええじゃないか

民衆運動の系譜

古稀をむかえた父にささぐ

序章

慶応三（一八六七）年一二月一三日、大坂についた二四歳の若き英国の外交官アーネスト・サトウは、このとき、大坂の町々での異常な人々の状態を、後年、その回顧録のうちに記している。

舟で大坂へ戻った。大坂では市民が総出で、間近に迫った貿易の開始と同市の開港を祝って、お祭り騒ぎに夢中になっていた。

イイジャナイカ　イイジャナイカ

と、うたい、踊る、晴着をきた人の山が、色とりどりの餅や、蜜柑、小袋、藁、花などで飾られた家並みを練りあるく。着物は大抵緋縮緬だが、青や紫のものも少しはあった。大勢の踊り手が、頭上に赤い提灯をかざしていた。このお祝いの口実として、最近伊勢の内、外宮の名前の入ったお札《ふだ》の雨が降ったと言いはやされていた。

つづいて、同月の一六日にサトウは、この年の一〇月一四日になされた幕府の大政奉還の立役者の一人である土佐藩の後藤象二郎に会い、その日の夕方、友人二人とともに、「とかく」という料亭にむかうが、ここでもサトウは再び「ええじゃないか」の踊りの群衆にぶつかる。

燃えるようなまっ赤な着物で、踊りながらイイジャナイカの繰りかえしを叫んでいる人々の間をかき分けて行くのは、なかなか大変だった。往来の者も、踊りと提灯の行列の方に夢中だったので、私たちの通行にはほとんど気がつかなかったのだが、護衛が乱暴な態度で人々を押し分けては道をあけさせるので、喧嘩になりはせぬかと、はらはらした。しかし、群集は予期に反して何らの不作法をも私たちに加えず、また邪魔立てもしないで通してくれた。

「とかく」に着いてみると、主な部屋はみなお祭りの連中に占領されており、残りの部屋は締めてあった。私たちの出した使の者が、その時ちょうど断わられて追い帰されるところだった。私たちが立ったまま、部屋の交渉をしているところへ、踊り狂った若者連中や子供たちの一団が、とても華美な衣裳の丸々とした人形をのせた輣《かご》をまん中にかついで、あちらこちらに揺り立てながら、ぞろぞろと入ってきた。その家にいた宴会のお客はみな、家の部屋部屋を区切る襖の敷居のところへ迎いに出てきた。そして、居合わせた者が一緒に踊り狂ったのち、イイジャナイカの一団は再び姿を消した。踊り子らしい格好をした美しい娘の数は、この大坂では、私たちがそれまでの経験から想像していたよりもずっと多かった。(『一外交官の見た明治維新』)

藤村の描く「ええじゃないか」

幕末の大坂で異国人の目にとまった派手な服装をした大衆の乱舞、彼らの発する「いいじゃないか　いいじゃないか」の叫び声、それに伴う集団の熱狂状態、その起因とされる伊勢神宮のお札の大量降下という一連の現象は、なにも大坂という一地域のみに、また一二月の中旬という一時期に限られた局地的な現象ではなかった。

島崎藤村の『夜明け前』をみよう。いうまでもなく、舞台は木曾の馬籠である。

えゝぢやないか　えゝぢやないか
挽いておくれよ一番挽きを
二番挽きにはわしが挽く
えゝぢやないか　えゝぢやないか

えゝぢやないか　えゝぢやないか
臼の軽さよ相手の好さよ
相手かはるなあすの夜も
えゝぢやないか　えゝぢやないか

馬籠の宿場では、毎日のやうに謡《うた》の囃子に調子を合せて、面白可笑《おもしろおか》しく往来を踊り歩く村の人達の声が起った。十五代将軍が大政奉還の噂の民間に知れ渡ると共に、種々《さまざま》な流言のしきりに伝はって来る頃だ。その中で不思議なお札が諸方に降り始めたとの評判が立った。同時に、何処から起ったとも言へないやうな「えゝぢやないか」の句に、いろ〳〵な唄の文句や滑稽な言葉などを挿んで囃し立てることが流行《はや》って来た。

えゝぢやないか　えゝぢやないか
こよひ摺る臼はもう知れたもの
婆々《ばゝ》さ夜食の鍋かけろ
えゝぢやないか　えゝぢやないか

誰もがこんな謡の囃子を小馬鹿にし、また歓び迎へた。その調子は卑猥ですらあるけれども、陽気で滑稽なところに親しみを覚えさせる。何かしら行儀正しいものを打ち壊すやうな野蛮に響く力がある。

この「えゝぢやないか」が村の年寄や女子供までを浮々とさせた。そこへお札だ。荒町にある氏神の境内へ下った諏訪本社のお札を降り始めとして、問屋の裏小屋の屋根へも伊勢太神宮のお札がお下りになったとか、桝田屋の坪庭へも同様であるとか言はれると、それ祝へといふことになって、村の若い衆なぞの中には襦袢一枚で踊り狂ひながら祝ひに行くといふ騒ぎだ。お札の降った家では幸福があるとして、餅をつくやら、四斗樽をあけるやら、それを一同に振舞って非常な縁起を祝った。

誰もが又、こんな不思議を疑ひ、且信じた。実際、明るい青空からお札がちら〳〵降って来たのを目撃したと言ふものがあり、何かこれは伊勢太神宮の御告だと言ふものがあり、豊年の瑞兆だと言って見るものもある。この賑かな「えいぢゃないか」の騒動は木曾地方にのみ限らなかった。京大坂の方面から街道を下って来る旅人の話も戸毎に神棚を拵へ、拾ったお札を祭り、中には笛太鼓の鳴物入りで老幼男女の差別なく花やかな衣裳を着けながら市中を踊り廻るといふ賑々しさで持ち切った。（一部一二章八）

『夜明け前』は創作ではあるが、ここにあげた「ええじゃないか」の部分は、藤村の生家の隣の大脇家の記録「大黒屋日記」によったものである。

民衆運動の一つとして

この現象は、群衆の発した叫び声から現在では「ええじゃないか」とよばれている。「ええじゃないか」は約三〇〇年にわたる長い間、民衆を支配してきた徳川幕府が、政権を京都の朝廷に奉還し、幕府最後の年となった慶応三（一八六七）年の夏ごろから翌年のはじめにかけて、江戸、横浜、名古屋、大坂を結ぶ地域を中心に、日本のかなりの地方で、われわれの祖先たちをまきこみ、とらえ、かつ彼らによりひきおこされた現象であった。日本の民衆が個人としてではなく、民衆それ自身として一つの運動を、しかも、一揆のようにある特定の地域にとどまることなく、この「ええじゃないか」のように広範囲にひきおこした事例は、日本の民衆史のうえでもあまり類例がない。さらに慶応三年という幕藩体制（封建支配の体制）が崩れるという、まさに歴史の転機にあたって、ひきおこされたこの民衆の「ええじゃないか」は、そのことのみでも明治維新を考えるときに忘れられない事実だといえる。

ことに多くの民衆を、しかも慶応三年という歴史の決定的瞬間に動員し、そのうちにまきこんだということは、日本の民衆が歴史の形成に果たしてきた役割を考えるうえに、またわれわれがどのように歴史に参加していくかを決定することを迫られている現在において、大いに注目しなくてはならない問題であるといえよう。

このように「ええじゃないか」は、日本の民衆運動の一つとして注目されるものである。第一章以下に示すように、その形態や実情は実にさまざまな面をもっている。あたかもそれは民衆が単純な理論や概念、あるいは特定の政治的意図により簡単に処理することや、動かすことができないのと同様である。また「ええじゃないか」は、たんに同一時点における多様性だけでなく、民衆のおしすすめてきた歴史のうちにひそむ伝統による影響をも含んでいる。たとえば、今日のわれわれの日常的な、また合理的な感覚や感情からすれば、どこからともなく舞い降ってきた神符や仏像などをきっかけに、これを祀り、祝い、乱舞に数日をついやすなどということは、常識からみて考えられもしないことである。もし、われわれの家の庭先や屋根に、これらの神符などが発見されたとしても、それは人々の関心をひくこともなく、たとい多少の注意が払われたとしても、風のもたらしたものくらいのことで忘れられてしまうにちがいない。だが、慶応三年の時点ではちがっていた。神符の降下により、民衆はその日常的な生活のわくをこえ、猥雑さを伴う熱狂状態におちこんでいったのである。幕末の民衆が「ええじゃないか」の叫び声をあげたのは、なぜであろうか。神符の降下をもって瑞兆と感じた民衆の背後には、どのような歴史的な、また宗教的な感情が存在していたのであろうか。また動乱期の民衆を「ええじゃないか」にまきこんでいった社会的背景はどのようなものであったのだろうか。そうして、民衆はそこからなにを感じとり、またどのようなものをうみだしたのであろうか。

「ええじゃないか」の史料・資料の発表や研究は、大正時代から歴史学・民俗学などの立場からすすめられてきた。近来、幕末・明治維新の研究や各市町村単位の地方史・誌の刊行や地方史研究が盛んになるとともに、これまで知られていなかった史料・資料の発表されるものも多くなった。しかし、各地で公刊される市町村史は甚だ多く、そのうえ、「ええじゃないか」関係の史料や資料は比較的断片的なものが多いため、これを簡単にみることはむずかしい。そのため幕末の民衆の動向ということで、論著のなかで「ええじゃないか」についてふれられることが多いにもかかわらず、その論拠とされる史料・資料は限られた既知のものであることが少なくない。そこで本書ではなるべく、これらの史料・資料を紹介しておきたいと考える。もちろん個人の能力には限りがあり、見落しも少なくないかと思われる。読者の教示をえて、学界共通の材料をより豊富にし、それにより研究の一層の進展を願いたい。

第一章　「ええじゃないか」とは

「ええじゃないか」は、群衆のあげた叫び声から命名されたものだが、この現象は、その特徴的な叫び声のほかにどのような要素をもっていたのか、まず各地の例をあげてみよう。

東海道の宿場の一つ、水口《みなくち》は土山と石部につづき、天保一四（一八四三）年に六九二戸、人口二六九二人をかぞえ、関西から鈴鹿峠をこえる旅人にとっての宿場として栄えていた。ここでは、慶応三（一八六七）年の一一月ごろから御札が降りはじめた。


初は二所皇大神宮の御符多く、而かも通行頻繁の地方に於ては忽《たちまち》上空より屋頭、庭樹等に降り端倪すべからず。若夫《そ》れ神符の降るあれば卒《にわか》に其屋舎の四辺に青竹を立て標縄を張り、新に八足台を造らしめ之を座敷に移し、神符を其上に奠《お》き、神酒、洗米、灯明等を供へて之を祀り、家人は身体を滌《きよ》め衣裳を整へ、稽顙《けいそう》粛拝　嬉々欣々以て瑞祥の臻《いた》るとなし、更に酒肴を備え　供張を盛にして来客の款待に充つ。

親族、故旧、隣保等は何れも分限に応じ、貧富に随ひ、多少の贈物を斎し、其家に抵り吉祥を祝す。

男は紅粉を抹し、扮粧したる女子に模し、女は肩を脱ぎ　裾を掲げ、故に男児の雄貌に擬し、翁媼は青年に扮して道を歩み、少者は却て老人に倣ひ　杖を携るもありて　各隊を

「神のつけ」（児玉幸多氏蔵）　京の画家五嶺の筆になる降下した御札を祀る洛中の様子

作り、群をなし、彼処に一団、是処にも一隊をなし、斉しく手を拍ち、節を調へ　数種の歌を唱へ、ヨイジャナイカと云ひ　歓呼連唱　以て深夜に至る。其状　幾んど狂者の所為に異ならず。
　偶《たまたま》旅客の通行するを見れば　貴賤を論ぜず、之を家に延き酒肴を侑《すす》め、相共に拍手合唱、喧囂雑沓一時通路を梗塞し、旅人之が為に輒《たやす》く通行し難し、且東海道に由り逓伝すべき公私の貨物は、規定の日時を経て、尚次駅に到らざる等の弊害を免れず。是を以て庄屋役人は領主の命令に依り、各自家業を励み節約を行ひ、祝賀の時日を短縮し、或は贈遺の物を限定せしかば、翌四年正月の初に至り、漸次自ら止熄するに至る。其頃は伏見鳥羽の事変起り、駅路復騒然たり。（「雑記」『甲賀郡志』上）

「ええじゃないか」の構成要素

この近江水口宿での状態から、われわれは「ええじゃないか」を構成するいくつかの要素を指摘することができる。⑴神符の降下、⑵神符を祭壇を設けて祀る、⑶祝宴、⑷男子の女装、女子の男装、⑸ええじゃないかの歌と踊り、⑹領主の命令による平常化。だいたい、以上の六つの要素をあげることができよう。

大正六（一九一七）年、六七歳で没した舟木宗治（柳昇）に『五十年の夢――幕末見聞録――』という著作がある。彼は京都で明治初年から戸長、学務委員、京都府会議員などを勤めた人物であるが、そのなかで次のように回顧している。舟木、一七歳、京都でのことである。

此年夏の末より御札が降ることが流行し、大神宮、熊野権現其他種々の神々の御札が各家のうちへ降る。例えば庭を清浄にして白砂を敷き七五三縄を張り待ってゐると、そこへ大神宮の御札が降る。天より降るなり、或は天満宮も八幡宮、或る家は銅貨が六文店へ降って来た。客の置忘ではあるまいか、近傍の人は、北の方より銅貨六個、中天を走り来り、此の家へ入りたるを見たと云ふ。又子供が誠意庭を清めて待ってゐると、そこへチラ〳〵と降て来るなど甚だ奇異である。其の御札の降下したる家は、今日の徴兵入営者の餞町の如く、其降りたる御霊を祭り、神（酒脱カ）を備へ、親類縁者、町内近傍の人を招き祝宴を開くのである。

是は近来の不景気時節直しじゃとてヨイジャナイカ〳〵と云ふ踊りが初まり、猫も杓子も踊り狂ふ。仮装行列の如く姿を変へる事が流行し、男が女に、女が男になるは素より種々の風体をする。或は関白又は弁慶、菅公を粧ふもあれば、当時流行の浪士の姿をして、両刀（をカ）にさして、高き下駄をはきて歩行するもある両刀は木刀。是は世直しとて奉行も見ぬふりをして居る。

　追々神札の降る家も数多くなり、世の中の狂ひ騒ぎも益々盛んになり、二枚三枚の縮緬友染等の袢纏着て踊り歩かぬ者はない。予は或る時、御所の女中が宿下りに来られたれば、其衣裳を借りて、桜といふ供の女中まで借りて、紫帛紗包を持たせシヅ〳〵と中立売御門を入りて、公卿門前を南へ行くと、いかに見違へたるか、公卿侍が継裃にて両手をつき平伏す。予は知らぬ顔にに(てカ)行過ぎたれば事なかりしに、其侍の前へ来りバア〳〵と云ふて目をむきたれば、其侍大に憤る。コリャ〳〵　ヨイジャナイカ〳〵にて済む。

　御所の内でさへ此如し、況んや市中は乱暴である、市内各所大概一町に一ヶ所以上、多きは五六ヶ所もある。商売を休みてまでも狂ひ廻るより、十二月北町奉行所より踊り禁止の令を出し　不審なる者四五人捕縛せしかば、此者等は大神宮其地(他カ)の御札を多く所持せしと、何の為めにせし外(ママ)かは不明なるも、今日の新聞号外の如く投げ込みしものならん。夫より火の消たる如く踊も止み御札も降らず。(『五十年の夢』)

「世直し」への期待

　本人が御所の女中に仮装して、御所のなかまで入り、しかも公卿侍が仮装した少年に平伏するなど、甚だユーモラスな本人の経験も語られており、事実とみてよいであろう。京都の「ええじゃないか」も、水口と同様、六つの要素によりなりたっている。さらに、ここでは、(7)こうした騒乱をひきおこしたと考えられる者のことが語られている。これもさきの要素に加えておこう。なお、北町奉行所からの踊りの禁令が一二月に出たとされているが、他の文献によるなら禁令は一一月一三日に出されている（『京都府百年の年表　宗教編』）。おそらく後者が正しいのであろう。この思い出で、もう一つ注目しておきたいことがある。それは一二月（一一月）に至り奉行所から禁令が出るのだが、当初においては、「近来の不景気時節直し」とて踊りがはじまり、「是は世直しとて奉行も見ぬふりして居る」とあるように、奉行所＝支配者側も黙認していることである。そして、その黙認の理由は「世直し」であるからという。民衆はもちろんのこと、支配者側においてすらも、「ええじゃないか」のうちに「世直し」の意識を認めていたという点である。⑻民衆がわれを忘れ、踊り狂った背後に、「世直し」を期待する気持が大きく働いていたことは、のちに触れるように、前年は不作で、米価があがり、また政治情勢も混沌としていた当時にあっては当然であったといえよう。ここに「世直り」の意識、「世直し」への期待も、「ええじゃないか」の要素をなすものであった。

次に名古屋の場合をみよう。名古屋の町々や各地の例を書き留めたものである。

八月の末　城南門前町辺へ、伊勢の御祓降りたりとて、官に申して其降りたる家に祀りたりしが、九月初に至りて本町筋所々へ降り、次第に降りたる家多くなりて、八日・九日頃に至りては城南縦横の町々祀らざる町なく、一町に一二家より、多きは両側にありて六七軒に及ぶ。此時に及んでは諸所の神符のみならず、仏家より出す仏像の揚したるも降りたりとて、祀りたる所多くあり、重陽の日、京町筋、本町通、横三ツ蔵筋迄の内にて観たる神符、仏影、大概左の如し

伊勢内外宮　熱田皇太神宮　同八剣宮　春日大明神　八幡宮　津島天王　大己貴蛭子神を祀りたるの古板の摺本なり

右唯一の神符也此内伊勢の御祓最多し　中には幣もあり

金毘羅大権現　秋葉大権現　清正公　豊川大明神　道了大権現大丸屋に祀る　伊勢と並べ祀る、東国に此祠ありと云

右は両部習合の神符

谷汲山観音京町通、七間町、本町の間　北側、馬具縫工

歳徳王女神　普賢馬上　本町二丁目東側、厨子に入たる小像也　木像か銅像か未詳

毘沙門天　大黒天

摩利支天　笹葉名号笹葉の形にて名号を書たる小箋　摺本也

親鸞上人　信州善光寺堂照坊にて染筆

此時上人歌あり紙に書して出す、此歌結句は南無阿弥陀仏とあり

魚骨石　一寸許の光ある石也越後国民家にて不思議を顕はされたる時、魚を喫て水に投られたるが石となりたる也と云、色白に少赤、骨の形凹たり。骨を去りたる肉の如し、右は九月九日四ツ時頃、魚骨石に名号の小箋を巻付て降りたりと云

右は全く仏寺より出す影像也。

八月末、門前町仏工の所へ降たるを始とすと云。

九月七日頃、長久寺筋太田英太郎庭へ降。大曾根清水町へも降、鉄砲塚永楽屋伝右衛門所へ九月九日降る、八幡宮也。

宮に達すれば　七日の間祀るべし、但、奢ヶ間敷事を禁ぜらると云。

此余、猶種々の神符・仏影ありときく。いまだ其詳を聞ざるゆへ記さず。

其祀り方は、店頭を屏風或は幕等にて隔て一間とし、階を幾級にも作り、上に新薦を敷、前に神酒・強飯・菓子・野菜・蔬果・魚等思ひ〳〵に並べ樽を多く並べ連ねたるもあり灯を点じ、前にも幕を張掲げ、提灯に各其神号を書し、長き竹の笹のつきたるを簷頭に双立し、しめ縄をはり、町内家毎に提灯を簷に掛たるもあり、別に提灯の台を植立て掛たるもあり、竹枝に連ね掛たるもあり、観拝者各賽銭を投ずるにより、別に賽銭箱を設たるもありこれは多くはなし。神前・仏前へ直に投たるは銭重畳して積りたり。少年の者、種々の打扮《いでたち》して馬を牽き走り、或は列歩躍りあるくもあり。大八車を二輛縛し幕をはり、其内に乗りて太鼓・笛等を鳴し、長縄をつけて牽くもあり、毎街のにぎわひ人気飄颻たり。或は店頭に物を集めて、種々物形を作りて奇観とするもあり。夜は町の張灯光耀し、篝火煥若、殆ど白昼のごとし。これを観る者群集す。

長島町、伝馬町北へ入町路傍に、油皿を数百架を重ね置て火を点す。往時、宝永・明和・天保年間、伊勢の御祓所々に降りて、御蔭参りといふ事はやり、伊勢の両宮群集する事往々記録ありといへども、今年の如く神仏交り降るの事はなし。人心惑乱に近からざらんや。去年の飢荒に比すれば、当秋豊熟にして人心も穏になりたれば、彼周代の蜡の如く、一国の人狂の如しといふとも、これを許して問はざるをよしとすべきか。


（「感興漫筆」『名古屋叢書』二十二）

伊勢神宮への意識と猥雑さ

名古屋でも水口や京都とほぼ同様の状態であったことがうかがえ、かつ降下したものがたんに神符だけでなく、仏教関係のものにまで及ぶという多様性を示している点が注目される。⑼また、ここで御札の降下の前例として、宝永・明和・天保（文政一三年＝天保元年）の伊勢へのおかげ参りのことに説き及んでいることも、「ええじゃないか」が、民衆による全く偶発的な騒ぎではなく、その背後に歴史的な民衆のうちに伝えられた意識がひそんでいることを暗示するものとして、大いに関心をひく点である。御札の降下によるおかげ参りの発生という事実は、さらに他の史料により究められなくてはならないが、ここではそうした民衆のうちに伝えられた伊勢神宮への伝統的な感情の存在も「ええじゃないか」を根底から支えている要素として考えなくてはならぬことに注意しておこう。

各地の史料から「ええじゃないか」を構成するいくつかの要素をひろいあげてきたが、もう一つの要素がある。次の史料は当時、伊勢の内宮と外宮の間にあって遊里として知られていた古市《ふるいち》の備前屋に奉公していた堀口芳兵衛の書き留めた「慶応伊勢御影見聞諸国不思儀之扣」（『神宮参拝記大成』『大神宮叢書』・『民衆運動の思想』日本思想大系）である。

尚々此ころは、両宮内に凡廿軒・卅軒も御祓御下り被レ成候。或は大黒・蛭子抔御降被レ成真最中にて、家分に応じ御下りの有家には、御造酒として上酒壱樽、或は弐樽・三樽、又は五樽。此比は川崎へん・妙見町抔には、家々に右の造酒を、亭主抔が商売は皆御下りあると四五日も休み、只表を通る人にのますのを仕事に致し、又奉公人抔や娘・下女之類

は、昼夜鳴物抔を打たゝき、男女老若も町中をさわぎ、其時のはやり歌にも
おめこへ紙はれ　はげたら又はれ　なんでもゑじゃないか　おかげで目出度
といふ斗りにて大さわぎ、又は面におしろい抔を附、男が女になり女が男になり、又顔に
墨をぬり老母が娘になり、いろ〳〵と化物にて大踊、只よくも徳もわすれ、ゑじゃないか
とおどる而已なり。両宮へ日々様々の姿にて、或は揃にて参詣いたすもの大賑々敷事也。

ここでみられるはやり歌は、伊勢のみではなく、各地にみられた。淡路島でも、

御影で　ヨイジャナイカ　何ンデモ　ヨイジャナイカ　ヨイジャナイカ　ヨイジャナイカ
おまこ紙張れ　へげたら又はれ　ヨイジャナイカ
三年前から尾張様ニ長州と和ぼくの下心　よいじゃないか　よいじゃないか

(「水田家文書」『洲高社会科雑誌』八号)

と、うたわれたという。また、あとで述べるが山口吉一の『阿波えゝぢやないか』にも、この「ええじゃないか」に伴う性的解放を示すような話がいくつか載せられている。⑽つまり「ええじゃないか」の要素のうちには、混乱により生起した猥雑な面のあったことも忘れてはならない。

以上、東海道の宿場の水口、名古屋、京都、伊勢の古市、淡路島の例をあげて、「ええじゃないか」とよばれるものの各要素をあげてみた。整理してみると、

(1)　神符類の降下（発端）。
(2)　空より降下した神符類を祀る。
(3)　数日にわたる祝宴。
(4)　人々の男装と女装にみられる日常性の否定。
(5)　ええじゃないかの歌と踊り。
(6)　領主の命令・指導による平静化（終末）。
の六つの要素がみられる。これに加えて、
(7)　背後にあった煽動者の存在。
も見逃すことはできない。これをさらに特徴づけている民衆の意識面にかかわると思われるものに、

(8)　世直しへの意識と期待。
(9)　神符の降下により、ひきおこされた数回の伊勢神宮への「おかげ参り」の伝統。
(10)　男装・女装にもかかわってくるところの、「ええじゃないか」の歌にもっともよく示されている猥雑さ。

以上の三要素がある。前の七つの要素が直接的な「ええじゃないか」の構成要素だとすると、後者の三要素は民衆の意識面にねざしたそれだけに重要なものといえる。以下、これらの諸要素をさらに具体的にながめてみよう。

しかし、「ええじゃないか」をめぐる問題はこれだけにとどまるものではない。それは「ええじゃないか」が、どの地方にいつからいつまでみられたかという、いわば地理的なひ

ろがりにかかわる問題である。民衆は自分の生活している地域と深いかかわりあいをもつ。ことに近代以前では、民衆と地域の結合は堅い。地域のそれぞれの特色を無視しては、民衆をかりたたせた「ええじゃないか」を語ることはできないであろう。各地域と民衆と「ええじゃないか」の関係をさぐることで、さきにあげた「ええじゃないか」の各要素、さらには全体的な性格も、より明らかになっていく。

第二章　「ええじゃないか」の発生と展開

「ええじゃないか」は、慶応三（一八六七）年におこったが、これは同時に発生したものでなかったことは、これまでに示した例からも理解できることである。では、どこで最初におこり、どのような経路で伝播していったのだろうか。

大正四（一九一五）年、雑誌『歴史地理』二五巻三号に「慶応三年冬京阪地方に於ける神仏天降の巷説に就いて」という報告がみられる。歴史の部門での「ええじゃないか」についての最初の報告である。大正五（一九一六）年に、雑誌『郷土研究』に報告された資料を整理した明治維新史の研究家であった井野辺茂雄は、同じ雑誌の三巻十号に「神符の降下に就いて」という論文を発表した。ここで井野辺は、発生とその伝播の経路について、

基源地が東国なる事は殆ど疑を容るゝ余地がない。……まず尾州名古屋がはじまりである。名古屋で此事の行はれたのは、三年の七八月の交で、……此流行は、東海道を辿って西の方に進み、伊勢・近江を経て、十月の半ばには淀・八幡・伏見を風靡し、忽ち京都へも移り、十十一月の交、更に大阪と兵庫とに感染した。……京都ではじまったのは十月の末である。……十一月になって丹波の篠山にも行はれた。……要するに此流行は東国から起って関西に伝はったのである。

としている。整理してみると、

七・八月　名古屋
九月　伊勢、近江
一〇月半ば　淀、八幡、伏見
一〇月末　京都
一〇・一一月　大阪、京都
一一月　篠山

ということになる。その拠るところの史料の明示が、『郷土研究』以外のものについてはあまりないのが残念であるが、発生と伝播の経路をまず明らかにした最初の仕事である。つづいて、昭和六（一九三一）年に出た山口吉一の『阿波えゝぢやないか』では、一一月に撫養《むや》に入ってからの経路を、阿波一国について詳しく示した。

戦後では昭和二三（一九四八）年、遠山茂樹が「近世民衆心理の一面」（『社会圏』八月号）において、

八月下旬名古屋地方にお札が降ったとの噂をきっかけに、老若男女が「気違ひの如く」おどり狂ったのが初りで、この狂風はたちまち四方に伝播し、九月には大津・駿府に、十月には京都・松本、十一月には甲府といった具合に、大阪・西ノ宮・東海道一帯、横浜・伊勢・淡路・阿波・讃岐・会津その他全国各地に波及した。

とした。

また石井孝は『学説批判　明治維新論』のうちに、「慶応三年における民衆の動向」の一節を設けて「ええじゃないか」のすぐれた研究史的展望を述べたが、そこで石井は、

「ええじゃないか」は八月の末名古屋地方に起ったのがはじめらしい。それから東は東海道一帯を風靡して横浜・江戸におよび北は美濃・飛驒・信濃・甲斐におよび、南は伊勢から大和をへて畿内一帯に波及し、それから西は、播磨・淡路より讃岐・阿波に達した。江戸から北の関東・奥羽・北陸、西のほうで、中国・九州で行われた事実はいまだ知られていないようである。

と、その発生と地域とを要約した。

これらは、ほぼその発生地を名古屋に求めている点では一致しているが、ただ、民間の歴史学者として独自の史観をもった田村栄太郎は、「お札が降ったのは、何処がはじめかというと、慶応三年八月ごろに横浜へ降ったのが始めである。」と、横浜発生説をとっている。この説の根拠は『横浜開港側面史』にみえる塩谷幸三郎の話によるものと思われるが、日時については明らかではない。

名古屋説、横浜説のほかには、三河説がある。これは『岡崎市史』第八巻にみえるものだが、「慶応三年の御影参は、三河が発源地であると云ふから面白い」とあるだけで、その根

拠が示されていないから、おもしろいとばかりはいえないし、「おかげ参り」と「ええじゃないか」との関係も問題であるから、紹介するにとどめておこう。慶応四（一八六八）年に出た「古今不思議ノ次第」という一枚刷は「万戸えじゃなひかの声かまびすし、其根元ハ駿河国ゟ天降相始り」と駿河説をとっている。

「おかげ参り」と「ええじゃないか」踊りを、慶応三年の段階で分けて考える相蘇一弘は、

慶応三年八月頃から東海地方一帯で種々の奇瑞と共にまず「お蔭参り」が始まったのではないかと推察する。そしてその騒擾のなかで、殆んど同時に名古屋あるいはその他の東海地方から「ええじゃないか」踊りが始まり、まず畿内へ伝播、東海地方では「お蔭参り」的な騒擾が断続するなかで、更に噂が伝わり段々いわゆる「ええじゃないか」の様相を整えるに至り、それが関東地方へと波及して行ったのではなかろうか。

と、ふくみのある見解を述べ、さらに資料により伝播経路を示す地図を掲げている。（「〝ええじゃないか〟私考」『大阪市立博物館研究紀要』二）

このようにその発生地をどことするかについても、まだ一定の見解は出されてはいない現状であるし、その普及地域の範囲に至っては、名古屋、東海道筋、横浜、江戸、伊勢、近江、京都、大阪、神戸あたりは、各々一致してあげるところだが、その外辺部については一致する点は多いとはいえない。さらに、具体的な史料・資料が必要といえるのである。以下では、やや繁雑であることは承知のうえで、なるべく多くの史料・資料を示しながら「ええ

じゃないか」の発生と伝播の経路と、その地域との様相をたどることにしたい。

東海地区

これまでの史料によると、「ええじゃないか」のきっかけをなす神符の降下は、まず東海道筋ではじまったようである。東海道の宿場見付での八月一五日の例が最初である。『磐田市誌』によると、

八月一五日の見付宮小路髪結松五郎方へ大神宮御祓が降った。これに対して翌日馬場の若狭屋は、御供二百と投げ餅を二斗程上げている。それより所々へ御祓が降っているが、九月一八日の朝は若狭屋前蔵の庇へ降った。そこで町内の若者が集り、御社をつくり、お飾りをするやら、表に松を植えるやら、また所々より幟や提灯の寄進があり、これに参詣する者あり、翌一九日にはおかちんをつき、町内若者御幣をもち、にぎにぎしくふるまい、さらに翌廿日には女子供を呼んでもてなし、それより御賽銭おかちん残らずまき、お祝いめでたく終了している。かくて同廿四日朝一〇時近く町内の有志は伊勢へ抜参に出発している。（『磐田市誌』下）

ここでは神宮の御祓が降り、御祓は御社に祀られ、その御社への参拝と祝宴があり、文政一三（一八三〇）年の例が思い出され、抜参りもなされた。「若者たちがにぎにぎしくふる

まった」とき、その服装がどうであり、また歌と踊りがみられたかどうかは不明である。

見付宿で御祓の降下のあった数日後、遠州報国隊といって朝廷の有栖川宮を大総督とする幕府追討軍に協力、参加した草莽諸隊の一つの結成に力のあった引佐郡引佐町の井伊谷八幡の神官山本金木は、その日録の八月一九日のところに、近辺の地域の御札降下の噂について、次のように記している。

当月中頃、三州吉田（豊橋）辺より始り、浜松辺も大神宮並ニ諸々山々ノ神札降り候迚実ニトリハヤシ居レバ空中ヨリ降リ来ル由ナリ諸人大取のぼせニ相成、酒餅其外数々施行出シかね太鼓ニて打はやしウカレ歩行候。此節は我が近村之山中迄流行いたし候。カカルヘウキンナル事ハハヤリ神ノナスワザナレバ、人ノウカレタチテサワゲバサワグマニ〳〵アヤシキワザヲナスナレバ、当節ハ随分ハ心ヲシヅメ居ルベキ事ト拙ハ相心得候。ソレユエニヤ拙村計リハ一枚モフリ申さず候（『磐田市誌』下）（山本金木日記一八六頁）

山本金木の記した様相は、「諸人大取のぼせ」とあるように、その熱狂の状態がうかがえる。山本金木は、これを「ハヤリ神」＝流行神のしわざと考え、「心ヲシヅメ」ていたから、自分の村には一枚も降下はなかったと、いささか自慢げに記しているが、その日記はつづいて、

二十一日　御札降り大流行、此頃気賀ニテ三日騒ギ候。三百両ニテハ不足ナルヨシナリ。

二十四日　御宮参リアリ。右ハ村々御札降候故無難ノタメ也。晩　谷田半七方へ秋葉札降タルト也。
二十五日　右御札降候ニ付村中罷出　半七方へ祭リ酒四斗余も呑候由、依而若者等ハダカニテ村中ここかしこの家へ舞込大騒ナリ

と、とうとう浜名湖の東北の側にある彼の村にも降下のあったことを記している。
同じ東海道の宿場で、大井川の西岸にあった金谷宿での例も、見付にならんで早いものであった。

慶応三年八月中旬より東海道宮宿始め、吉田宿東海道下り宿々在々　伊勢大神宮様外八百万神様　諸仏様　天より御札降て宿々在々賑敷事　当宿ハ八月上旬頃市ヶ島竹内弥三郎と申者娘　農業ニ参り字たゐよくと申処にて長サ壱寸五分位成箱　御祓箱拾ひ来り候て同人表口へ御祭申　宿中男女参詣致し（「歳代記」『島田市史』中）

と、金谷宿の松浦幸蔵は記しているが、文中の八月上旬が事実とすると、神符降下のもっとも早い例になるが、以後の金谷宿での降下は九月一二日のことで、一二日以降連続して一一月二五日まで一四二件、一六六枚の大量降下があった。八月上旬の例は降下でなく「拾ひ来」たったものであるし、八月上旬とその日が明らかでなく、また文中、八月中旬にはじまる他所の例をまずあげていることからすると、市史の筆者の註記のように九月の誤りかと考

えられる。さらに落ちていた祓箱を自宅の表口に祀ることも、近在での御札の降下とそれを祀ることを聞いていて、はじめておこる行動であろう。

山本金木が噂として記している浜松では、八月二九日に藩の出役から次のような触書が出されている。

此の節諸神社の札或いは守等の類降り授け候趣にて、右信心のため多人数打揃い鳴物等をあい用い、裸または異様の風俗にて　諸社へ参詣あいこし候もの共もこれあり、心得ちがいよろしからざる事に候、向後は右体の儀は決してあいならず、全く信仰のため常体の参詣は苦しからず候

右の趣、小前末々まで洩れざる様にあい達すべく候

たゞし、他領より右体の者参詣にまかり越し候共、あいことわり申すべき事、尚また他領へまかり越し候義は向後あいならず候（「有玉村高林家書抜簿」『浜松市史』史料編三）

そうして、浜松の北に位置するこの有玉下村でも、八月晦日に村の白山宮の拝殿に秋葉の火防の札と金毘羅の札が発見され、村中一同で祭りを挙行している。藩＝支配者側が禁令を出すのは、事件がおこった直後ではなく、その事件がある程度ひろがり、社会的な影響を及ぼしてからのことであるから、八月二九日付の禁令の発布は、浜松でのそれ以前からの神符降下の事実があったことを、さきの山本金木日記に載せる噂とあわせることで推定できる。

さて、大井川西岸の金谷では九月一二日から本格的に神符の降下がみられ、対岸の島田で

も、島田から二里ほど離れた藤枝の宿でも、ほぼこのころに降下があったと伝えられている。島田と金谷の間を流れる大井川の上流井川村では、村内の口坂本の与四兵衛の家に一一月二七日に秋葉山の札の御降りがあり、与四兵衛は主人の井川村の郷士海野家へ祝として赤飯を届けている（「海野日記」）。街道筋では九月であったのに、この山村では一一月、この二ヵ月の差は、井川村のおかれていた地理的条件によるものであろう。

駿府（静岡）では九月二九日に安倍町の般若院に秋葉権現、組頭長兵衛と源左衛門の家に大神宮のお守りが降ったのを皮切りに降りはじめた。人々は町奉行所へ届けを出した。

「諸国御札ふり出双六」（神宮文庫蔵）

恐れながら書付を以て願い上げ奉り候
一今日　池鯉鮒大明神御守札御降　安右衛門
右の者方へ御降り御座候あいだ、七日の間青笹をあい建て、神酒をあい備えたく存じ奉り
候あいだ、此の段恐れながら書付を以て願いあげ奉り候、以上、

卯十月十六日

安倍町
丁頭
野崎延太郎

御番所様

これは安倍町の安右衛門の所に降った池鯉鮒明神の守札を祀ることを、町頭が番所に届け出たものである。駿府では九月の下旬から「ええじゃないか」の騒ぎがはじまるが、一一月になると、これまでこうした騒ぎを黙認していた奉行所は方針を改め、この状態を強く叱責するようになった。

口　達

此間中　諸神仏之札守降候趣に付、一統人気きそひ立　踟物同様之騒有之砌、市中女子子供男の姿をまね　或は髪を切、風俗を相乱し、如何の事に候、
右は畢竟、親、夫之躾方不行届の儀に付、一同急度可申付候処、此度之儀は出格之宥免を

以て　咎不及沙汰。別紙名前書相渡遣候間、以後心得違無之様取締方、町々役人共より急度可申聞、尤右之外名前相洩候もの有之候はゞ是又同様可申聞候、

慶応三年卯十一月廿一日

年行事江

（『静岡市史余録』）

別紙名前書に記された女子は二五二名にも及んでいる。奉行所が従来の黙認から禁圧へ態度を変えた背後には、一〇月一六日に札を降らした犯人を召し捕ったという事実があった。それにしても犯人を捕えてから、口達が出るまでに一ヵ月以上も経過していることや、名前をあげ、叱責されたのが女子ばかりであることは、この騒ぎがひろく民衆の間にゆきわたっていたことを語るものである。さらに後年の記録（「豊田村誌」）では、府中、つまり駿府（静岡）の近傍では群衆が天下太平の旗を押し立て綱を引き、くちぐちに六根清浄を唱えて、近くの神社を練り歩き、なかでも子供は赤裸に赤褌という姿であったと記している。駿府から東、清水でも九月に降下があった（『清水市史』）。清水から北の山間の両河内村では、

慶応三年のことなりき、神号又は仏号のある御札の諸方の家にふりたることありて、当時之をお下りといへりとぞ。

其の御札の下りたる家にては、何れの家にても酒肴を調へ赤飯などたきて祝ひ、近所の

人々を呼び集めて振舞をなす。招待されたる人々は、男子は女子の衣服を着、女子は髪の毛を切りて曲げに結、男装して踊り歩き練り廻る。其状、恰も狂人の如かりしも、時の人少しも怪しまざりきといへり。（『両河内村誌』）

というありさまであった。

さらに、東海道の間の宿でもあり富士川を利用しての甲州廻米の河岸であった岩淵の中ノ郷村では、一〇月に「御札天降り」、このため「三百両程も入用」であったという（「宗清寺文書」『吉原市史』中）。ちょうど、このころ幕兵を率いて京都にむかっていた堤兵三郎は、途中の箱根や三島で「御降り」を経験するが、「原、吉原へと至りしに、漸々衰滅終に全く之を見ず」と記している（『徒然叢書』）。これによると、岩淵につづく吉原の宿では降下がなかったことになるが、これまであげた地域を通行しながら「終に全く之を見ず」とあるのだから、どうも信用できない。

この堤兵三郎は三島での見聞を、

市中には人々皆白襦袢の者を著、白の鉢巻をなし黒装束馬乗したる神主を先に立て上り竜下りの竜の籏を押立てて六根清々々々々と唱えて三島明神へと繰り出し

ていたと記し、その原因を「金塊御降ありたり」としている。三島で降ったのは金塊だけでなく、やはり札が多く、それも一〇月の初旬ごろであった。人々は降下した札を新たな神棚

に納め、供物をそなえ、門口には笹竹、注連縄、行灯、提灯で、たれ彼となく抜いた酒樽の酒をすすめ、仕事も手につかない状態であり、踊りの師匠に振りをつけさせ、豊年踊りといって町中をねり歩いたし、堤兵三郎の記しているように大挙、三島神社に参詣し、神楽をあげたという。（『静岡県社会文化史』上）

以上の東海地区の諸例を整理してみると、

八月一五日　見付（抜参りあり）
八月二五日　引佐郡引佐町
八月二九日　浜松藩禁令
九月一二日　金谷
〃　藤枝
九月二九日　駿府（静岡）安倍町
九月　清水
一〇月　岩淵
〃　三島
一一月二一日　駿府禁令
一一月二七日　井川村口坂本
日時不明　庵原郡両河内村
安倍郡豊田村
同　賤機村

その初発の日時からうかがえるように、浜名湖の周辺地区でまず発生し、街道筋を東に伝播している。そうして見付の抜参りの例にみられるように文政一三（一八三〇）年のおかげ参りの記憶の濃く残っている地域であることも注意すべきことのように思われる。さらに駿府の例があるように、御札の降下は官＝支配者に届けられ、その許可のもとに札の祭りと踊りがなされていることは、「ええじゃないか」の性格を考えるときに大きな意味をもつことである。

名古屋とその周辺

「ええじゃないか」の初発地として、これまでその名をあげられていたのは名古屋である。しかし井野辺茂雄は、「七・八月の交」つまり七月下旬から八月上旬、遠山茂樹は八月下旬、石井孝も八月下旬と、名古屋での初発の時期はくいちがってくる。井野辺の拠った史料上の根拠は明らかでないが、遠山、石井の場合はおそらく名古屋の好事家、小寺玉晁の『丁卯雑拾録』（日本史籍協会叢書）の記事によるものであろう。

（八月）廿八日朝　若宮前西側仏師京屋　軒江左之御牘降シ由（図略）店ニ飾有之　降シ由ニ而通り筋にて篰を焼　青竹弐本注連を張　大ニ群集せし也

この記事は、同じ名古屋の文人の筆になる随筆『感興漫筆』の

八月末　門前町仏工の所へ降たるを始とすと云

という記述や、

八月の末　城南門前町辺へ　伊勢の御祓降りたりとて　官に申して其降りたる家に祀りたり

という文章に語られているのと、同じ事件のことであろう。また、片岡喜平次の記した「動乱聞書」にも「慶応三卯八月末頃ヨリ伊勢両宮御札町々江降」とあり、さらに「京巷説」にも九月一九日付の名古屋よりの書状として、「丁卯八月ノ末、城下南門前町辺へ、伊勢ノ御祓降り候」とあって、これら諸史料すべて、名古屋でのはじまりは八月下旬という点では一致している。このようにして、名古屋では八月二八日に御札の降下がはじまった（なお藤谷俊雄『「おかげまいり」と「ええじゃないか」』では、『丁卯雑拾録』のさきの記事を京都の出来事としているが、『感興漫筆』からみても、名古屋の事件としか考えられない）。

名古屋で降下した神仏を祀った様子は、『感興漫筆』により前にみたとおりである。八月下旬にはじまった降下は日を追ってはげしくなる。一ヵ月経過した九月二九日には、町役所に報告のあったものだけで、なんと二一七ヵ所の多数に及んでいる。数が多くなるとともに様々なことがおこる。

降下をあやしむものが出てくるのは当然である。こうした人々が、「ええじゃないか」の波にまきこまれていく姿もみられる。個人の批判精神がくずれていく状態でもある。次はその例である。

駿河町法花寺町、禅寺町の間或家へ秋葉の御札降りたるを、棚に上げたるまゝにて早く祭らざりしかば、石降りて屋瓦を砕き　疵を蒙りたる者もあり　九月十日頃の事也
後に聞くに、玉屋（本町二丁目東側、玉屋は扇工也）が家へ秋葉の札降たる故、官に申たりしに、惣町代花井七左衛門、かねて此度の奇事を怪み謗り、官に申してその降たる家にて祭るとも、町内さはがしく馬のとうなど出す事は決してすべからずと命ず。已にして忠七が所の小僧失て四五日も見へず、其後帰り来て大に怒り　篝火の焼立たる木を両手に握り、七左衛門に向て汝神事を疑ふや、是を見よとて打てかゝりしかば、七左衛門恐れて罪を謝したり。又これにて疑を解べしとて、火中に入て坐し、火中にて文字を書きたり。これによりて七左衛門、官に訴へて馬のとうを出し、にぎやかに祭る事を許されたり。忠七が小僧は忽ち本性に復せり、是、実見せし者の話なりと云。

また、

関戸富家の控家、熱田新田の内に在り、其家に関戸が弟某住す。此者札の降を悪口せしかば、何者か来りて首を引抜き持去る。送葬十月初也、又一説に、此首、美濃岐阜因幡山下相撲興行中、土俵場へ降たりと云。

札や神仏が降下するだけでも異常なのに、異常はさらに異常をよびおこす。

門前町七寺門前七寺よりは少し北、三国一醴肆の北方なり東側橘屋丈助味噌溜・茶等を売る家也秋葉社の札降りて九日頃か祭りたり。九月十日の夜九ツ半時頃四十歳計りの人　割羽織を着し一刀を帯したるが来り、闌傍より印を結て拝し、良や久しく在りしに、丈助は近隣の人を会して酒を飲て在し故、酒を進すべきやといひければ、給はるべしといひし故、進めんとするに、土器にて給へといひ一説にははじめ温酒を進めしに、これは不浄なり、冷酒を給へとて飲しともいふ、飲畢り更に大なる器に引満し輒く飲尽し、又神前に向ひ、良や久しく読経し、紙筆を乞て杉原二ツ折なりといふ歌一首を疾書す

うき世なり実にうき世なりうき世なり
　神のましますうき世なりけり

書き畢て辞し出しが、忽ち大なる響きあり其時北の方より来る者あり、此人に行逢ひしが提灯を燃したるまゝ、懐中に入しを見て怪しと思ひしに、大なる響きありて其人忽ち見えず此人、橘屋より出るをも見たる故、橘屋に入て今此家より出られし客は何人ぞと問ひしに、丈助右の始末を語り、共に驚き懼しと云、

筆者は、さらに次のような観察もしている。

凡そ御札守・仏影・木像等の降る、其家に応ずる神仏の御札・御影降る。まづは富家へ多く降りて貧家へは降らず……日蓮宗へは清正公、一向宗へは親鸞名号の類也。本町に関戸某の妾宅あり　此処へは弁財天降るもよき見立なりといふ

人為的な作為が背後にあるように感じられるが、

（九月）十二三日頃の話には、日光近き辺を熟視すれば　白き札の如きもの散乱するを看るといふ。

とか、

御札の空中を翻り来り　忽ち斜に降りて落る所を往々見たるものあり、或人　懸所の南の広見と呼ぶ所を過しに、御札空中を飛下りて　既に手のとゞくべきほどの所に来りし故、手をのべて取らんとすれども、少しの間ありて取離し、これを追ふて往く事数十歩　忽ち斜に下りて或家の庭中に落たり

という話も同時に記されているのである。

名古屋での降下は、以上のようなさまざまな話題を札とともにまき散らしたが、その降下の状況は、

八月下旬—九月上旬　市内の城より東西南の三方の町々にみられる。
九月中旬　名古屋から周辺の村に波及し、北の岐阜・清洲にもみられるようになる。
九月下旬　再び名古屋の町での降下がみられるが、小牧・内津・円城寺・加納などの周辺も激しくなる。
一〇月　村々での例が多くなるが、一方、名古屋の町でも、最初に降下した門前町あたりでみられるようになる。
一一月　この月に入るとすべて止む。

この『感興漫筆』の記す降下の状況は、周辺部の村落の史料に対照してみても、ほとんどまちがいないから、名古屋市域でのことも、同様にまちがいは少ないとみてよいであろう。

名古屋の北西、稲沢市には旧下津村の村瀬周蔵の残した「天降神仏御記録」がある。周蔵が周辺の村々五六ヵ村を歩きまわり、降下した札その他を記録し、さらに降下した家の印までとっている記録である。この記録によると、現稲沢市域を中心として五六ヵ村に降下があり、その数は六五四枚、種類は一〇〇種に及んでいる。その内容は、秋葉一三七、神宮一二六、津島五四、大黒二九、国府宮二二、善光寺二〇、豊川稲荷一七、御嶽一七、熱田一五、多賀九、金毘羅八、洲原社七、水天宮六、不動五、朝熊五、大峰五、最初稲荷五、など、当時の民衆の信仰の対象とされた社寺の名称をみることができる。最初に降下したのは、現一宮市域の氏永村の助三郎、良平、彦左衛門、新助の四人の家で八月二七日の朝のことであり、降ってきたのは「大黒天」であった。以後、九月中旬から盛んに降下があり、一〇月の下旬が最も多かった。一一月の下旬になると急速に少なくなり、市内の国府宮村の蜂須賀左門介の家に、神宮の別宮伊雑宮の札が降下した一二月一五日をもって最後となる。（『稲沢市史』）

この稲沢市に隣接する尾西市の起《おこし》では、『起町史』によると、九月一九日夜から降下があり、村内三七ヵ所に及んだという。慶応四年当時の起村の戸数は二七七戸であったから、村内の一三パーセント強の家に降下があったわけである。同村の「村方願達留」によるなら、降下したのは九月二九日までに四二枚の御札と仏体七個であった。こうした降下にたいし、代官所は即日、届出を命令し、これについての触書は一一月まで六回に及んでいる。

知多半島の東浦町では、秋のこととして、札が降下し、それから一ヵ月ほど経過して家々に降ってきた。札の降った家では「御札祭」といって大騒ぎをしたので、この騒ぎのため稲刈が冬になった家が多かったという（『東浦町誌』）。碧南市でも北の刈谷市域に近い西端地区に残る岩月実治の「日記抜書覚」では、この年の一〇月から一一月にかけて、知立（池鯉鮒）明神、伊勢神宮、多度神社などの御札が降ったと記している。この西端地区では降下のあったあと、村中の者が御宿により飲食し、かつ踊り回り、神社にその御札を納めたという（『碧南市史』）。同市史によると、隣接の安城市域になっている榎前、東端、根崎などにも、日時は不明だが、降下があったという。

刈谷市の場合は、たまたま好記録にめぐまれたこともあって実によくわかる。ここでは城下町でもある刈谷の町に、九月一五日に降った。町庄屋加藤新右衛門は奉行所に次のような届けを出した。

恐れながら書付を以て御届け申上げ奉り候、
一秋葉大権現御札　中町　加藤仲右衛門宅表口へ
一疱瘡除御守札　本町　太田市右衛門宅裏へ
一不動明王御身影　本町　清吉宅表口へ
一多賀大明神御札　本町　半兵衛宅裏へ
一秋葉大権現御札　末町　島津八兵衛宅表口へ
一秋葉大権現御札　末町　松兵衛宅表口へ
一多賀大明神御札　末町　南平宅表口へ
一多賀大明神御札　市原町　銀蔵宅表口へ
一多賀大明神御札　正木新町　彦八宅表口へ
一二見興玉大神宮御札　肴町　竹本要右衛門宅裏へ
右は銘々の表口并に裏へ前書の通、御札、御身影、御守等落居候に付、病難除け、町々の安全、五穀成就のため、今十五日より七日七夜の間、釣提灯、笛、太鼓にて、御勇《おいさみ》申したく、尤も右町まち家別に釣提灯にて灯明差上げ申したき段、百姓代の者より届けいで候間、恐れながら此の段御届け申しあげ奉り候　已上
　慶応三丁卯年九月

刈谷では一一月三日に中町へ四枚、本町へ二枚、末町に一枚計七枚の降下があったのを最後に、さしもの降下も終りを告げるが、九月一五日から一一月三日の間に降下した神符類は

一八八枚に及んだ。その内容は、秋葉七一、南無阿弥陀仏札一八、神宮一七、津島一二、水天宮八、知立七、稲荷六、金比羅五、多賀四、豊川稲荷四、地蔵三、光明大権現三、不動二、二見興玉二、金光明最勝王経札二、熱田二、鬼子母尊二、江ノ島弁天二、疱瘡除一、三尺坊一、不浄除一、大黒天一、八十八ヶ所一、大毘沙門一、清正公一、観音一、曼陀羅一、来迎仏一、目《(ママ)》神拝大麻一、大明神一、磯部大神宮一、庚申一、八幡一、明石人丸一、英比大明神一、と、雑多である点は他所と変わることはない。八十八ヶ所、明石人丸、金比羅、江ノ島など比較的遠いところのものもみえるが、おそらく刈谷町の人々の旅行―行動範囲―記念のものが流用されたものに、ちがいあるまい。降下がつづくと、九月一九日には町庄屋は、俄、思付芸固《(子カ)》、笹馬までも動員して、これを町の人々とともに祝った。こうして刈谷では一一月五日の最後の二枚が降るまで、家々の釣提灯、笛、太鼓のざわめきはつづき、人々の正常な判断は日常の枠から大きくはみだしていったのである。(『刈谷市誌』)

刈谷から北の愛知県春日井市の白山でも年月不詳だが、熱田、秋葉、白山、大神宮、金毘羅の札が「天下り御座候」と報告されている(『春日井市史』資料編)。おそらく慶応三年のことと思われる。この春日井市よりさらに北、信州との境にある設楽郡稲橋村(現稲武町)の豪農古橋家の日記によると、慶応三年の一〇月二一日から翌年の二月二五日までに村内の一七軒に降下があった。その種類は大神宮一二、金毘羅七、秋葉山五、津島三、鳳来寺山三、善光寺三、豊川稲荷二、水天宮、長命寺(近江か)、高野山、地蔵、御嶽各一で計四〇枚であった。なお、村内の二三軒には降らなかった。具体的に降った札をどうしたか明記がないが、酒九升六合、代金三四匁五分六厘が消費され、そのうち古橋家は半分を出しているから、各地の例のように札を祀り祝ったのであろう。（「古橋家日記」）

岐阜県下では、六月下旬、大垣や揖斐のあたりで、次のような歌が流行した。

長州のおかげで　百にお米一升する
えいじゃないか　えいじゃないか
おめしちりめん一たんが　弐ぶする
えいじゃないか　えいじゃないか
追々諸色が　安くなる
えいじゃないか　えいじゃないか

（「阿子田文書」『岐阜県史』近代一）

ただ、このときには札の降下の事実はみられなかった。武儀郡上有知村では、八月二〇日にはじまり、翌年二月まで五四件に及び、このときの費用は金二六両、銭八二貫六〇〇文に達した。九月二九日には加納藩域の下佐波村に降下があった（『岐阜県史』近代一）。この札を祀ったから美濃ではお札祭りとよんだという。こうした状況を背景に、安八郡墨俣では北方陣屋から慶応三年の九月に村々の庄屋に神札の降ったときには取調のうえ、陣屋に注進すべき旨の御触れが回った。さらに一一月朔日には、

神仏御札天降に付、夫々祭方相願候村々も有之候。然処公□おゐて不一形御模様も有之、既に大納言様御上京にも相成候共、諸事相慎居候。半而は難成折柄、神仏天降に事寄　多

人数寄集（中略）騒ヶ敷儀有之間敷候、尤天降之御札は是迄尊崇いたし、於其宅一度限
神酒等相供候上、御札は所氏神社え相納、遊与ヶ敷儀は勿論、日を重、宅におゐて相祭共
決而度間敷候、若祭行候者有之候は、吟味之上急度可申付候

との通達を出している。

飛驒の高山代官所でも、この年の一〇月二七日付で、

此度　尾張辺所々へ　諸神之札守吹散　右ニ付　奇説を唱　人気動揺いたし　数日農業等
打捨　神事祭礼ニ紛敷　諸入費も不厭賑ひ候場所も有之趣　既ニ当国美濃境等にも札守吹
散候場所有之哉ニ相聞　余国同様人気押移　右様之義有之候ハヾ　急度可及沙汰候、小前
末末ニ至迄　壱人別村役人宅へ呼寄　厳重申渡、取締可致候、此廻状刻付を以　早々順達
留り村より可相返もの也（「岡村俊平御用状留」）

という廻状を出している。ただ、どこの村に降下があり、「ええじゃないか」の混乱があった
かはわからない。高山に住んだ国学者富田礼彦《いやひこ》の日記をみても、降下についてはなんの記載
もないから、少なくとも高山とその周辺には及んでいなかったと考えられる。（「公私日次記」）

以上の名古屋とその周辺の諸例を、日によりその初発を示すと、史料的に明白なのは、

八　月二〇日　上有知村

八　月二七日　氏永村（一宮市）

八　月二八日　名古屋門前町
九　月　一日　烏江
九　月一〇日　長良村
九　月一五日　刈谷
九　月一六日　柿沢村
九　月一九日　起
九　月二九日　下佐波村
九　月　墨俣
秋　東浦（町）
一〇月二一日　稲橋

となる。ここでの史料・資料で注目されるのは、一つには、札の降下の期間が、

九　月一九日―九月二九日　起
九　月一五日―一一月三日　刈谷
一〇月二一日―一二月二五日　稲橋
九　月　―一〇月　墨俣

と明らかなことである。さらに名古屋では、八月二八日にその初発をみて、一一月に止むわけだが、地方の小さな村とはちがい人口一〇万にも及ぶ大城下町であるから、全地区に同時に、かつ万遍なくということではなく、さらに小範囲を限ってみると、さきにみたように、はっきりと札の降下にある種の波がみられるから、その点は上記の地区と同様に考えられ

る。また『感興漫筆』にあるように、この札の降下とそれに伴う民衆の動きが、いきいきと表面化してくると、これをあやしむ人物が出、これに対して神罰が下されたということが、ひろく人々の間にゆきわたり、またそれは降下を有難がる空気をいやがうえにも濃密にすることになる。

信州

信州での降下は一〇月、一一月にみられる。ただ下諏訪では、八月二九日にいち早く降下があった。中村勝五郎の「日加恵」によると、

御札守所々に降る。東山田権現様へ銀一朱降り村中大□《（祝カ）》いたし、また二十日村方へ四軒降る。なおまた湯之町ききやうや、米屋・小松屋・塩や・松葉屋・門屋・まるや・上野屋、御札守それぞれ降り、立町乙義方へ十五枚《（ママ）》に金も降る。何れも家毎に大祝にて、酒赤飯などたくさんに振舞う、上ノ諏訪辺は数々御札降り　大祝り（『下諏訪町誌』下）

とあるが、八月二九日という日は、非常に早いし、文中の日付などからみても誤植などのことが考えられるので、一応、史料を示すに止めておき、後考にまちたい。

だいたい信州では、中山道と天竜川沿いの伊那路を通路にひろまっていった。ただ、それは南、つまり名古屋や吉田（豊橋）あたりから北をめざし拡大していったが、なかには部分

的に北から南という例もみられる。まず、中山道筋では、馬籠の宿で島崎藤村の生家の隣大黒屋の大脇兵右衛門信興の記した「大黒屋日記」が、詳細にその模様を記録している。一〇月一一日、馬籠より北の三留野の宿の山田屋と仁科の両家に「御札様降り入候」という話があり、一九日にも諸方で札が降り「賑々敷事、毎日〳〵の噂に有之候」とあって、二八日になって、馬籠にも降下があった。「氏神諏訪社宮守御札　あら町お宮へ御下り被遊候、正五ツ時少々前と相見え候、初めて当宿へ御守札御下り被遊候、当節御宮普請につき大勢居合せ、賑々敷お請奉申上候」、翌二九日には問屋の裏小屋と本陣の坪の内庭に降下があり、隣の妻籠宿から「御札様御下り御祝ひ」ということで一〇〇人余りが、数年前の水戸浪士通行の姿に仮装し、鎧、兜、鎗、弓矢をもって、馬籠にあらわれた。馬籠での降下は、一一月一三日の朝五ツ半時に笹屋の表屋根に大神宮の札が降ったのをもって、終りを告げる。この降下を「大黒屋日記」では、御札様と記しているが、御札様で「村中一同年寄子供女中まで浮々」し、降下のあった家では客人を招き、また集まった人々に投餅をする騒ぎであった。

木曾福島でも、「二三ヶ所神札の降下した家があって、其の家では赤飯を作って祝ったという」（『木曾福島町史』上）が、これは八月以降、一一月までのことであったが、確かな日時は明らかでない。一一月には尾州藩から、次のような触書が村々に回った。

今般時勢大ニ変に付（中略）御国民の儀も神妙ニ不相慎候而者難成候処　当時寺社境内等（に脱カ）おゐて相撲并興行物且神札等天降之余興難絶やにも相聞候　右ハ今般御上京ニ付而者　御

国内ニ敬慎の筋無之候而ハ御国体にも相拘不可然候間　右興行物其余遊慰筋并婦女子遊芸共支配所之分差留方之儀　御自分達勘弁次第程能可披取計候（前掲書）

松本については、『郷土研究』三ノ四に、平瀬麦雨が、

松本地方のは中山道から伝播して来たといふ。美濃から一つは伊那路へ　一つは木曾路を辿って　昨日は何某の駅　今日は何処の町と次第に移って来たと、某当時の旅人の実見談だといふ話もある。大体の様子は伊豆のものと同じで「いゝぢゃないか」云々の語は「お蔭ぢゃおかげぢゃ　おかげでチョイトサ」と云ったといふ。伊那では今でも「チョイトサの祭」と称して　老人の回想する所であるといふ。チョイトサは即ち薩長土で、当時京都に在って維新の大業を劃策した人々が、人心を誘発する方便として　御札を処々に降ったやうに夜中に投げて歩いて「おかげぢゃ〳〵　薩長土のお庇蔭《かげ》」と、彼の廻し者先づ音頭をとり、次第に各地方へ伝播したのだと云ふて居る。

と、報告している。どこまでが報告者の解釈によるものか判然としないが、掛け声であるチヨイトサを薩長土とした理解に興味がひかれる。松本地方では、一一月三日前後から、南町はじめ各所に盛んに降下があり、各地と同様の状況になったため、松本藩は、一一月に三回にわたって触書を出している。（『松本市史』下）

此頃諸方へ神仏の御札降り候義在之、右は全不思議抔と申儀に而無之、其故は西洋の業に而小児等迄吹上候程之事に候得者、御札抔勿論安き儀に候間　降候迚　決而祝等致間敷此段下々に至る迄無洩申達候様、厳敷御沙汰

つづいて、

此間御沙汰之通り此後神仏の札降り候共、決而祝ひかましきことは不相成、万一降り候はゞ、何月何日何れの所へ降り候と　委細書札に相添へ　其時々無相違可被申届候
　十一月五日

とあり、さらに一二日に、

御札降り候に付祝ひ候義、不相成段、此間度々御沙汰之処　兎角祝ひ候而　無益之金銭を費候儀　風聞有之候間、以来右に付祝ひ候義、決而不相成候、万一心得違之者有之候得者御咎可被仰付候間　無洩可被申達候　以上
　卯　十一月十二日

一方、伊那路では、一〇月に飯田の城下に、つづいて高遠の城下にも降下があり、現在の辰野町の町域になっている平出には一一月に降下がみられ、駒沢、沢底、松島、上島、渡戸

などにもあり、村中の年寄も女子供も派手な服装で参加し、それぞれ虚無僧姿、高砂の爺と婆や公家の行列などの仮装をして、札の降った家に練りこんでいったという。これをこの地方では「ヤッチョロ祭り」とよんだという（『朝日村史』）。同じ辰野町の上辰野地区では、秋少し前から春三月ごろまで降ったと、天保一四（一八四三）年生れの老人が、大正一五（一九二六）年にその思い出を語っている。（『上辰野区史』）

諏訪では、一一月一日に次のような廻状を出している。

近頃在町江神仏札守体之物降候趣ニテ　右守札家前店先等ニ有之者ハ幟等立　酒食等振舞多人数相集候族有之哉之趣相聞　甚以不埒之事ニ候　不正之儀を申触し候ハ　全ク奸僧・妖巫・無頼之徒詐術を以、愚民を煽動いたし　却て神威を汚し候事ニ候　其上何事ニよらず村町のもの多人数寄合候義は　兼て停止申付置候処、右様不思議之事申出候共　正理ニ決て無之事ニ候間、此上家前等ニ札守類落散有之候ハヾ　村役人共請取　御役所江差出可申候　右之趣役人共理解いたし村町のもの共江精々可申諭候　右申付之上にも奇怪之儀申立眩惑為致候もの有之ニおいてハ急度咎可申付候　以上（『諏訪の近世史』・『下諏訪町誌』）

この廻状が一一月一日に出ているのだから、諏訪では一〇月ごろから降下に伴う騒ぎがあったとみられる（ただ、前にみた下諏訪の中村勝五郎の記録では、八月二九日に既に降下があったとしている）。藩で廻状を出しても民衆への効力はあまりなかった。中村勝五郎の記録は、

十一月二十六日夕　御札守降りはじめ、又弥、友治、今夕津島様御神灯にて村内二夜三日祭りいたし　御宿の儀は又弥、友治、平左エ門　友右エ門　九一郎　丈右エ門六軒にて祭事、依て二十七日相談の上、村中米一升ずつ集め　麴八十枚、右を御宿六軒へ割り渡し、二十八日村中大祭り　御宿へは酒二樽肴など手あていたし　惣代つかわす、人々大酔に相成り、顔や手に鍋ずみなどぬりつけ　いたずら致し　おかげだおかげだとさわぎ廻る。

と、廻状の出たあとでの騒ぎであった。下諏訪の本陣太左エ門の家でも、一二月八日に御札祝いを盛大に行なった。宴につどった人々は親戚、近所、懇意、出入りのもの、下役、長屋のものまでに及び、百人前もの料理が準備されるというありさまであった。ここでも「ヤッチョロ祭り」とよんでいた。（『下諏訪町誌』下）

降下は甲州境の富士見でもあった。ここでは一一《（ママ）》月二一日に松本の行者がきて、明日空中を神札が通ると予言し、翌日、昼八ツ頃、神祇最上政所の札が降った。二四日には諏訪上宮の祈禱大麻が降り、酒八樽、餅米六斗、粳米一俵半が三日間の振舞いの費用となった。ここで、前日に松本の行者が予言していることは、そこに人為的なものをうかがうことができるし、しかも、吉田家の神祇斎場の札という一般の人々とあまり関係のない、むしろ行者とかかわりのある札の降下の事実も、予言の行者と降下との関連を示しているといえよう。（『諏訪の近世史』）

これら信州の諸例を整理すると、

八月二九日　下諏訪
一〇月一一日　三留野
一〇月二八日　馬籠
一〇月　飯田
一〇月　高遠
一一月　辰野
一一月　松本
一一月二三日　富士見

となる。この騒ぎを「ヤッチョロ祭」「チョイトサ祭」とよんでいるのは、他に例をみない点である。松本での触書に、札の降下をもって「西洋の業」としているのは、当時の対外意識をうかがわしめるものである。諏訪の廻状のように、「奸僧、妖巫、無頼の徒」の詐術とする表現が多いのに、これを西洋の業としているのは、当時の支配者の感覚を示すものである。富士見で、松本からの行者が前日に神託として降下を予言し、翌日、降下があった例は、降下の背後にあったと考えられる一群の人々の性格を示す貴重な史料といえる。

江戸・横浜とその周辺

田村栄太郎の『世直し』によると、八月ごろに、横浜の米屋、下倉屋に成田山の札が降ったのが、全国的にも降下の最初であるとしているが、前に記したように日時が明らかでない。

横浜でのことが、史料上、明らかになるのは、一一月である。『丁卯雑拾録』に一一月中旬江戸よりの書状として、

横浜表江も両三日以前ゟ頻ニ神札天降　彼地之人気も何となく面白くおかしく相成　陽気充満（中略）横浜へ御札の降臨ハ交易も神慮ニ叶ひ候事哉と鎖港攘夷を祈候大和魂も心にて恥入申候

と、横浜の状況を記している。横浜でのことは、幕臣川路聖謨の日記『東洋金鴻』の一一月二六日の条に、土岐虎之介の語るところとして、

虎之介話に、横浜殊に甚し、英十六番絹糸を商者方外弐ヶ所異人店へ御札落て　英人大に驚再拝して　新に神棚を造り　日本人之伴（番）頭にトルラル百枚を出し　日本流に拝みもらひ候由其余七十枚六十枚を出し同様なる英人有或は貧人に金を与へ　上総国に而豪農之小豆紛失し右小豆なるへし横浜へふり　其外悪口せし者いろ〳〵の災害を蒙り候説実に奇々怪々　記するに暇あらす定而英地へも新聞帋（紙）に而可参

とある。開港場として異人の住んでいた横浜への関心は、人々の間に根強かった。

江戸の横浜　石が降る
そりゃええじゃないか
ここらあたりは　神が降る
そりゃええじゃないか

という囃し言葉が、かなり広範囲にみられるのも、これを示している。横浜の近辺では、江ノ島にも降った。後年の回想であるが、

子供の頃おつかいに行ったら天から、ひらひら降るものがあった。近所の人々が皆出て来て見ていたが、口々に「お札が降って来た」といっていた。皆で「世の中が変るだんべ」などいいあっていた。（清野久雄『江の島民俗誌』）

という記録もある。江ノ島につづく鎌倉の材木座でも、故老が父や母の見聞を伝えている（『鎌倉近世史料』）。鎌倉から山をこえた武蔵金沢の泥亀《でいき》新田にも、伊勢の剣先や大山石尊の札が降った。新田の開発者永島家では、朝、起きてみると、床の間の壁に石尊の札が立てかけてあったという。ここでは窓や生垣のうえに落ちており、土のうえに落ちていたものは一つも無かったという。（『郷土研究』三ノ四）

幕府のおひざ元である江戸では、『武江年表』によると、

冬の頃、夜中窃に屋上又は垣塀の内、家前等へ神仏の守を散らし置くものあり、翌日其の家のあるじ奴婢等　これを拾ひ得て不思議の事とて尊信するものもあり、人心を惑わす所為なれば　官符より御沙汰あり　やがて此の事止みたり

と、冬のころにあったという。より具体的には、川路聖謨の日録『東洋金鴻』にみえる。川路は勝安房などとともに、幕府を動かしていた開明的な官僚である。彼は中風で外出することはなかったが、その関係者の見聞を記してあり、彼の社会的地位からみて、その記するところは信をおくことができよう。一一月二六日に、

土岐虎之介来る。同人数寄屋橋外に而　空中ゟ白きもの下り　町家之店前に下り、風もなきに横になり店之内江入りたり　此節話の伊勢の御札也　虎之介元来其事之奇をいろ〳〵と説破せしに、まのあたりに見　浮説ならぬに驚て戦慄せり　説有は承り度と之事　われ前に記したる事をいひ　且漢土之禎祥妖蘖玉行志其外にのせ候事夥し　殊に日本は神国也知へからさること有わけ也と申せし也

また一一月三〇日には、

一昨日、市ヶ谷山城屋と申　商家へ清正公大神儀〔店〕と申御札ふる　拝礼之老若夥事之由也き昨日は御札御拝之御方は今日限と申札をみせに懸ケ有之候由也

と、市中の様子を記し、一二月五日には、

御札御府内所々江ふる　其家に而御札を酒樽之上へ小サキ御宮を置　御そなえ餅其外を往来人江施ス由　安婆々昨日見て帰候而之咄也　乞食等施しをおもひ豪家へ札をはるも有と云ものも有と其説は至而少し

と、降下後の状況も記している。

『丁卯雑拾録』には、江戸からの便りとして、

当地江もふる御札の有らんと諸人相待申候　天降始り江戸中うかれ出し候ハヾ　賊乱も自然と相納　世直し踊ニ而も相始り候ハヾ面白からんと今より楽しミ罷在候

と、江戸の人々が、札の降下を世直しのはじまりとして待ち望んでいた状態を留めている。

さらに、一一月二五日付の江戸からの書状は、

此節、私より五丁程東南三拾軒町六丁目の薪屋江清正公之御札降申候由ニ而　参詣人多分候由承り申候　此表も追々ふり可申候

と伝えている。

このように、横浜、江戸を中心とする地域では、一一月ごろに降下があり、それはまず横浜にはじまり、江戸の町に及んだ。当時の江戸近郊農村の記録類には、御札の降下のことはみえない。なお、東海道筋の藤沢ではこの年の一一月六日から騒ぎがおこり、この様子は彩色された絵巻として残されている（堀内家蔵「神仏御影降臨之景況」―二九九ページ参照。この資料については、拙稿「藤沢におけるええじゃないか」『藤沢市史研究』三参照）。茅ヶ崎市内に入った旧高座郡柳島村では一一月二〇日に天照大神宮の御札が蔵の石垣のうえに降っている。（「杉山家日記」）

御札の降下は、今のところ江戸より北には及んでいない。ただ会津でもあったとする説（高島一郎「エエヂャナイカ考」『歴史学研究』三三七号、その他）もあるが、その拠り所としている田村栄太郎の『世直し』には、そのような記事も史料も見出すことはできない。おそらく庄司吉之助の『世直し一揆の研究』などに紹介された「世直し一揆」との混乱あるいは山口吉一『阿波えゝぢやないか』にみえる「ええじゃないか」会津落城時発生説の読みちがいによるものであろう。

伊勢・志摩

伊勢での降下は、一〇月上旬からはじまる。記録のほかに信用すべき人物の実見談が少なくない。その一つ。明治三〇年の夏、柳田国男は三河の伊良湖崎で、酒井というメソジスト派の老牧師に会った。このときの話である。

此老人はもと紀州の藩士であって、幕末人心の騒然たる時節に伊勢の松阪で市中警備の任に当って居た。毎日々々そこでもここでも御祓が降ったと云って人が騒ぐので、其動揺を鎮めるが役で市中を巡廻して居ったが、或朝支度をして玄関を立出で、送って出た家の者がまだ内へ入らぬ位の処で、何か鼻の先へ白い物が上から落ちて来たのを　思はず手に取って見ると御祓であった。是は困ったと思うたが兎に角送りに出た家の者に粗末にするなと言って渡し置き、其日も夕方迄所々をあるいて還って見ると　家は湧き返るやうな騒ぎであった。どうして聞いたか御祓の降ったことが知れ渡り　三井其他の大家から酒樽や何かを祝ひに持込まれ、迷惑ながら来た人々に飲食ひをさせて居たので、是ばかりは自分の実験であるから耶蘇教の教義でも否定することは出来ぬ。（『郷土研究』 三ノ四）

神宮の禰宜もつとめた松木時彦に『正続神都百物語』の好著がある。慶応三年当時、時彦は一〇歳であった。そのときの見聞を記している。

其の頃（慶応三年）の居住地は田中町（本町）で　比隣は概ね神主又は大夫家であった。民家と同時に御祓大麻等が降下し、酒振舞や馬鹿踊には先頭第一の猛者に附従した。吾が近隣に降下の分は神宮御祓大麻等で、仏寺の関係や金銀雑穀等は見えなかった。天狗どのも家柄を考へた、粋の計略といふ者もある。老生宅は春木大夫に降下の翌日、同家が祝宴の最中午前十時頃座敷の方にトーンと物の響、ソラ御降と駈けつけて見ると、内庭の高塀の見越の松の凹処に　外宮御本宮の御剣先が直立してゐた。其の後両三日を経て午後一時頃　大玄関の方で異な物音がしたので行って見ると、玄関正面の大瓦に内宮御本宮の御剣先が直立して、前日降下の如くであった。

凡そ御祓降下の際には、空中にキラキラ白色の物が動揺し、或は一所に集り或は各所に散じ、又は忽ち空間に出没し変幻自在で、之を望見する者誰か神威を感嘆せざらんやである。おかげ騒動の頃、母と小俣村離宮神社に参拝せんと、宮川の渡舟場に赴いた。すると集合の男女が今に御降と空中を指し待受けてゐる。御祓大麻かと思ふ計りの物体がキラキラと空中に飛行して、不思議を示してゐる。仍って乗船河中に到る頃　虚空よりその一体が直下して将に船中に墜落せんとす。乗合の者吾もと手を伸ばす。御祓は頭上一二尺の処から外へズーと逸して、一丁ばかり向ふの河原の石積の上に立ったのである。参詣の帰路、人の話に又一体が東岸に降下し、社の樹木の枝の間に立ったと聞いた。何れも実見談である。

さらに、著者時彦は、その父の行なったある実験をも伝えている。

御祓・大麻・神札・神符の類の降下に就いて現物を調査するに、悉く新製の御品ではなく、古色の附着せる旧物が多い。中には一旦折れたのを直した形跡の顕然たる物もある。そこで其の出所を捜らんと腐心した結果目的を達した。外宮々域禰宜斎館に赴く土手の原道より入って右側に大楠がある。洞には各家が神棚其の他に奉安の神宮御祓を始め、信仰の霊符神札を、年末の大掃除又は家越し等には必ず此の洞に投入する。依って納楠の名が高い。おかげ騒動の開始迄は、洞中より余ってゐた品々が、何時の間にか減少して、月余に殆んど尽きんとするに至った。故に降下と称する御祓其の他は洞中の古物で、何者かゞ之れを利用したと睨んだ。暮夜窃に洞中数体の御祓の裏へ印をつけたとは識るや知らずや、印付の御祓が某所へ天降ったと、騒ぎ立てた滑稽談もあると迷信を戒飭された。併し亡父もこれ迄の研究で、何者が之を投じたか明言は不可能らしかった。

この松木時彦の記述によって、伊勢神宮の門前町の山田と宇治の模様はかなりよくわかる。ここでは、松木のほかにも、「慶応伊勢御影見聞諸国不思儀之扣」が詳しい記録として残されている。筆者の堀口芳兵衛は、外宮の山田と内宮の宇治の間にある古市の遊廓のうちでも、油屋、杉本屋とならんで大きな備前屋小三郎方に奉公しており、そのときの見聞がこの記録である。遊廓ということで、そこにやってきた人々からの各地の噂を書き留めているのである。堀口芳兵衛によれば、一〇月のはじめ、宮川の上の渡しの堤に外宮の御祓が下ったのが最初だという。以後、つづいて田中町、山田の川崎、船江、それから古市、さらには宇治に降下があったという。降下物は、神宮関係の御祓や大麻だけでなく、仏教関係の江戸浅草の浅草寺本尊十一面観世音菩薩、大黒や蛭子などもみられた。このことは当時、山田新町に住んでいた久保田俊詮によっても書き記されている。

同十月上旬、中島町堤へ　御祓降申候　其後　高柳町御店裏へ降、又西河原今世古酢屋表、又同月十九日新道ノ角ノ内裏、同日河崎里中、吉田屋ノ家ヨリ（ママ）金大黒二体、恵比寿一体、尤大サ一寸八分位ノ御尊体ニ御座候　実ニ珍敷事ニ候事（「久保田俊詮雑誌」）

また他の記録も、この大黒と蛭子の降下を伝えている。

神領内に於ては十月十九日初而川崎里中大橋前某家へ　大黒銅像二体蛭子銅像一体降来有之（「松下村人古今雑誌」）

このときに降下したものは、

両太神宮剣先御祓並豆祓　猿田彦剣先　磯部太神宮御祓　土宮、風宮御祓　出雲大社御札守　鹿島太神宮御札守　川上八幡宮御祓　金比羅山御札守　秋葉山御札　山上御札　山田町在産土神札　牛頭天王御札　津島天王御札　妙見宮御守　毘沙門銅像　善光寺本尊御影
浅草観音銅像　観世音御影　釈迦如来銅像　大黒天木・銅像　蛭子木・銅像　地蔵尊御影
金之玉　玄米　大豆　小豆　弐分金　壱分銀　壱朱銀　羽書　小銭　祭大判　扇子　革財布　餅　山之神石、石、（「松下村人古今雑誌」）

であった。神都だからといって、他とちがう点はみられない。

神宮では慶応三年の正月は、世情を反映してか「当春御参宮人大ニ少ク　米高直　山田表一同困入候」（「久保田俊詮雑誌」）というわけで、火の消えたようなありさまであったから、降下がはじまると、従前のおかげ参りのときのように他国、遠国からの参詣者を大量にうけ入れるよりも、町の人々自らが熱狂していった。また、事実、「ええじゃないか」に伴う参詣者は、おかげ参りのときにくらべると少なかったし、遠国よりも山田の町や近在の者が多かった。

そうした山田の状況をみておこう。一〇月の二一日には、久保田俊詮の住む山田新町の万屋に外宮本宮の御祓が降った。二四日には、新町の町中が参宮し、その帰途、古市の麻吉《あさきち》（料亭）で昼食をとったが、その数は二〇〇人分であった。この新町の連中を迎えに、麻吉では、遊女を出し「三味線・太鼓・鼓・笛・スリカネニテハヤシ　大ニ賑合」った。こうして「山田ヲカゲ始　老人、子供男女うてうてんニ相成、銭を蒔ヤラ、ヲドルヤラ、実ニ珍敷事ニテ　大ニ山田表一同賑合候事」になった。新町ではさらに、一〇月下旬には井村善五郎、おんめ元兵衛　三嶋屋　問屋四郎兵衛に御祓が、油安には二分金二ツが降った。このため一一月朔日には惣参宮となり、「若衆ハ紺フクリン長半天、唐天長エリ、お多福、切付紋、五十一人　小前勝手次第、着類、男ハ女ニナリ、女ハ男ニナリ」参宮し、銭をまいた。一一月に入ると、熱狂の度は急上昇してくる。「御祓御降有之、大家ハ二百両、三百両ト申振舞有之、尤文銭、当百銭、二分金、二朱金、大黒様　神仏共々降申候、毎ニ御参宮大ニ賑合申候、町々ニテハ種々ノタシ（山車）ヲ致シ、ハヤシ入　御木曳日様ノ事　実ニ珍敷」ということになる。各町々で思い思いの仮装で参宮したが、なかでも、山田の田中中世古町の

富士の巻狩りのそれは評判であった。この仮装に参加した松木時彦は、

> それは春木大夫が中心となり、同家の名馬立浪に盛装を施し、馬丁庄松が大将の装束金色の立烏帽子、大太刀を帯し、右大将源頼朝に扮して月毛に跨り　二百余人の武将兵卒、其の他猪、狸、狐、鹿、兎等一百余頭、合計参百五十余の大軍勢、富士の巻狩の仮装大行列である。老生も少年ながら一役を課せられ、御所の五郎丸、具足に身を固め薙刀を杖について大将軍の馬前に立った。

と、後年記している。田中中世古町の御札参りは一回だけでなく、二回目は御殿女中の大行列であった。こうした狂乱状態も新しい年を迎え、二月になると、

> 二月下旬ニ至リ　御参宮人一切無之、山田表一同困入申候、尤太物、絹物、下直ニテ不景気心配仕候事

と、記され、終りを告げる。

また御師の山本末成は一〇月四日、日記に、

> 当方旦方、三州安城村・西本両村へ、本宮御祓降下り候由ニ而両村より為礼拝、代参之者差越候事

と、三河からの参宮のあったことを記したあと、

当町中屋小弥太宅へハ拝石本へ古板ノ御祓降下ル、古市町丁子屋茂五郎宅へ本宮御守祓下ル、右雨日候得とも一切雨ニ濡無之由、神変不思議之事共也。其外山田領中島辺江も降立る有之

と、地元の降下状態を記録している。松木時彦などの記したような状況について、会合所から次のような廻状が、一一月四日に出された。

此頃、御祓等降下候ニ付而ハ、両宮参詣者当然之儀ニ候得とも町在共家業を打捨、酒宴相催し、中ニハ金穀之類相用大造旗立候向も有之哉之趣相聞候、御時節物忩之事ニ付、右体之儀ハ銘々相慎可申勿論由用心入念可申事（山本末成「日並記」）

門前町山田以外の伊勢の状態は、「久保田俊詮雑誌」に「十一月上旬ヨリ益々御祓降、小俣村、新茶屋、斎宮、櫛田、松坂、津　思々姿ニテ参宮仕、誠山田表大賑合」とあるように、周辺の地域にもみられる。村落での状態を、かつて大西源一によって紹介された一志郡多気村丹生俣の史料によってみておこう。

慶応三卯年　目出度事之覚

直御影と申て諸国方々村々江誠にふしぎ成神仏之御札天より多クふり候　当村方も卯之霜月十日比より追々ニ来ル　辰ノ正月十日比迄　村内ニ而凡弐拾家計も御下り有之候ニ付夫故人々男女老若ニいたる迄誠ニ遊気ニ相成候　色々様々之ふうぞくいたし候而　男ハ女之すがたになり　女わ男之ふうを致し　髪を本海老ニ結ひ　上下又は袴羽織を召たり　又は老りは子供之すがたを致し　色々おひ(も脱カ)い付ノふぞく　尚又おどりと申ても、外之事ば申さずして、只御影てゑいじゃないかと称る計ニ御座候　夫に付家々之座敷江土足ニ而上り、座しきのゆか多分ふみぬき　家江はいり候時も　御免ともいわず、ゑいじゃないかと申せバ又御影でゑいじゃないかと受候なり　誠ニふしぎ之事ニ御座候　就而ハ我家方も　則卯ノ十二月三日之七ツ時頃　三宝江あらい米をいたし　神たな江そなへ置ば　其三宝方江誠ニふしぎ　何かたともなくして　天照皇太神宮様之御札、霊符（多気郡荻原村栗谷の霊符山）神様之御札　并ニ金ふき銭壱文、右三品御下り有之候処　則其三日之夕ヨリ同七日迄　昼夜四日間おとり致し候間　夫故新畳の表　土足ニ而一夜之内ニ不残とふみやぶり申候所　其跡むしろ敷縄とじニ致おどらせ候　則祝ひ入用、御供餅壱俵半程まき　並ニ銭拾貫文計　外ニみかん壱駄まき並ニ米九俵程たき出し　酒壱石六斗程呑　あぶらろうそく代凡金四両計入申候間　尚又着類等致し代金凡三拾両計入、尚米相場之義ハ金拾両ニ付五俵半計之売買なり　酒壱斗代五分位之相場ニ御座候　則祝ひ入用代金〆七拾両計之祝ひニ御座候　余りふしぎ之難有事故　書印置候　以上

当家拾代目

寅年三十八才
惣右衛門代 (下略)
(『参宮の今昔』)

ことさらに説明することもないくらい、よく「ええじゃないか」の状況を示した史料である。神宮の札だけでなく、地域民衆の信仰の対象となった霊符山の札が降っていること、伊勢神宮への参詣がないことなどが留意される。

これまであげた伊勢の史料は、民衆の側のものといえる。当時の支配者は、この混乱をどのようにみていたのだろうか。山田では一〇月二七日に三方会所から、町の組々に、

御蔭参りニ付　美しき風俗致し候ても可然、尤其人々不及難渋様可心得旨御達ニ御座候

という達があった(「引留帳」)。全面的におさえるのではなく、黙認の態度がうかがえる。これは、神宮の門前町という特殊事情によるものとのみ考えることのできぬのは、津に出された藤堂藩の触れにも同様の傾向をみるからである。一一月一三日の触れは、家中つまり藩士を対象としたものである。それは、

当節市中へ大神宮御祓等降り候哉にて　彼是人気動揺いたし候段　未だ御家中へは何等の儀も不相聞候共　自然此後御殿向へも右様之儀有之間敷ものにも無之　万一有之候共御祓

を疎略には決而不被遊候得共　右に付御祝がましき儀等は一切無之候間　御家中の面々にも此段相心得　縦令右様の儀有之候共　御祓を疎略に不致　銘々志次第にて代参等遣し候は格別　酒肴相設酒宴がましき儀は勿論　下輩の者共へ神酒等振舞候様の事は士分の上に於て無之儀には候得共　若取惑より彼是人気動揺の姿に相成候てハ不宜候間　酒宴がましき事は堅くいたすましき様可相心得候（『津市史』）

この触れは、まず降下に伴う混乱が民衆の側にみられ、ついで武士にも波及しようとしている状況がみられ、しかも、祓や札の降下を全面的に否定していない。むしろ降下物を疎略にしてはならぬこと、伊勢へ代参をたてることを認めてさえいる。この点、降下をもって奸僧・妖巫・無頼の徒の詐術ときめつけた信州諏訪での廻状の趣旨とは全くちがっている。東海道筋のより政治的な変化をうけやすい、さらには江戸時代の数度に及ぶ「おかげ参り」の大群衆の通過を経験した地域と、それの比較的薄い山間部の諏訪とのちがいであろう。支配者、取締り側のこうした弱気な態度は、当然、「ええじゃないか」の混乱を増大させたことであろう。

伊勢に隣接する志摩でも降下、それに伴う奇瑞のあったことは、「慶応伊勢御影見聞諸国不思儀之扣」にも、鳥羽、布施田、南船越、甲賀の例が記されていることでも明らかであるが、月日まではわからぬが、どれも慶応三年のことであることは確かである。ここでも降下のあと、おかげ参りと称して神宮に参詣している。

以上の慶応三年一〇月上旬にその初発をみる伊勢、志摩での事例では、いくつかの顕著なものがみられる。まず、松木時彦の父の行なった一つの実験により、明らかに札や祓の降下が人為的なものを含んでいた。それは孫福弘孚の編んだ「櫟陰記」の一二月三日の条に、

此頃之風聞ニ実ニ降もあり　又さかしらする人もありて　門の内へなげ込　庇へ差置ことあり　是ハ祝酒を乞て己が楽しミとなす類なり

という記述に対応するものである。次に、「ええじゃないか」による神宮への参詣者の数はあまり多くなく、その地域も伊勢国内を中心とするものであり、「おかげ参り」の全国的な大群参とはくらべものにならない。ここにも「ええじゃないか」と「おかげ参り」の差異がある。この点、門前町山田の様子からよくうかがうことができる。さらに、山田の場合、実にはっきりと、降下に対する御礼としての「おかげ参り」が、町という単位によって行なわれているという点が注目される。「ええじゃないか」については、「過渡期的大衆混乱」などと、その様相が規定されることが少なくない。表面的には大衆混乱ではあるが、その基底には山田の例のように、町として、つまり封建支配の下部単位である町として、一致して集団行動をしているのである。この点は「ええじゃないか」を評価する場合、さらに深く考えなくてはならぬ側面である。最後に藤堂藩の出している触書も、支配者側の態度が、そのおかれた条件によって、ただ無知、愚昧の徒のなすもの、否定さるべきものとのみ「ええじゃないか」を考えていなかったことを示すものとして興味深い。

近江

近江では甲賀、愛智、神崎、蒲生の四郡の例がある。湖北、湖西の史料について知見はない。

東海道の宿場、水口では一一月ごろから翌年の正月にかけて降下がみられた。別所氏の記録を示すと、

慶応三丁卯冬十二月朔日卯之上刻、日光大権現天降有之候、依之早速新敷祠に納奉り新薦之上に祭り御神酒灯明御供等を奉備、尤大岡寺法印、山名掃部　被参清浄に掃清め　三日之夜迄都合三日三夜祭り　第四日に無滞御祠を納め　其外万端都合宜敷取納め之事、尤町内より幟并に御神酒等被献、其外親類衆之方より種々の供物数多く有之候。委細者帳面に記申候。第五日御鏡開を町内不残大宮へ参詣致候、右三日限之間、諸人は酒并米銭を施し早朝より夜ふけ迄繁く人の来る事言語道断、右来人へ別段酒を出し候事数多く御座候、一と通り者門口際にて酒を為呑、何れも日限中大山仁兵衛相頼非常等之番に致置候、当年者諸国共八九月頃より諸神仏天降有之、当町へも今既に百四五十軒に及申候、先者右之段あら〳〵記置候、目出度　尤朔日より五日の間　昼夜共町内は勿論男女子供に至る迄いろ〳〵の姿をいたし踊る事筆に尽しがたく候　かしこ、

十二月朔日　呼衆人数町内不残外手伝衆家内共九十人前

十二月五日表御かざり仕舞致候に付　御鏡開致　町内不残手伝衆悦いたし　昼後より大宮へ不残参詣いたし拝殿にて弁当を開き大踊仕候　目出度〳〵。（『甲賀郡志』上）

水口では降下は一二月ではなく、「島田氏日記」（『甲賀郡志』上）によると一一月三日にはじまっている。水口は宿場であったから、降下による混乱は、

御降り有之日より御納め申候迄は　往来通行の旅人又は非人乞食者中に不及　御武家様方御用御通行之御方様迄も酒を差出無理に呑之なり。是には御武家様も致方なく酒を呑みヨイジャナイカと申祝ひ被成候事（中略）右宿々へ御降候最中には御通行継立も出来兼申候へば　御用御通行之御方も致方なく笑ひ〳〵御通り被成候事

と、宿場の機能を麻痺させてしまった。勿論これに対し、支配者側からの規制がなされたが、水口では翌四年正月まで混乱は継続しそこで終りを告げる。しかし、それとても「庄屋役人は領主の命令に依り、各自家業を励み節約を行ひ、祝賀の時日を短縮し、或は贈遣の物を限定」したために止んだというよりも「伏見・鳥羽の事変起り駅路復騒然」という理由によったものであった。

御代参街道の宿場であった蒲生郡石原村の問屋図司七郎兵衛宅には、一一月一九日に天照皇大神宮の降下があり、九七名がこれを祝いにやってきた。このため図司家でついやしたのは、米一八俵、飯米三俵、醬油三斗五升など総計百両以上であった。（「明大刑博所蔵文書」）

愛智郡の平松（東押立村）の記録では、一一月七日に降下があり、年をこして二月一四日まで及んでおり、ここでは降下があると三日間、勇め、四日目に上り祝（神送）をするのが例であった（『近江愛智郡志』三）。隣接の神崎郡川並村でも一一月二七日に降下がみられ、愛智郡同様三日間にわたって祀り、四日目に神送りをしている。（田村栄太郎『世直し』）

近江八幡の住吉屋には、一一月一七日の朝六時ごろに屋号と同じ住吉の御札が出格子にはさまっていた。そこで同家では一週間にわたってこの御札を祀り、神官を招いて中の日と最終日に神楽を奏した。初日には町内全員がよばれ、家々では炊煙もあげぬありさまであり住吉屋には八五軒から奉納物があった。この間に住吉屋の払った経費は、一三三両に及んだ。また八日目は庭掃きと称して、婚礼の翌日と同じく内輪の人々を招いて慰労の宴を催している。（井上頼寿『伊勢信仰と民俗』）

こうして近江では、一一月から翌年の二月まで「ええじゃないか」の騒ぎがみられたが、その地域は東海道筋を中心とし、また湖南の地区にみられ、中山道筋や湖北・湖西の地域にはみられない。

京都とその周辺

慶応三年から四年にかけての京洛の地は、政治の中心であり、多くの異なる立場の人々があわただしく去来した。ここでの政治的な動きは他書にゆずることにするが、薩長や岩倉等による討幕の密勅、ときを同じくしての一五代将軍の大政奉還、その船中八策により近代日本の途を示した坂本竜馬の暗殺、王政復古の大号令、小御所における暗闘の結果としての鳥羽・伏見の合戦と、実にめまぐるしいものがあった。ここでの御札の降下と、それによる「ええじゃないか」の混乱は、多かれ少なかれ政治的対立に影響をあたえずにはいなかった。

維新を生きぬいて元勲の一人となった田中光顕は、慶応三年八月、国元の父親に次のような手紙を送った。

さて先日以来、京師近辺歌に唱え候には、大神宮の御祓が天より降ると申して　大いに騒ぎ居申候　大国天　蛭子　観音等種々のものが降り候趣き近々はなはだしき事に御座候、切支丹にて御座あるべく存ぜられ候　過日はどこかへ嫁さまが降り候処　江戸の産の由に御座候　何がふり候やら知れ申さず候　たゞたゞ弾丸の降り候を相楽しみ待居申候（『維新風雲回顧録』）

この田中の手紙は、八月にすでに京都で降下のあったことを語っている。さきに示した舟木宗治の『五十年の夢』も、京都を舞台にした回顧録であるが、舟木は、夏の末より降下があったとしている。さらに「ええじゃないか」の史料として周知の『岩倉公実記』に、「八月下旬ニ始マリ」とある記述とも一致し、京都での「ええじゃないか」は八月も下旬にはじまったとしてよいであろう。ただ、この八月下旬から『岩倉公実記』の記すように「十二月九日王政復古発令ノ時ニ至テ止ム」と、八月下旬から一二月上旬まで継続し、一二月に消えてしまったかどうかは検討しなくてはならない。

土佐藩の武士、寺村左膳の日記には、

予が十月初に京都を出で国に赴きし比は何の事もなかりしが　再び十一月中旬上京せしに躍最盛んにて驚入計也

とある。さきの田中と同郷で交渉があったと思われる寺村のこうした記述は、やや奇異な感じを与え、これをそのまま認め難いが、一〇月の下旬から降下が激化し、これまで市井の出来事として注意も払われていなかったものが記録されるようになったものであろうか。この点、『徳川慶喜公伝』は、『岩倉公実記』を参照しながらも、「京都にては十月の末より十二月に渉りて神符降下の奇瑞あり」と、一〇月末開始説をとっている。

明治天皇の外祖父にあたる権大納言中山忠能の手記には、一〇月二七日の条に、昨日来、三条、四条の辺、または今出川に神符が降った、また六寸余りの金の大黒も降った旨のことが書かれている。中京区堺町三条の市文という呉服屋の記録「音信録」は、その間の状態を次のように記している。

慶応三丁卯年　世上一統　神仏の御札　天降り市中の内　縮緬　絆天用の品着用し日々踊り歩き行く、誠に前代未聞の事。

当方の儀は十一月四日の夜、亥下刻（午後十時過ぎ）に

池鯉鮒大明神

御札　中庭の竹へ天降りに相成り、五日より三日の間、七日迄御祭申上候て町内中御一統
様方へ御酒差し上げ、其の外、親類、出入の者よりそれぞれ供物多く候事にて、夫々参り合いの方々へ御酒差出し候。
供物凡そ　八十軒余の事に御座候。
誠に賑わしき事にて　八日神事納め。
同十四日より店新兵衛事、尾州池鯉鮒様へ主人代参相勤め、其の節、本家より供物に相成
申し候。紋金巾壱巾の大幟二本御納め申し上げ候て、廿五日帰京致し候。又候、
十一月廿一日
　水天宮様
御札　天降り候て其の節は、二度目の儀にて一統の内、心安き人計り御招き、御酒差し上
げ、其の家内中にて内踊にて事済み申す事、右凡そ入用高、
金拾八両三分　近佐殿肴代
金壱両弐分　　津の利殿肴代
金三両斗り　　酒代
金廿両斗り　　作事方出入の方祝儀其の外供物返礼
金四両斗り　　　代金入用
其の外、一統親類の方々へ、大体夫ぞれ御天降に相成り候節、御供物、御神酒、御鏡箱入
蜜柑の類、御供物代金、凡そ金拾五両斗、その節、町内何家へ御降りに相成り候とも、酒
壱斗、町内より差出し申候相談相きめ、下店方も壱斗御供え下され、町内にて

神戸　蔦屋　丹平、近政殿
御天降にて、それぞれ手前同様の馳走に御招きに相成り、町内供えものの割合、金壱両四百匁相掛り申し候。
凡そ惣入用の高、金四拾八両壱歩、割合酒代少しに候へども此の志は諸方様より御供え下され候。
酒弐石余、残らず入用に相成り候事
（「瑞垣」七七号）

御札の降下、町内あげての三日間の祭り、そして尾張の池鯉鮒までの代参というこの様式は、前にみた名古屋の場合と類似している。この市文では、一一月四日につづいて二一日に降下があったが、この降下に伴う混乱は『岩倉公実記』に「具視ガ挙動モ此喧鬧（ええじゃないかの混乱）ノ為ニ蔽ハレテ自然ト人目ニ触ル、コトヲ免カレタルナリ」とあるように、政治的対立の焦点である京都にあっては、幕府側からみれば甚だ治安上、愁慮すべきことであったから、京都町奉行は一一月一三日に、これに禁止を命じている（『京都府百年の年表　宗教編』）。この禁止令の公布は、とくに一〇月下旬から激化したためと思われる。さきの寺村左膳が帰京して下宿に落ち着くと、下宿では神符の降下のない不幸を歎いている。そこで左膳の家来が気の毒に思い、郷里からもってきた土佐国伊野大国主社の守札を夜陰密かに宿の庭中に落して置いた。すると翌朝は大騒ぎでたれも彼も踊りはじめる。それに隣家の人々などは、土佐の神様がお降りになったそうな、お客様は土佐のお方ゆえご案内申すといってはよびにくる。左膳も仕方なしに主従五、六人でご馳走になったが、のちには多勢で踊りこんでくるので、自分もともに踊ってしまったという。この左膳の記録も京都の人々が降下の渦のなかにまきこまれていた状況を実によく示しており、そこに、この左膳の家来のしたようないたずらや、ある政治的意図をもった謀計が入りこみ、大きく群衆を動かしうるようになっていたことを語っている。

京都市中での騒ぎは、一〇月中旬には周辺地区に及んでいく。一〇月一八日には、乙訓郡の円明寺山寺の弥平宅に神宮の神符が降下し、踊りがはじまった。一一月三日には山崎にも降下した（『大山崎史叢考』）。久世郡城陽町でも一一月中ごろから一二月末まで踊りぬき、伏見のあたりまで出かけたという（『城陽町史』）。その伏見の稲荷大社でも、一一月五日の朝、稲荷大明神等の神札が降ったので、稲荷の社中、つまり神官らが祝宴を催し、よいじゃないか、よいじゃないか、と歌った（「日記」一二〇九）。同じ京都府でも、北の中郡の現峰山町内になった丹波村の庄屋の家にも四年の正月三日に「神様天降り」があり、七日までこれを祝った。ここでは四月まで降下があり、手踊りをしたという（『峰山郷土史』）。与謝郡野田川町の岩屋地区では一二月八日の夜にはじまり、翌年の三月七日に終っている（『野田川町誌』）。一二月九日の王政復古後も降下はやまなかったのである。

人々の往来もはげしく、注目の的になっていた京都での出来事でもあり、異常な状態であったから、これを報じたきわもの的な出版物も世に出た。四年の閏四月に、幕府の開成所の教官辻理之介の手で創刊された『遠近新聞』の一六号は、京都での「ええじゃないか」の様子を戯文調で伝えている。その一部を示すと、数え上れば八百万、神に仏を混交《こきまぜ》て、散や紅葉の紛乱《はらはら》と　ふれば俄然踊躍《たちまちおどりだ》し、篤実《かたい》老叟亦道化態、娘の小袖引はいで　光禿《やかん》頭上仮鬘粧《にかつらつけ》、多情《うわき》の壮婦真率《としまさっそく》に、男様《おとこ》に扮《なり》て紺色木綿《めくらじま》外套狭袴《はんてんももひき》其表に　友仙染《かもがわぞめ》か美麗《はなやか》に墨画《すみえ》の竜か電光《いなづま》か、又は山三《さんざ》か濡燕　とんで往還《ゆきゝ》の編笠を　覗て見れば是男是女《うちまじり》　隊伍不整《うちみだれ》ても拍子節度《ひょうしよし》　異口同調其謡辞《まじりてうたふそのうた》に　米小須レ貼レ紙《コメコニカミハル》破則復貼《ヤブレタラマタハル》　不善耶《エジャナイカ》　豈不善耶《エジャナイカ》と丁稚　弱嬢《いとはん》　鋪長公《ばんとうさん》　炊夫《ごんすけ》　素是旧里《もとよりざいしょ》にて　村巷祭祀《むらのまつり》に慣事也　下婢《げじょ》は童形《でっち》に、少男《わかしゅ》は嬢態《むすめ》　主翁《だんな》は家婦　老爺《じじい》は小童壮《こども》　共是《みな》変幻《ひきぬきの》自在転化無量《はやがわり》無底舞場《そこぬけやたい》は東都様《えどをまね》　祇園歌曲《ぎおんはやし》は慣手枝《おてのもの》　笛や太鼓や鉦小鼓《どらつづみ》　うすけ痴漢《たわけ》の大茶番　俄設狂言急構工夫《そうざいく》　拙速為妙《はやいがかちと》神道者　細籠《ざる》を烏帽子に提灯の　匣《はこ》をば胸前《まえ》に揺動《ぶら〱》と　高間ガ原の諸式一般《もののもみな》今から下落《さがる》あれを見よ　伊勢の太神可尊哉《たふとや》と老実顔《まじめ》にて行も有

と、その男装・女装や歌の文句をのせ、さらに、

巧拙雑陳千態万状《いいもわるいもいろいろの》　内には亭主竿長く　鋪頭《みせの》柱に俳縛《くくりつけ》し　客席《ざしき》も世人《ひと》にみせの前《さき》　天井底《うら》や庭の隅、払い清めて降臨の霊符《ふりたまふおふだ》を尊崇新筵《あがめあらごも》を　敷連ねつゝ神酒神餅《みきかがみ》　親類懇友相《こんゆううちより》招て神酒《おみき》拝戴《てうだい》早朝《あさっぱら》来、愕腹《すきはら》機会《きげん》に三四盞《はい》　傾之則是《きめたら》何事不善耶《なんでもえぢゃないか》　後《ご》房《ないじん》には山の神、愛娘《むすめ》の化粧《したく》て心神《きも》飛揚《どんちゃん》　外《そと》より驀然《どかどか》躍舞侵入《おどりこむ》　土足の儘でも不復佳哉《ゑぢゃないか》　根太も自迷《うつゝ》も抜し果て既是《はや》一月余《ひとつきも》ふりにふり　更舞且躍《おとりにおとり》　貴賤勿論《おしなべて》　日夜《ちうや》の差別活計《わかちないしよう》の　険難《くろう》も忘却《わすれ》　商戸《あきんど》は商買《あきない》休み　職人は道具箱さへ何処《どこ》へやら　流用才覚無策不為矣《やりくりさんだんしほうだい》　おもしろ狸の腹鼓　うつけた状態《まね》をさるの智恵　結局《はて》は其尾《しっぽ》を現出《あらは》して　衆人《みな》訴窮《なきごと》の涙雨　降るは町方計ゆへ

武家《やしき》は出て都下《みやこぢう》一般　不遺小区悉皆是善矣《ひらいちめんにゑぢやないか》　みんなみにきた東より西陣徒脚《はだし》て機杼《はた》休み
縮緬類は可驚《めつそう》と　きけと甲斐なき西洋布《かなきん》の　価《ねだん》も漸々《だんだん》躍り出し、五絽《ごろ》もごろ〳〵鳴動《なりだし》て
オヤ可恐哉《おそろし》と言なから　傍若無人《めつたやたら》に着るといふ　長き刀も故障《さわり》なく　目出度《めで》室《たくさや》に納れる
賢君《きみ》が聖代《みよ》こそ千早振　諸神《かみ》の恵恩《めぐみ》のあめが下　降れば降るほど賑やかなるらめ

と、降下のあった家に踊り込む群衆を描き、京中が仕事も手につかぬ状態であったことを記している。文章は戯文体ではあるが、その実状をよく把握したうえでのものであることがうかがえる。

京都での騒ぎはまず八月下旬にはじまるが、それがどの地域であるのかはどうも明らかではない。この八月にはじまったものが一〇月まで継続していたかどうか史料を欠くが、つづいたとしても、いまださほど大きな動きにはなっていなかったものであろう。それが一〇月になると激化し、町奉行も無視できず一一月には禁令を出すが、一片のしかも幕府権力の弱体化した京都にあって、その命令が守られるわけはなかった。さらに町奉行の命令が守られている降下のあったことは、上記の各史料により明白であろうし、おこったとしても京中をひきこむ状態であれば、この騒ぎはおこりえなかったであろうし、おこったとしても京中をひきこむことはなかったであろう。

大和・紀伊

大和では奈良の町に九月に降下があり、各地にひろまった。大和高田の村嶋長三郎睦平の記録には、

当卯年八月遠州尾州ヨリ天降リ初リ、当国ニ九月南都初メトイタシ町場小村迄モ残ルトコロナク太神宮天降リ給ウ、尤京都十月中頃ヨリ太神宮・春日・八幡様・大黒天・観世音・諸神仏天降リ、大坂ハ十一月上旬ヨリ専ラ諸神諸仏降リナサレ之アリ候事依之諸国御降リ給ウ（『大和高田市史』）

とあって、大和への降下の事実が示されるが、より具体的には、桜井市内の法念寺住職聞学の書留めである「法念寺過去帳」が、

十月当十一日、当処へ始メテ伊勢御祓降臨、是ヨリシテ馬場崎其外町々へ日々御祓降臨アリ、当十一日七ツ時頃ヨリ下市馬場崎ヨリオ蔭ナリト唱へ老若男女ヲ論ゼス大イニ戯レ踊ル、尤モ去ル九月上旬ヨリ南都ニテ踊大流行ナリ
当処家々御祓降ル事凡七八拾軒、家々賑ハシク御供撝ヲ致シ翌日大イニ踊リ戯ル也、当国村々在々ハ勿論諸国共斯クノ如シ御祓斗リニハ非ラズ、神仏御影或ハ木像金仏又ハ金銭等色々降ル也（中略）実ニ人気騒事甚シク実ニ不思議ト云フベシ
霜月、今ニ御祓仏像等色々降ル事止ズ　御蔭踊リ益々甚シ、村々在々老若男女耕作ヲ捨置、近村ヲ踊リ廻リ騒事甚シ

十二月、御祓降ル事今ニ止ズ、京大坂別テ種々ノ物降リ踊事甚シ、当処ノ柳町嘉蔵宅へ日々酒涌出ル也、奈良ニテハ米涌出ル也（中略）公儀付諸役掛リ残ラズ京都引払仰セ付ラレ退出、一橋公大坂籠城右ノ騒動ニテ御蔭踊リ勿《(忽カ)》チ止ム

と、大和の状態を記している。九月上旬に奈良、一〇月一一日に三輪の町に降り、これは一二月までつづいている。この間にあって、酒や米が湧き出るという奇瑞も伝えられている。大和では、札の降下によるこの混乱を「御蔭踊り」とよんでいることが、特徴的である。この名称は、文政一三（一八三〇）年のおかげ参りのときに大和、河内を中心に流行した踊りにつけられたものであり、大和では文政一三年のそれの記憶により、慶応三年の場合も同様によばれたものである。大和では、この踊りを記念して神社に絵馬を奉納する風習があり、現在、磯城郡三宅村伴堂の杵築神社、同村屏風の杵築神社、川西村結崎の糸井神社に慶応三年のものの絵馬が残存している。奈良の北方にあたる京都府相楽郡加茂町岩船の白山神社にも、同様の絵馬が掲げられている（写真）。これは慶応の場合だけの特例ではなく、文政のおかげ踊りの例を追うものであったことは、伴堂に文政の絵馬の残っていることからも察せられる。伴堂の慶応の絵馬は、「于時慶応四戊辰年菊月十三日　奉納　連中安全」の墨書銘があり、岩井宏実によると「社殿の前にたくさんの御神灯を吊るし、太鼓を置いて太鼓打ち、三味線弾き、拍子とりなどが並び、境内にところせましと百人にも及ぶ踊手が、調子を合わせて見事に踊っている。境内の四隅には『太神宮』と刺繍した大幟を立て、行灯と御札をつけた竿を立て、境内は踊りのルツボと化している。またこの絵には人物の絵のところに

一人一人の名前を墨書している」という。屏風のものは、「慶応四歳辰九月吉祥日　屏風里氏子敬白」とあり、これも神社の境内で、おかげと書いた御幣をおし立て、三味線・太鼓に合わせて三〇人余りが揃いの衣裳で扇子を手に三列になって踊っている（『大和文化研究』一五ノ三）。これらの例は、二つの点で注目される。一つはさきにふれたように、「ええじゃないか」が「おかげ踊り」という名称で、さしあたっては文政の「おかげ参り」「おかげ踊り」の伝統の流れにそって意識されていること、次に絵馬にみられるように、神社の境内で揃いの衣裳で、それは絵馬に描かれることでかなり整理されたにせよ、実によく秩序のうちに踊っていることである。これからみて、この踊りの背後には村の若連中などの存在を考えることが可能のように思える。一般に「ええじゃないか」は、既成・既存の秩序を否定するところにその意義の一つが認められているが、ここにはそれがみられない。名古屋あたりで、町役人や村役人に届出のうえで御札を祀ったことと共通するもののあることに注意しなくてはならないだろう。

「慶応おかげ踊り図絵馬」（京都府　岩船　白山神社蔵）

大和では吉野の白銀村の湯川でも一〇月から翌年の二月にかけて、神宮の大麻が、垣内の八軒のうちの二軒に降った。降った家ではカドに二本の竹を立て、これに注連縄を張り、「えいじゃないか」といって、人々に酒や飯を出す騒ぎであったという。(『郷土研究』三ノ七)
紀州での例は後年の聞書である。その一例は粉河でのことである。逸木清流の報告によると、粉河で御祓様(剣先)の降ったのは山西九兵衛の家であり、以後多くの家に降った。降ったのは御祓だけでなく、信貴山の御札や御祓のなかに小さな玉の入っているものもあった。降下の事実があると「奉献天照皇太神宮」の幟をもって祝いに行ったり、一五、六人も一団となり「えぢゃないか〳〵どうでもえぢゃないか」「一たて二立て、さゝ立てゝ、注連縄張ったらえぢゃないか」と囃《はや》し、酒肴の振舞いをうけ、これが一ヵ月余もつづいた。以前の降下にあってはおかげ参りが伴ったが、慶応の場合にはみられなかったという。この報告は月日が記されていないが、紀州にも降下の事実のあったことは知ることができる(『郷土研究』三ノ四)。他の一例は明治二年正月一六日と記されているが、記述の様子からみて、明治一年、つまり慶応四年の誤りではないかと思われるが確かめることはできない。場所は有田郡安諦村大字杉野原、正月一六日の伊勢講の日に、中びやという家でのことであった。これより一週間ほど前に、隣村の八幡村大字久野原から「ええじゃないか、ええじゃないか」と踊り込んできたというから、降下は安諦村だけのことではなかった。御札が降ると、その家では床の間か縁側に檜葉で神檀をつくる。人々が参詣にやってくる。三尺ほどの棒に赤と青に染め分けた二尺ばかりのしで(四手、しめ縄)を付けたものを振りながら、
江戸の横浜 石が降る、ソリャ、エヂャナイカ、こゝらあたりは神や降る、ソリャ、エヂ

ャナイカ〱

と唱えながら踊ったという。これには後日譚がある。この村に伊都郡花園村生れの久野という女が住んでおり、この久野が予言するとそのとおりに降下があり、人々の畏敬をあつめていたが、これをあやしんだ番太に捕えられ、降下はすべて自らの手によるものだと白状したという。(『郷土研究』三ノ七)

大坂とその周辺

大坂での降下は、大都会だけあって多くの人々の関心をひいたとみえて、慶応四年に「神仏臨降末代栞」という出版物が刊行され、また堺の町では「御代賑」と題する一枚物の刷物が出されている。まず、「神仏臨降末代栞」によると、降下は九月一〇日に始まり、一〇月一日と二日に二ヵ所に降下するが、何事もなく、一〇月の中旬以降、ことに二七日に二二ヵ所に降ったのを皮切りに流行状態に入る。一二月の中旬になり、ようやくおさまっている(第一表参照)。降下したものも数が多いから実に多様であった(第二表参照、藪重孝「慶応三年大阪に於ける御蔭騒動」『上方』二)。現在の大阪市南区鍛冶屋町の釘問屋秋村治郎兵衛の家には、一軒で二一枚もの降下した札が保有されていた。これは一一月二一日の辰ノ上刻から翌四年四月二〇日の午ノ刻までの五ヵ月間に降下したもので、その特色は伊勢の札は一枚もなく、借金証文や一二月九日の戌の上刻に降った三下り半まで含まれる多様さを示し

大坂における御札の降下（慶応三年一一月・藪重孝氏に拠る）〔第一表〕

日	回数
1	11
2	6
3	3
4	2
5	0
6	1
7	2
8	1
9	0
10	4
11	5
12	5
13	11
14	14
15	17
16	18
17	21
18	33
19	32
20	43
21	35
22	20
23	30
24	54
25	57
26	47
27	19
28	16
29	10
30	4

大坂における降下物――「末代栞」〔第二表〕

皇太神宮御札
河内葛井寺の海上守護
天河社疱瘡神
江之島弁才天御影
松尾寺厄払観音御影
北野天満宮守護
小判包百両
仁徳天皇御守護日の丸扇と熨斗包に小判一ツ大黒小玉一ツ浪銭一文
河内誉田八幡御影
百足小判

不動明王御守
能勢妙見宮御守
大金神方違守護
住吉太神宮
道明寺災難除御守
石清水八幡守護
大黒天像
融通念仏神名帳
役行者御影

熊野太神宮
銅像大日如来
銀札
聖徳太子銅像
永楽銭
毘沙門天像
金二朱三ツ
生玉大明神守護
正一位玉盛大明神御幣
寿老人金像

ている（牧村史陽『お蔭参りとお蔭燈籠』）。さて、堺の中田光三郎文書のうちにある「御代賑」は、堺での降下の状態を一枚刷りに収めたものである。堺では九月二一日から一一月三〇日まで降下があったが、降下した札は、太神宮八九、大黒天一三、住吉五、夷四、八幡三、天満宮三、伊太祁曾二、石清水二、水天宮二、日前宮二、稲荷二、秋葉二、などであり、降下した家についてみれば、富裕な屋号をもつ家九七、家号をもたぬ一般の家が二六ということになっている（井上薫「御代賑」『日本歴史』五三）。堺の様子は錦町に住んでいた老媼の後年の思い出では、一一月末より一二月末まで降下があり踊った。最初いつの間にやら御祓が降っているので、家を守ってくださるのだといって喜び踊りはじめた。御祓は皆、金持の家に降って貧乏人の家へは降らなかった。おちた御祓は皆、立っていて決して横にならない。このときの歌は、

ぎゃっとせー〳〵　エジャナイカ〳〵　ぎゃっとせりゃ　夜明けの鏡太鼓

といい、また、

おまえも蛸なら　わしも蛸　たがひに吸付きゃエジャナイカ〳〵

といって、屋台を出し町内を廻った（藪重孝「慶応三年大阪に於ける御蔭騒動」『上方』一）としている。

大阪府内の各地について以下にふれる。高槻市では藪家の日記「日新」によると、降下したのは一一月に入ってから、一九日には藪家にも、この地方に配札にきていた中西藤原大夫の御札が柊の木の上に降り、二七日には藪家の向いの大津屋にも降った。大津屋では嬉しさのあまり町内へ手拭一筋宛を配ったから、藪家ではこれに対して酒一升を供えた。箕面では

牧落村に一二月の二日と七日に五兵衛宅に伊勢の御祓が、年をこして一月三日には伊勢講の当屋であった武左衛門の宅に伊勢の御祓が降り、多くの人々から供物が寄せられた。また粟生新家村の権兵衛宅に一月に降下があり、春日講中、若者中、村民三〇名ほか他村の者からも供物がささげられた（『箕面市史』二）。箕面の南、豊中市の地域は文政には「おかげ参り」と「おかげ踊り」の盛んに行なわれたところであるが、桜塚村では、

乍恐口上

御領分
摂州豊嶋郡桜塚村
清兵衛

昨朔日七ッ時比　私居宅門先椿木へ、天満宮様御札御降リ被遊奉存候ニ付、乍恐此段御届ヶ奉申上候、御聞済被為成下候ハヽ、難有奉存候、以上

慶応三卯年
十二月二日

右　清兵衛
年寄
奥野友右衛門
庄屋
同　庄兵衛

御役所

（『豊中市史』史料編三）

という届けを出している。山寄りの熊野田村は、慶応二年に二〇七戸というかなりの戸数の村であるが、この村での降下は一二月四日にはじまる。平野部の桜塚村よりやや遅れているが、これは平野部から山間部へという方向を示すものであろう。二〇七戸のうち一八戸に降下があった。負田家には一月一六日午刻に池鯉鮒大明神の御守が、翌一七日には朝卯刻に天照太神宮が天から降ってきた。新稲村からこれを祝って一五〇人も押しかけたので、熊野田村では五〇人に三方荒神馬一匹と幟一本をもたせて桜塚村まで迎え、村中で四〇〇人も狂舞した。このため、負田家の支出した費用は四貫九〇匁に及んだ（『豊中市史』二）。桜塚村では支配所まで届けていること、また熊野田村では、村をあげて他村からの祝いにくる連中を迎えていることなど、狂舞とはいうものの従来の組織がこれの背後にあったことがうかがえる。このようなことは、北河内郡の私部村（現交野町）の庄屋大矢忠兵衛の記録にもみられる。私部村では一〇月ごろから降下があり、これを「おかげ」といい、他村から踊り込んでくるし、私部村からも他村に踊りこんだ。一二月になり、

十九日四ッ時拙者内へ帰り候ところ、大坂の小間物屋来り、なおまた天ノ川の小家の人来り、あれあれあれあれと呼ばり候ゆえ、走り出て見うけ候処へ、伊勢本宮御祓天降りに相なり候。今日西風強く吹き候えども、東の方より矢をいる如くに降臨に相成り候につき、早々勤請いたし、すぐさま原田へ行き、母に右の由はなし、原田へもはなしいたし、何分村方諸勘定向きまだ出来申さず候につき、お祭いかゞいたし候かと、武右ェ門殿よびにつかわし、はなし合いいたし候ところ、極月お祭しまい次第に勘定いたし候はなしになり、

明日より祭り候つもりいたし、畑中卯兵衛殿たのみ、大坂へ諸買物に、人足庄吉つれ、八ッ過より下坂いたされ候。廿日より祭。方々よりお供へもの沢山、山の如くに候。村中、町々へ玄米五斗と金五百疋宛つかわし候、当町内は別にいたし、米、金はつかわさず、町内残らず呼び入れ申し候、町より色々面白きことといたし、供へ物持ち来る。これまで町内限りに候へども、原田は地頭役のこと故、村中町々より参り候こと。もっとも原田より町々へ米と金をつかわされ候。此方も庄屋役のことゆえ、村中町々より右のとおりいたし来る。外は町内限り也。余は略す。委細は慶応三卯日記付に記し有之のこと。十九日に降臨、廿日より祭り、廿四日に仕舞。右、御祭入用金百六両二歩三朱の入用に候（『交野町史』）

ここでは降臨をまのあたりみたこと、さらに庄屋であるため、御祓を祀るために庄屋としての年貢勘定を延引することを他の庄屋である武右衛門と相談し、その結果、二〇日から二四日にわたる御祓の祀りを先行させていること。とくに後者は、支配者側の年貢収取にあたって大きな障害になったであろうという点で注意さるべきことである。

中河内郡の布施の老媼の経験では、一〇月ごろから御祓は屋根ではなく庭前に降り、しかも忌のかかった家に降ることはなかった。降下のあった与力の家では門に張子の鳥居を造り、北新地の芸妓をよび、また近所の娘は藤娘姿で桜の花飾りの屋台をひらいたという甚だ豪華な祝いかたであり、宴をひらくので、まるで狐憑きのようであったという（藪重孝、前掲論文）。この追想談は老媼の大坂に住んでいたときのことであろうが、忌のかかった家には降らなかったというのは、そこに作為を感じさせる。大坂の街でのありさまは西区の初代区長金沢卯右衛門の手記によると、金沢氏の本家では毘沙門が降り、一族のものも踊り、かつ本家のものを十日戎《えびす》の宝恵籠のごときものに乗せ、信貴山まで参詣したという。金沢氏の母かたである柏原屋にも百余りも御下りがあったという（『西区誌』一）。なお、翌年の秋にも同様のことがあり、大阪府は惣年寄に以下のような禁令を出している。

旧冬曲者共神仏札を降下為致下民を迷し候処、此頃又々右同様之義有之哉に相聞、以之外之事に候。右は全く曲者共之仕業にて、決而可信用訳に無之、勿論右仕業致候ものは急々召捕、厳科に可処候得共、自然右に被欺迷祭礼等致し候者有之候得ば急度取糺之上、右仕業致し候者と同様、可為曲事候。

右之趣大阪三郷町中不洩様可触知者也

辰十月　大阪府

惣年寄共へ

（『西区誌』一）

この禁令のいう事実についての知見はないが、三年から四年のはじめにかけてのものの連続でもあったのだろうか。

堺の町は「御代賑」でその状況を知ることができるが、現在、堺市に含まれた赤畑村の庄屋高林家の用留では、赤畑村には一一月の七、九、一〇、一六、二四、二八、三〇の各日、一二月に入って一、一〇、一三の三ヵ日にわたって、太神宮が八ヵ所に、このほか威徳明王

二、大黒天一、大師像一が、大体午前六時ごろから一二時ごろにかけて降った。なかでも庄屋の高林家には二回、年寄の田中家に一回降っている。また畑村の北井家文書によると、一一月二三日の五ツ時に庄屋の家に太神宮が降ったので、二三日から二五日まで振舞いをしたが、やってきた人々の献上物の総計は金二両二歩、銀二七四匁、銭九貫文、これに対して支出は酒代その他で銀八三三匁六分に及んだという（『堺市史』）。

現在の東大阪市は旧の河内、若江、渋川の三郡にわたる農村部であるが、ここを中心とした事例は島田善博により紹介されているので、以下それによってみておくことにする（「河内国の〝ええじゃないか〟について」『ヒストリア』五六号）。松原村は茶屋も存在し、町場的色彩のこい村である。「慶応三年十月降臨御神前江御備物扣」を残す大橋家では、一〇月二八日に二寸余りの箱御祓いが降臨したので、三日の間祀り、四日目には略作《打上げ祝い》としたが、この間、隣村からも踊りにきて門の内外にひしめきあうありさまであった。その決算は収入金九両二朱、銀三九匁、銭三〇〇文で、支出は金一八両二歩、銀八一〇匁、銭三一貫九〇五文で、差引き四九貫余りが持出しとなった。同市域内に含まれる河内郡五条村の史料は「当村氏神八幡宮末社伊勢皇太神宮鎮座記」である。御札を氏神境内に祀ってしまうので興味ある史料といえる。その全文は、

慶応三卯年十一月朔日辰之上刻、私宅南表に生し有之小柳木に降臨まします。太神宮御祓串則私宅ニおいて三日の間奉祭、同月六日氏神八幡宮御脇座ニ奉祭斎納、御箱記書　左之通

年行司　儀右衛門

表　天下泰平五穀成就
　　伊勢皇太神宮
　　祈願円満村中安全

右脇　勇　助
　　　藤次郎
　　　長右衛門
年行司　四郎右衛門
左脇　繁右衛門
　　　権兵衛
　　　又兵衛

河内国河内郡五条村
　祭祀　朝平権右衛門
　庄屋　野口与右衛門
　年寄　長尾伊右衛門
　同　清水武兵衛
　惣代　岡村弥次兵衛
　同　長尾茂左衛門
　同　野口与三右衛門

裏　丁慶応三年
　　卯十一月朔日降臨
　　同月六日斎納

但シ祭之日、一日中村中惣休、庄屋ヨリ相触、家別ニ白米五合宛相集、凡末（米カ）五斗飯ニ焚、当方ニテ子供初皆握リ飯をほどこし候事。

庄屋ヨリ三升之御鏡餅被備、且当方ヨリ御神酒奉備候。尤五升也、御下リ酒其日一統へ振舞申候、御鏡ハ翌日行司立会ニテ開キ是又村中家別ニ配当仕候事。

一　社檀ハ村方ョリ金弐歩寄進被下候ニ付大阪瓦町御堂筋宮屋万助方ニテ相求候、尤代金壱両弐朱也。此金代銀百四拾八匁五分也　但シ金壱両ニ付百三拾弐匁替也、右ニ付家毎ニ備もの有之候得共数多ニ付略之。

慶応三丁卯十一月吉日記之

ここでも降下した札を祀るのに、村をあげて協力し、祭りのため村中が惣休みをし、庄屋から触れを出しており、一つの村の公的行事という色彩をこくもっている。島田氏はこれらのほか、菱江村、小若江村、荒川村、長田村の各村の例をあげている。

堺より南の泉大津では、一一月一八日に降下があった。医師の和田義近の「見聞雑記」はこれを霜月御蔭と呼び、

当郷内宮村松右衛門へは大神宮剣先、霜月十八日に降りて是を初めとして踊出し、握り飯・酒など参詣人へ施し三ヶ日の間賑はしく、同二十一日池之浦長三郎へは春日大明神剣先、利平次へは稲荷大明神剣先、村方庄屋文太郎庭前へは伊太喜曾(祁)の剣先、其の余豊中村内拾軒程極月両月に降り、各米三石四石も其の分限にて出し、酒四斗樽三梃四梃五六梃も二三日の内に費し候。

右の時夫々他村の親類よりは四斗樽壱弐梃、或は米五斗或壱弐石づゝ祝ひ、車にて曳歩き行、赤繻絆にて多人数踊廻る事毎日あちらの在所よりこちらへ祝ひ行、郷内を通る事五組六組も最中ハ有之、霜月十二月はいづれも仕事手につかず、是につけ色々臆説流行

（『泉大津市年代記』）

とあり、これに参加した男女の服装は、

緋ちりめん・緋羅紗・緋ふくりんの繻絆二三枚も重ね着して踊り、老若男女差別なく皆々鉋屑にて采配の如きものを半分紅染にいたし、手に是を持ち、エジャナイカ〳〵と囃し

であり、手に各自がもったものは採物《とりもの》であり、さきにみた紀州有田郡安諦村の例と同様である。採物を手にすることで、人々は依代《よりしろ》的性格をもち、日常性から解放された心的状況になり、より一層の狂乱のうちにのめり込んでいったことがうかがえる。

紀州よりの貝塚市域内の山間部、馬場、大川、秬谷には一一月に伊勢、熊野の札が降った（『貝塚市史』一）。また南河内郡の狭山藩の陣屋のあった池尻村には一一月一〇日に神宮の札が降り、人々は太鼓をたたいて踊り狂った（『狭山町史』一）。泉南郡泉南町の樽井地区では、おそらく一一月ごろのことであろう。武士風のものが入りこみ御札をまいたというが、史料の明示はない（『樽井町誌』）。

以上みてきた大坂の諸例から、その発生の日時をみると、大坂の町で九月一〇日、堺で九月二一日がはじめであるが、大坂で急激に人々がええじゃないかにまきこまれ、頻繁に御札の類が降下して「おかげおどり大はづみ」（「堂島旧記」）となるのは一〇月に入ってからであり、その波の高まりは一二月中旬までつづくが、これで消滅したのではなく、余燼がくす

ぶっていたことは、翌年の一〇月に大阪府から禁令が出ていることでわかる。土佐の陸援隊の一員であった田中光顕は、同志とともに一二月九日に大坂に向かうが、お札踊りの最中で、この人波にまぎれて住吉街道から堺まで出ることができたと、後年その回顧録に記しているのも、大坂の状態を示すものである。京都と大坂の間の高槻では一一月にはじまるが、これが京都方面からのものか、大坂からのものか不明である。箕面や豊中では一二月から一月、南部の泉大津、貝塚などでは一一月。これに対して現在の東大阪市の市域では一〇月と早いが、島田氏の指摘のように大和からの波によるものであろう。大坂、堺から周辺へ、また京都、大和からと三つの流れがあり、東から西へ、北から南へと及んでいった。

大坂での諸史料にみられる一つの特色は、文政のおかげ参りの直後におこったおかげ踊りの記憶が強く残り、踊りとして、しかも大坂や堺などの市街地を離れて農村部になればなるほど、庄屋・年寄など村役人が参加し、村の公の行事の一つとして実施されていることである。

西国筋

西国筋は第一次長州征伐、第二次長州征伐とつづく戦乱で民衆のうけた影響は少なくなかった。ことに大軍の移動した山陽道でそれが著しかった。大坂につづく、現在の尼崎市域に含まれる川辺郡下坂部村では、代官の沢田家に一一月二八日に降下があった。沢田代官はこれを江戸に報じている。

御地ハ如何候や、京、大坂并近在神々様御下リニ付大さわぎニ御座候。乍併先月廿八日亥上刻愚私宅へ御神御下リニ付奉申上候。日本御社天社御本宮守護所、右之通御祓様御下リニ付、乍御内分奉申上候

沢田家には、下坂部村から三三名、他の一七ヵ村から二六名、それに支配下の村から一名、計六〇名の農民と、武士一、町人八、総計六九名から供物がよせられ、これを祝った。しかし、これを江戸に御内分ながらと報じているところに、当時の支配者側の意識の一端をうかがうことができる（小林茂「封建制崩壊期における畿内農民のイデオロギーの展開」『ヒストリア』一四号）。

尼崎に隣接する西宮では、後年、これを経験した神職の吉井良秀が、次のように述べている。

奇妙な事が起った。神の御札がお降りの一件である。世人は全く狐に化かされて居た様な有様で有ったが、悉しい記憶は無いが京都辺から始まって、大阪及此地方に及んで、神様の御札が空から降り出した。伊勢の御札が多くて牛頭天王や、釈迦ヶ嶽や種々な物で広く諸国にも拡まった。此地方では秋から冬に掛けて至って盛んで、毎日此処や彼所に五軒や八軒降った。御札のみならず小判や二分金や銀や銀札が降った。現に余の知己の家には度々に十両余も溜った。降った家では悦んで俄に神檀を店や玄関の人目近い所に拵へて祭ると、親戚や知己や近所から御祝に鏡餅や菓子肴種々な物を供へに来る。さうして親戚知己が踊りに来る。男も女も仮装する。派出な襦袢を着て一団を成して手に手に采配やうの

物を以て、先一番に神社に出掛ける。知人の家々へ踊りに廻る。甲の家も乙の家も同様で毎日々々商売を休んで市中は踊りで騒ぎ立てた。互に

エイジャナイカ　エイジャナイカ　エイジャナイカ　ヤットスリャ夜明の鐘が鳴る

と連呼した。忘れもせぬが、十一月の末日に毛利侯の家老が率ゐる長州の兵が上京の途次、夥しく当地に宿泊した。長州征伐前後から予て長州は豪い者だ。長州が出て来ねば世が治まらないと、世間一般が期待して居た好評判の折で有ったから、皆が其宿所へ踊り込むと、兵士等も迎へて共に群中に入って踊った事が有った。十二月末日の年の瀬になっても止まない。同じ景況の中に明治元年に成った。すると正月三日は伏見の戦争で、此辺も人心恟々で有る。逃仕度を為て居るにも拘らず矢張りお札が降る。降った家は躍って居る。何と云ふ有様であらう。実にタワケた事で有った。是は神の所為だ、天狗の悪戯だ、乞食の所業だなど種々の批評は有ったが、終に其理由を認められないで不可解の儘に終った。(「老の思ひ出」『西宮市史』)

この思い出では、西宮においては秋から冬にはじまり、翌年の正月までつづいたわけだが、なにぶんにも幼年期の記憶だから、詳しい月日はさだかではない。幕末に幕臣として活躍し、明治になり特異な文筆家として筆をとった福地桜痴は、その『懐往事談』に、慶応三年一一月二九日の西宮のありさまを記している。

廿九日の暮、兵庫に着し直に早駕籠にて徹夜大坂に上るの途に就きたるに、西ノ宮に至

れば市中舞踊に狂呼して人足の一人も得ること能はず、糟屋は憤然として宿役人を叱咤すれども宿役人も唯々恐入たりと低頭平身して謝する迄にて、其力にても肝心の人足を集むる事は出来ざりしを以て、其夜は西ノ宮に一泊して翌日大坂に着したり。

桜痴のこの経験は、ええじゃないかの騒ぎがいかに幕藩体制の枠をゆるがしたか、つまり幕府の力をしても宿役人を動かすことができず、西ノ宮に一泊せざるをえなかったことに、それが最もよく示されている例として知られているし、まさにそのとおりといわざるをえないが、これをもってすべてとすることのでき難いことは、前に触れた大坂周辺の農村部で村役人の統制下に踊っている例を想起すればことはたりよう。

西ノ宮から西の神戸、明石、姫路でも、この年の一一月に、ええじゃないかがみられる。また篠山、生野でもあった（大阪市立博物館編「おかげ参りとええじゃないか」）。加古川の上流の舟町村（兵庫県多可郡黒田庄町）では、一二月一八日に降下があり、二四日までの七日間村方一統の踊りがあり、続いて二三、二七日と降ったので、踊りは正月四日まで行われた。このため節季の取引は一ヵ月繰延べられて正月晦日の勘定となった（『日本史研究』一二八）。さらに但馬では筆者の母かたの祖父木村発の著作『豊岡誌』は、慶応四年二月のこととして、

先是流言アリ、天神符ヲ雨ラスト、全町戸毎ニ竹杖ヲ軒頭ニ挿ミ、神ヲ祀リ、男女隊ヲ結ヒ舞踊、上下相呼唱シ曰ク、善哉々々ト、雑還殊ニ甚シ、既ニシテ狂態益々加ハル、藩庁令ヲ

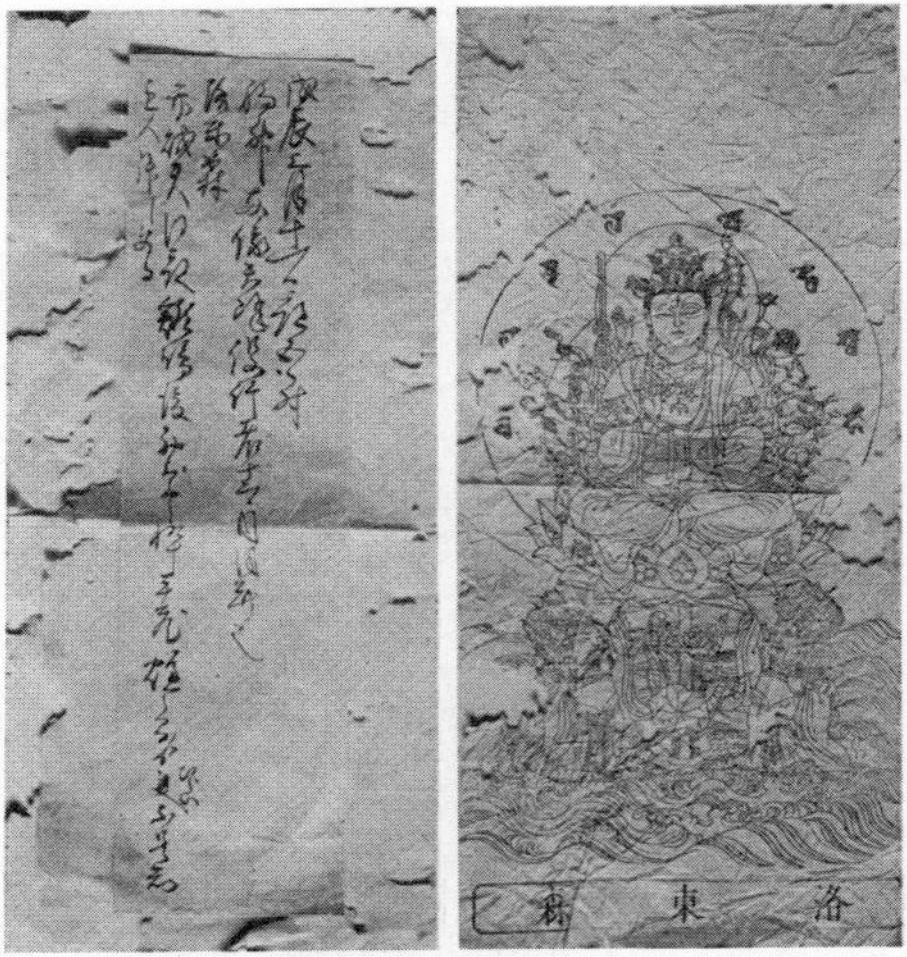

「天降札」（小谷家蔵）　慶応四年三月十一日降下

下シ之ヲ停止ス、時二十日ナリ、

と、藩主の京極氏が二月二〇日に禁令を下したことを述べている。豊岡よりも西の山間部であった村岡藩領の和田村（美方郡村岡町和田）の大庄屋小谷家にも、二月晦の夜五つ時に蔵に役行者の画像が、続いて三月一一日には福神の画像と弁財天の画像とが降った。小谷家ではその像を今も蔵の柵に安置している（小谷俊彦氏の御教示による）。豊岡より北の日本海沿いの久美浜にも、この年の一月にあったようである。また、氷上郡の沼貫村では、四年春にみられた。山陰道はこれ以外に知られていない。山陽道では、岡山藩が四年一月に、

方今、不思議を唱へ、所々之神札并金子銀札等降り候抔と申触候処より、踊り等相催し候儀有之哉之趣相聞、自然御国中ニて右様之儀有之、其家々え群参し、又は踊等相企候て

は、当節柄其以《(甚カ)》不埒之事ニ付、右様之儀有之候ハ、屹咎可申付候。若神札神像并金子銀札等、不思儀ニ拾ひ上候もの有之候ハヾ、早々御郡会所へ指出可申候、
右之趣末々迄不洩様、早々可被相触候、

辰正月　　　　　　　　　　　　　　　　　　　　　（『藩法集』岡山藩）

御郡奉行中

という禁令を公布している。神符降下とそれに伴う踊りは、辰正月以前からの事実であったのであろう。岡山につづく、現倉敷市内でも一二月一〇日から一月一〇日まで（『連嶋町史』）、浅口郡船穂でも一二月の初旬から神札降下のことがみられた。（『船穂町誌』）倉敷より西の尾道では、一一月下旬からみられたが、当時、長州藩士として尾道に滞在していた堀新五郎は、その「伝家録」（『尾道市史』）に、

抑尾道は、山陽道の中央に位し、船舶の出入最頻繁なる港湾を控へて商業繁盛の地とす、加るに我兵の滞在するを以てし、特に一種の踊り流行して、市内の賑ひ、亦異常なり、其の踊りの体たるや、商家の子女若くは歌妓の輩に至るまで美服を着して、群を為し、而して壮年の男子亦之に加はり、或は男身にして女首になる者、女首にして男身なる者、俳優若くは侏儒の如く奇形異様なる者、共に狂喜して、手の舞ひ足の踏むを知らさるか如く、毎日街上を踊り行く、其仮装の拙にして却て巧なる、観る者をして真に頤を解かしむ、其踊りの詞に云

エジャナヒカ　エジャナヒカ　エジャナヒカ　長州サン御登りエジャナヒカ　長と薩トエジャナヒカ
而して前夜必ず二三の屋上若くは二階欄干櫓下等、其外の所に於て神符の降下するあり、何者の所為なりや、之を知る者なし

と記している。ただ我兵、つまり長州勢のために、踊りが流行したように記述されているが、これはその文句に「長州サン御登りエジャナヒカ」とあわせてみると、その真実性を示すようだが、やはり踊りの前夜に神符の降下があったことからすれば、踊りの発生は神符の降臨にその起因を求めることができる。尾道よりさらに西の竹原下市では、一二月八日から騒ぎの発生がみられた。このことを大三島の井ノ口村の藤井此蔵は、

此節追々方々御降り有り、竹原にては五十軒余、伊勢太祓、三島の守札、出雲山、上蛭子、大国天、弘法大師、神仏の捨別なく降り、大家にては弐三百両程つゝ入用にて歌をうたい、ヱ、じゃないか、ヱじゃないかとはやし候事、何国皆々如斯と申事也、凡上方中国如斯（「藤井此蔵一生記」『日本庶民生活史料集成』二）

と書き留めている。この竹原下市では、同年の一月に打ちこわしが発生している。打ちこわしとええじゃないかの関連は、ええじゃないかの評価に大きな影響を与えるものであり、留意しておきたい。

ええじゃないかの西国への波及は、山陽道では広島までである。討幕の拠点となった長州藩領では、そのことを聞かない。広島では一〇月一二日に藩から禁令が公布されている。（『広島市史』）

このように西国筋は、北では但馬の豊岡久美浜、村岡あたり、西では広島をもって、ええじゃないかの騒動の範囲・限界とされる。しかし、その波及の時間的関係は、必ずしも東から西に、規則的に及んでいるわけではなく、かえって現在知りうるこの騒ぎの西限である広島において、すでに一〇月一二日に禁令がみられ、むしろ、東寄りの尾道、倉敷、岡山などでは、もちろん史料上の制約があることを考えにいれたうえでも、広島より遅れてその史料がみられることは、この騒ぎが直線的に、あるいは同心円的に中心から外辺にほぼ規則的に及んでいったものでなかったことを語るものといえよう。その直線的に波及しなかった原因は、各地域の政治・社会的条件がこれに作用したためと考えられる。

淡路

淡路島では、大正の末ごろまで由良で漁師が芸者をよんで散財するときの唄は、ええじゃないかであったというし、三原郡緑町の明治二五年生れの老婆は、「ええじゃないか」流行の原因となった札を降らせたのは狸の所業だろうと語っている（和歌森太郎編『淡路島の民俗』）。淡路での「ええじゃないか」については、三原郡三原町養宜の馬廻の旧庄屋水田家に蔵される慶応三年一二月一二日に記された「今度神仏ふり玉ふ事古今未曾有之記」（『洲高社会科雑誌』八号）が、その状態を詳しく述べている。やや長文であるが、これまで広く紹介されていないので、全文を示すことにする。

今度神仏ふり玉ふ事古今未曾有之記

世之盛衰変化誠に人事の及ぶ処にあらず、抑々此度日本国中諸処数多貴賤尊卑之間を云ハず、専ら天照太神宮を始め春日様亦ハ金比羅大権現・大黒天・弘法大師・諭珈大権現・神仏のへだてなく、中には弐歩金又は壱歩銀の入たるも有、誠に不思議と申べし、夫に付能々相調べ中に、家の棟又は木の枝、藪、垣等にふり懸り申事夥数(マヽ)、当国ハ勿論近国押なべて其にぎはひとして踊り始る。夫は措置、元来五三年の間、宗忠大明神と申事流行致し、専ら是(之カ)を行者夥数(敷カ)有之処、此頃ニ至而者、右之通之事ニ成移り、先当国之内ニモ近辺、上八木の只右衛門、鑪の何某、市村大工常蔵、湊浦へ三十程、福良・須本(洲)を始として其余革田へもふり、下八木・榎列、誠ニ引もちぎらず、始而湊にふり由者、十一月廿日頃ニ而、夫より続而ふり止ます。当村にも十二月朔日之朝、直蔵裏のきん柑の木へふり懸り玉ふ。扨不思議之事ハ村々の内ニ而我カ家ノ内ニ安置致置、天(大カ)神宮何時とも知らず抜け出て何も当の内者居玉はぬ家も有之趣不思議之事也。是頃専ラ評判者
大久保の水車　新鍛冶地頭方の重助等段々大神宮居玉ハぬ家も有之旨不吉成ル事計リ也

磤馭《オノ》盧《コロ》島之踊り之仕様

是亦不思議之事也、湊(ニ脱カ)大神宮あまくだり玉ひしより右御礼として雀踊と申事を始め、当十一月廿四日之夜数十人夜中ニ参詣致そのふるまい、女子ハ男に化け、男ハ女の小袖或は異

類異形の風俗ニ相成参詣致ス　夫より引続て村々在々里々より踊を仕組、夜毎ニ群集致事
如山、色々の出しを拵へ太神宮へ縁ヲ引何となしに思ひ付を致し申事也
踊のはやし左の通
　御影で　ヨイジャナイカ
　何ンデモ　ヨイジャナイカ
ヨイジャナイカ　ヨイジャナイカ
　おまこ紙張れ　へげたら又はれ　ヨイジャナイカ
三年前から尾張様ニ長州と和ぼくの下心　よいじゃないか　よいじゃないか
右の通はやし立、毎日毎夜引も引きらず数万人之老若男女只踊り廻る也、中には神ののり
移りて様々の事を口ばしり申スも有り
誠成哉世界ハ只火と成申旨
其中へ踊取組　嫁入のまね致ス有り　天狗ニ成リ　雲助ニ成ル有リ　猿ニ成リ　三宝ニ饒ヲ
入レ上ルも有
当村ニ者、門松ヲ午の日ニ奉リ舁キ行、誠ニ大当リ
餅をほり　二見ヲ拵へ　檀尻ヲ出ス有リ
七本鑓ヲ拵へ馬七疋ニノリ　目ヲむく有り　女子の裸参り有　数十人　化粧褌ヲ懸ケタ女
子男ノ為ガマ、有リ　数百人　角力ノ土俵入五十人有リ
米拾七石スルト云ウ
散銭七メ五百目入リト云ウ

其間世人ニ盗人ナシ　火事モナシ　喧嘩ナシ
皆只酔夕人ノ如ク成リ行コソ不思議なり候へ共
当村モ日ニ夜ニ老若共踊リ回リ、顔ヲ画取リ刀ヲ指し
色々様々ニ遊ブ事　誠ニ人間の仕わざとは思われぬ事計り也

須本茂町ニ家ニ大神宮ノ来福有し家ハ、笹にたんざく　かざり桶　軒釣の丁ちん　丁灯の如く化ケ踊り申事　実ニ世ハ只曇りけりと思う
其筈成ル哉、今上御即位モ無之、日本の天子無之并将軍家ハ替り〱て誰れと申究りなく、実にくら闇なりと思う世也。且亦近来長州之戦、又ハ大水ニ而水ニ溺レ知ラズ此亡魂の怨も不少、異類異形ヲ顕ス物の恐敷世と成にけり。
然共米ハ四百目位　麦ハ三百七十目
金ハ九拾四匁　塩拾参匁位
十二月ハ例毎　金銀之取引忙敷　山浜薪等ニ昼夜も不分走馳ん時節ニ壱人モ山へ行者なく世之末の如し、天気も亦三月比の如く荒き風もなく、暖和ニテ雨も無数、空ハ只うす雲懸り物思ひし如く、虹が立たり、又は光り物通行ル事数度也、然処、十二月九日ノ夜ハ革田穢多中間大神宮へ踊りニ出ける事、誠ニ物モ見事也、是も珍事之所なり。且又諸士衆ヲ始参詣群集致事昔よりなし、淡州始まりて、元来是度程人の集ル事なしと申。
子静つく〱思うに、当卯年十二月五日御年貢之目録ニ須本へ出府仕リ御用済、人足力蔵召連レ帰宅仕処、誠ニ桑間より始テ奥畑之山之端、先山の峰より野も山も只火の明りと人

の声と野に満ち、山に満ち、人間世界之事、涌キ出ル物ガ気ノ立事モ是程迄揃ふ物が、昔しの足利之時の世もかくやと思ひ知られけり。

是皆近年十三四年の間、異人異国の輩を相手取り様々の異物を渡し来り、人の気をまどわし、神の心を怒らしめし御咎と奉存候。皆異人の妖怪の所為ニ而、所謂切支丹の第一也。戸も明ぬに金銀を自由に取出し、処々の神の御符等をふらし申事、皆以て怪敷第一番也。其昔天下二ッニ成リ、楠正成足利ト世ヲ争ヒシ事ノ有シ時、宮方打負テ其怨霊、京ノ六本杉と申処にて会合して天下を乱国にする評定ありし事も、書物の内大《(太)》平記ニ見へたりけり、是を思ひ合せば、定而此比ハ処々目にこそ見へず、様々評定も有事と奉存も、大俗凡下の者只知らずに暮す事浅猿敷事計りと思う。

神国も仏の国もおしなべて銭程光るものはあるまし

　此度大神宮天より下り玉ふに付、宗忠様先暫らく御体《(休カ)》ニ被成ければ
是迄は神道を杖に　宗忠ハ太骨折にて紙のかけ物、扨夫より引続て参詣致事益《(益脱カ)》大勢ニ成行玉ふ、折節大学様御大病ニ付物静ニ致ス様御触も有之ニ付、既ニ当村モ檀尻指出ス積ニ相成候処、暫時相延申候、然ニ十二月十一日之日大神宮の御縁日と申而誠ニ広大之参詣人、凡其日ノ人数四万人位ハ有之様子也、村々果々より色々の踊取組、但亦ハ檀尻ぎをんばやし、先第一番掃守村より高七間長さ九間半の鯛の魚を奉上、伊賀利村より梯子獅子来ル、流し村より檀尻、生子より檀尻、志築島屋平兵衛酒樽四斗入四十梃上ル、村々より米拾七石寄ル、西路浦よりお山の道中を致ス、片田北村より馬六十六匹ニ大名六十六人拵テ出ス、地頭方法寺川より花笠着たる女四五十人出る、誠に様々色々て中《(々カ)》ニ筆紙ニ難尽、撫養

より人数大勢裸参リ来ル
極月之気色さらになし、花の三月とも申すべし
中島の清水屋より四斗樽十梃指出し何共かとも口で云う様な事でない
何兵衛の秘蔵娘ニても行衛知らずという　何屋之祖母様モ花カンザシニ赤衿で踊ル事之申
シイヤモウ可笑事計り　肝もつぶるゝ事計り也
鑪村之八十平と申者、白き馬ニ大麦二石添て神馬也と申献ズ、是も不思議也
庄田村より富士の山を上る、湊より二見浦を上ル
須本より参詣多キ事申モ不及只々人の山也、日本の始りし国成れ共、小島ニ而左程人ノ集
ル事ハ少キニ凡ソ三百年来無之人寄ト世上申合候也
于時慶応三卯十二月十二日記
其時之流行歌　左之通
三年前から尾張様　長州和ぼくハ下心　よいじゃないか
五郎福揃の長羽織　戻リハ御茶屋でぬげ羽織　ジガジャカジャンノ　ジャコジャンノヨ
イジャナイカ
二上リニ而能三味せんに合也
正月十一日の夜、宮地又右衛門の長屋焼失致ス、牛馬并米十五石等焼キ申事也、不思議之
事也
十二月十三日寒ンノ入ニ而誠ニ大風吹く、夜中家内皆寝られぬ也、東雲ニ而南風ニ成リ雨の
足強ク三月之比ニ似タリ

扨又十二月十六日大はづみニ而檀尻の十三もヲノコロ島へ行ク　脇田の梯子獅子も行く扨々妙々成る歳也けり。

この記録は長文であり、全国的にみてもええじゃないかの資料として貴重であり、その内容の点においても実に多くのことを語っている。当面の神符降下の時期についてみると、一一月二〇日に湊浦に降ったのが、淡路における神符降下の開始であり、八木、福良、須本(洲本)、伊賀利など、主に島の南西部を中心に降下の事実が認められる。阿波での降下が一二月ごろ、阪神では一〇月ごろに、神符降臨の事実が認められることからすると、淡路への波及は、阪神方面からのものと考えられる。

阿波

徳島のええじゃないかについては、既に昭和六年、山口吉一が『阿波えゝぢやないか』を刊行し、当時の町村史類や古老の聞書を多数引用して、その分布などに分析を加えている。以下にそれを示すと、

流行経路は、大略撫養を発したものが二つの幹線に分れ、一は吉野川の流域を遡り、一は徳島及びその近傍を経て勝浦・那賀・海部三郡の海岸線を進んだやうに見える。吉野川の流域に沿って進んだものは凡そ次のごとき経過を取った。即ち名東・名西・阿波・麻

植・美馬・三好の各郡を漸次席捲して讃岐・伊予まで達した。
三十日頃　撫養・瀬戸・大津・鳴門・里浦
朔二日頃　北灘・松茂・堀江・北島・板東・応神・川内・住吉・藍園・新居・其他
四五日頃　板西・松坂・大山・藍畑・松島・一条・高原・国府・石井・其他
七八日頃　御所・土成・鴨島・川島・市場・大俣・東山・伊沢・山瀬・川田・其他
十日過頃　脇町・三島・郡里・貞光・端山・半田・一宇・三庄・三野・其他
廿日過頃　昼間・箸蔵・池田・三縄・井内谷・左馬地・山城谷・祖父・三名・其他
　次に徳島を経て海岸線を進んだものは、南徳島から分岐して一線は国瀬川の近辺を上り、小松島から再び分岐して勝浦川の流域をさかのぼり、羽浦・中野島辺から三度分岐して那賀川の両岸を席捲し、本線は海部郡を貫いて遂に国境を越え土佐に移った。
朔二日頃　徳島・沖州・斎田・津田・八万・加茂・加茂名・勝占・其他
三四日頃　小松島・上八万・多賀良・立江・佐那川内・羽浦・坂野・横瀬・其他
五六日頃　今津・富岡・大野・棚野・神領・上山・宝田・高鉾・其他
七八日頃　橘・新野・加茂谷・鷲敷・福井・三岐田・椿・赤河内・日和佐・其他
十日過頃　相生・宮浜・牟岐・延野・福原・中木頭・日野谷・其他
廿日過頃　浅川・鞆奥・沢谷・川上・上木頭・奥木頭・川西・宍喰・其他
（中略）尚、他に今ひとつ備前讃岐線というべきものがある。これは主として三好郡を騒せたもので、中国方面から海路を讃岐に渡り阿讃の国境を越へて、十二月二十四日ごろ佐馬地村に伝はり、池田町・山城谷村あたりを愈々烈しく踊の渦に捲きこんださうである。

この山口氏の著作は、主に当時生存していた「ええじゃないか」を経験した老人からの聞書を中心とした点に、その特色があり、貴重なものとなっている。さて、上記の伝播の経路について、つけ加えるものはないが、一、三当時の史料を示しておこう。

那賀郡の北谷繁蔵の記録「北谷文章」は、次のように記している。

慶応三年十一月頃、徳島御はらい降る。京大阪《ママ》にも降る、追々諸国に降る。十二月朔日より橘浦・答島・桑野・富岡町・岩脇御はらい・大黒大師降る。分て橘・答島多く降る。又、金銀札多く降る。三日頃より橘男女子供老人、女上下大小、老人振袖、牛馬乗馬にておどる。当国初めての変事なり。夜昼おどり続け、皆長柄の槍杓にて酒のみ充第《次カ》、貧者富家の者小袖上着振袖の類、近所の者に貸し、中には貸さぬ人もあり、其家立所に大病と成、右ニ付富家の物残なし、右につき近郷の者見物に多数行き、浦々町々商売不仕、かせぎも不仕、唯大家にて呑食にて毎日幟を立て、笹を立て、夜は笹に提灯多く付け、ロウク売切れ、赤き売物紙に至るまで売切れ、殊の他大変なり、節季の体少しもなし、大極に賑しく候、口カイ《々カ》、何でもよいではないか、と云う。日本国中同断の事、明る辰の正月中頃迄おどる。(『中野島村史』)

波及の日時で、山口氏の前記のものと多少ちがうところもあるが、大勢には変わりがない。これは那賀郡の例であるが、麻植郡の山川町川田に残る「世界善悪年代記」は「ヱイジ

ヤナイカトイウヲトリ」として、

十二月入ト諸神仏様天降り、其余ハ金銀銀札五穀迄も降候ニて、始メハ大坂より踊り出シ、国々城下村々山奥迄も踊る様子なり。氏神様を始メ遠方の神様、撫養・徳島より讃州金毘羅様方迄も、つる裸カニて、をんぼろかみニて行人もあり、三ツ揃赤白の上着男女供ニ着て踊行ナリ。村々に施行出る品物ハ酒餅を始メ諸品出る、火ハ所々ニ焚昼夜の事なり。此時大明(名カ)・家中・町人・百姓共に土足ニて何処の座敷迄も上り踊込候也、此時之踊様子ハゑいじゃないかと言ふ踊る言葉なり、大三十日迄昼夜踊詰る也、

ゑいじゃないか〱〱

奉天照大御神を拝シテ

天照す神の恵は　ありがたや

国は豊に　民の賑ハふ

尾上小平　拝書

同四戊辰年　高松ソウトヲ

正月四日より又踊はじまり、十日ニ俄ニ物静之御ふれ有、十四日晩迄ニて踊ハとまり候也。追々様子かハリ軍の咄ニ成、当国へ讃州高松征罰ヲ被申付候ニ付、廿三日ニ諸家中多人数来たり

としている。このような「ええじゃないか」の騒ぎについて、阿波藩は禁令を出している

（慶応三年一二月九日、四年一月）。この禁令はいくつかの点で興味を引く、「此砌郷分夥敷降物在之候趣ニ而候処何等之申出も無之」と藩と村役人層との間の連絡の悪さ、つまり封建支配の体制である藩体制がすでに各村々の実状を完全に把握しえなくなっていることが示される。藩がこれを不都合とするのは、「右下物有之家は近親共懇意之者寄集、手許相応相祝而已ならず昼夜共人家は勿論往来筋踊催候趣」というその地域と無関係のものまで、この踊りに参加することが不都合なのであり、藩はこれを全面的に禁止することはできず、村役人を通じて、これをせいぜい「神仏参詣位之所」におしとどめ、不拡大の方針を示した。ここでは藩が、民衆の動きに無関心ではおられず、かといってこれを強制的に中止するだけの正当性を求め難い幕政末期の藩体制の弱体化の実を明らかにしたものといえよう。（美馬郡貞光町武田家「御用留」）

阿波での普及の経路は山口氏の指摘のように阪神からのものに起点をおき、それが吉野川沿いに讃岐に、また海岸沿いに南下し、土佐に至る。さらに木頭の谷に入りこみ、明治元年の正月から八日ごろまで大踊りと称された。（「諸事誌留簿」『木頭村史』）

土佐

阿波から各地に及んでいった「ええじゃないか」は、木頭の谷にも入りこんだが、峠をこした土佐の物部の谷には及んでいない。ただ阿波から海岸沿いに南下した線で、土佐に入りこむ。『室戸町誌』は、佐喜浜で大正七（一九一八）年に当時七五歳の老人から「ええじゃないか」のあったことを聞いたとしている。また弘化四（一八四七）年生まれの父親から話を聞いた老人の聞書を次のように伝えている。

ヱーじゃないかの踊りは、水尻でも浮津でもやりました。吉良川・羽根でもやったそうです。あれはキリシタンバテレンの法じゃろうか、年寄りも若い娘も皆、うかれて踊ったもんじゃ。踊りに行かんもんは罰があたるように云いふらして踊った。まるで狸にばかされたように変らざった。あの頃は世の中の人間は馬鹿じゃった為めじゃろうか、などと云っていました。

聞書で、それも二次的なものであるけれども、土佐も室戸岬をはさんで、時日は明らかでないにせよ、「ええじゃないか」があったことだけは確かである。吉良川や羽根以西については知られていない。吉良川や羽根の例が「ええじゃないか」の南限であった。

讃岐

香川県の例は、早く土屋喬雄の「維新史上のナンセンス」のうちで、明治初年の「高松県史」の記述が紹介されている。

慶応三年十一月、皇大神大麻および金幣の類を雨す。翌年一月に至りて止む。高松市街、琴平村もっとも多しと云ふ。時に四民を論ぜず、男女に別なく、粧ひをこらして隊を結び、あるいは踊り、あるいは謡ふ。しかして謡ごとかならず不亦善乎《エエデナイカ》と云ふ。西にはせ、東にはしり、夜以て日に継ぐ。所在の人家酒食を作り、これを待つ。喰ひ去り、喰ひ来り、曰く神いたる。曰く神の為に設く。来る者、待つ者ならびに狂の如し。丸亀、多度津またかくのごとし。これ識者以て狐狸の所為となす。

大正一〇（一九二一）年に刊行された『三豊郡史』は、「ええじゃないか」を慶応三年一一月中旬に近江国槌《ママ》山宿所に神守札が降ったのを、その最初とするという説をあげているが、その出典は不明である。なお、戦後に刊行された『坂出市史』以下も出典を示すことなくこの説を踏襲している。さらに郡史は一二月二〇日ごろ、観音寺町、豊浜町付近がもっとも盛大であったが、新年を迎え一月一五日を限って、この騒ぎも平静に戻ったとしている。この一月一五日平静説は、『高松市史年表』『観音寺市誌』『丸亀市史』『坂出市史』『仁尾町誌』『長尾町史』『新修香川県史』等、香川県の地方誌・史類の一致して記すところで、その理由は、高松藩が鳥羽・伏見の戦いで朝敵になり、一五日にはその噂で、人心不安におちいりおさまった。さらに一七日に土佐藩兵が到着して、全く平静に帰したというものである。しかし、これも根拠不明である。

さて、以上で各地の「ええじゃないか」について、その史料紹介をかねながら述べてきた。その内容上の問題は第六章で触れられるはずであるので、分布・時期などの点にかかわることを二、三みてこの章を終わることにしたい。

まず、分布であるが、北は江戸まででその北には及んでいない。江戸から東海道の各宿場にはほぼみられる。東海道を西にのび名古屋、京に達し、大坂から山陽道は広島（ただこれは禁令のみで現実にその事実があったかは不明。降下の事実に限定するならば竹原下市）まで。この江戸から広島までの表日本がその中心であって、その他の地域での諸例はこの本流からの分岐であった。もっとも北に及んだのは緯度のうえからみれば、松本であり、日本海に近いということからすれば、丹後（京都府）与謝郡野田川町の岩屋の例である。南は四国の高知県下の室戸、吉良川である。

この分布でひとつ気のつくことは、慶応三年の段階で、はっきりとその政治的立場を討幕においた藩、それらの藩は西南雄藩と称せられるように、西南日本に多いわけではあるが、そうした藩の藩域（室戸や吉良川の例は土佐藩というかなり政治的立場の明確な藩における例外的なものであるが、その地域は藩境に位置していた）には、まずみられないということは、注目に価することであり、「ええじゃないか」の性格、ことにその背後にあった政治的作為を考えるときに大きなかかわりをもつものである。

次に発生の時期であるが、いままでのところ降下・踊りといった諸要素を含むもので、史料的に確認できるもっとも早い事例は、東海道見付宿の八月一五日の例である。つづいて美濃武儀郡上有知村の八月二〇日、遠州気賀の八月二一日、名古屋の八月二八日とみえ、京・大坂では九月になる。終末は翌四年四月二〇日の大坂鍛冶屋町、丹波中郡丹波村の四月、但馬美方郡和田村の三月、禁令の面では岡山藩が一月に、但馬豊岡の京極氏の二月二〇日ということになる。とびはなれて、大坂では一〇月に禁令が惣年寄あてに出されているが、これは一度おさまったものが、この頃再びおこったためであった。古老の記憶では、信州上伊那の上辰野で、秋少し前から春三月頃まで降ったという例がみられる。

追記　八月一五日の東海道見付宿の場合を降下、踊りの要素をもつ最初の事例としたが、大久保友治氏の御示教により同じ東海道御油宿の伝兵衛の家に八月四日、秋葉山の火防の御札の降下があったことを知ることができた（同氏「ええじゃないかの発生について」郷土研究、愛知県郷土資料刊行会一三）。降下の例は現在の時点ではこの御油の例がもっとも早いようである。また本章で示した各地の状況は、阿部真琴「〝ええじゃないか〟の民衆運動」（『近世社会の成立と崩壊』所収）が多くの事例を示し、安藤精一「紀州の〝おかげ参り〟と〝ええじゃないか〟」（和歌山県史研究四）、高木俊輔「信濃におけるお札降り・ええじゃないかについて」（信濃二七—九）、松本博「阿波の〝ええじゃないか〟をめぐって」（史窓九）など、各氏の報告がさらに多くの事例を知らせてくれる。

第三章　民衆運動の系譜

第一章でふれ、第二章で各地の事例をみたように「ええじゃないか」は激動する幕末の動乱の時期に、民衆により、民衆を、そのうちにまきこんだものであり、そこに当時の民衆の動向や意識などがうかがえる点に日本の民衆史研究のうえで大きな意味があるといえよう。ところで「ええじゃないか」の主体であった日本の民衆は、一九世紀の幕末の時期にのみ、あのような動きを示したのであろうか。ここでは日本の歴史の流れのうちにみられる民衆運動の諸相をかえりみることで、その系譜とそこにみられる諸要素をさぐり、次にその系譜のうちに占める「ええじゃないか」の位置を明らかにしておきたい。

さて、民衆運動とはなにか。明確な定義を下せないほど多様性をもつところにまず特色があるともいえるが、それには大きく分けて狭義のそれと、広義のそれとが認められる。狭義の民衆運動には中世の土一揆、近世の百姓一揆、打毀し、近代の米騒動などを、そこに含ませることができよう。それらは運動の目的が年貢減免、徳政令の発布というように明らかであり、そのための組織がみられ、指導者が存在する。ただ目的があり、その目的を阻むものがあるため、かつ彼らの目的達成を阻止する勢力が既存の社会体制に密接していることが多いから、弾圧をうけることも少なくないし、敵対するためにかえって、その影響をうけ運動が変質してしまう場合もみられる。

これに対し広義の民衆運動としては、古代の志多羅神や本書で扱っている「ええじゃないか」や、それの一つの前提ともなった「おかげ参り」などをあげることができる。これらは、運動自体の目的は狭義のそれに比べて明示されていない。また運動の形態も呪術、宗教、踊りなどの民衆の生活に密着した外被をまとうことが多い。運動の目的が民衆に自覚されてから発生する狭義のものとちがい、マートンに従っていうならば、社会構造と文化構造のひずみにより発生し、民衆自体、自覚することなく無意識ともいうべき状態のうちに、運動にまきこまれ、運動の担い手となるものである（『社会理論と社会構造』）。その運動には民衆のうちに伝えられた宗教、儀礼、芸能などさまざまな要因が動員され、運動のうちで再生し、それらが結集し、既存の社会体制にも影響を与える大きなエネルギーとなる。広義・狭義いずれの民衆運動にせよ、ともにそこには非日常的な側面が大きく存在していた点にも注意を払う必要がある。ハレとケ、聖と俗の定期的な繰返しにより維持される日常生活は、社会構造と文化構造のひずみ、対立の激化により維持不可能になる。ハレとケの均衡が破れ、非日常的な側面が表面にあらわれ、それにより均衡を欠いた生活の再生がはかられる。その意味では民衆運動には秘められた変革のエネルギーが認められるといえよう。

以上のように民衆運動を位置づけ、その系譜を日本歴史に求めるとき、ここではまず広義のそれをさぐることにしたい。

常世神

皇極天皇三（六四四）年という年は、『日本書紀』によるなら、その前年、蘇我入鹿が聖徳太子の遺子山背大兄を死に追いやり、さらに蘇我氏と天皇一族の対立の表面化した年であった。この年の六月、大臣の蝦夷が橋を渡るとき、国内の巫覡《かんなぎ》たちが木の枝を折り、それに木綿《ゆふ》をかけ、蝦夷に向かい神語《かむこと》のたえなる説を述べるという事件があった。巫覡の数が多く、一人一人のいうところはわからなかったというが、これを老人らは「移風《ときかわ》らむとする兆《きざし》なり」としたという。詳細な点はわからぬにせよ、移風、つまり世の中が変わろうとする兆としてこれらの巫覡の活動をみている点、さらに多数の巫覡が動員されている点などから、民衆運動のあらわれと考えられる。

『日本書紀』にみる神祭り

『日本書紀』はつづいて翌月の条に、さらに興味深い事件を記している。東国の不尽川（富士川）の辺に住む大生部多というものが、虫を祀ることを人々にすすめた。その虫は橋にみられる長さ四寸余りの親指大の蚕に似たものであったが、多は、この虫こそ不老不死の常世の神であり、祀れば富と寿《いのち》が与えられるであろうといった。さらに多だけでなく巫覡たちも託宣による神語にことよせて、常世の神を祀るならば、貧乏人は豊かになり、老人は若返るであろうと説いたから、虫を祀る者は多く、そのため路の傍に財宝や酒、菜、牛馬等の肉がうず高く並べられた。巫覡はこの状態をさして、「新しき富入来れり」と声を大にしたから、虫を祀るものの数は増大し、「歌い儛ひて福を求めて珍財を棄捨つ」というありさまであったという。この大生部多がどのような人物であったか、彼の記事は『日本書紀』でも、ここだけにしかみえぬのでわからないが、彼の主張が巫覡の神語により増幅され、民衆にひろく受け入れられたこと、さらに民衆が富と長寿をこい求めて競って虫を祀り、さらに「歌い儛ひて福を求め」たことに注意せざるをえない。この歌儛は支配者側をして「損り費ゆること極て甚し」ということで禁じられるが、それは単なる歌儛ではなく、おそらく四寸余りの黒いまだらのある緑の虫である常世の神に供えられた菜、六畜、酒を直会することを契機にまきおこったものであった。だからこそ巫覡たちは「新しき富入来れり」と叫んだのであり、移風を肌で感じていた民衆が神祭りののちの直会の飲食に新しい富の到来をみたのである。さらにいうならば、「ええじゃないか」の要素をなす、空よりの降下物を祀っての祝宴の乱雑さと共通するものが、この歌儛にも認められるとしてもあやまりないであろう。また、常世の神を祀った点には、「ええじゃないか」にみられる世直しへの期待と同様な心情の存在があったとしてよいであろう。この大化前代の二例は、ともに時代と社会が大きく変わろうとしているときにみられた。この点もやはり忘れられない重要な点である。

壬申の乱、天武朝の飛鳥浄御原の時代、さらに持統女帝の藤原京の建設といったなかで、中央集権的な律令国家体制が確立されていくが、このさく花のにおうがごとく、とされた律令国家体制は、奈良時代の末、ながらく陽の目をみなかった天智系の光仁天皇の登場により、大きく方向を転じようとした。この光仁天皇の宝亀一一（七八〇）年一二月、政府は次のような禁制を発した。

左・右京に勅すらく、聞くならく、此ごろ無知の百姓、巫覡を構へ合いて、妄りに淫祀を崇め、芻狗の設け、符書の類、百方怪を作しめ、街路に塡ち溢る。事を求福に託して、還て厭魅に渉れり。たゞ朝憲を畏れざるのみならず、誠に亦、長く妖妄を養へり。自今以後、宜しく厳かに禁断を加う。もし違反せる者あらば、五位已上は名を録して奏聞し、六位已下は所司たゞし決せよ。たゞし患ありて禱祀せむ者は、京の内に非れば、之を許せ。

この禁制の対象となった現象にも大化前代の常世神と同じ要素がみられる。巫覡のすすめで祠を街にかまえ、民衆が福を求めたというのがそれである。ただ、常世の神の場合は支配者側に属する秦河勝により民衆の動きは否定されるわけだが、ここでは五位已上のもので祠を崇むるものはその名前を奏聞せよとあるように、五位以上の律令国家の官人もこの動きのうちにまきこまれていたのであり、禁制の文は簡単であるが、その及んだ範囲は被支配者たる民衆だけにとどまらなかったことに注目する必要があろう。この年の三月には「官を省き、役を息む」、つまり行政整理という改革の方針が出され、さらに同月の末には陸奥国で伊治呰麻呂が按察使紀広純を殺し、反乱の火の手をあげる。辺境の東北でおこった反乱は政府に大きな影響を与えた。こうしてみれば、この禁制の対象となった民衆の求福のための行動に、有位の官人がまきこまれた隠因もうかがわれ、かつ政府が禁断を加えた理由も理解できよう。

平安京の民衆

宝亀一一（七八〇）年の禁制につづいて、都が平安京に遷され、遷都をおこなった桓武天皇が崩御した翌年の大同二（八〇七）年九月二八日、太政官は京の巫覡を禁断することを命じた。その内容は、

勅を奉るに、巫覡の徒、好みて禍福に託し庶民の愚、仰ぎて妖言を信ず。淫祀斯繁し厭咒また多し。積習俗もなし、淳風虧ち損ず、宜しく自今已後は一切禁断すべし。若し深く此術を崇み、なお懲革せざる事、あらわれん日、遠国に移配す。所司これを知りて糺す、隣保匿して相容るるは、並に法に准じ罪を移す

というものであった。巫覡の取締りが中心であって、民衆の動きは具体的でないが、民衆が禍福を説く巫覡のことばを信じなければ、淫祀斯繁、積習成俗ということにはならなかったであろう。おそらく宝亀の場合と同じ民衆の情況であったろう。それに桓武天皇の亡くなった翌年であるこの年、天皇の後嗣をめぐる争いにからんで伊予親王が謀反をたくらんだとされ、毒を仰いでその母と死ぬという政治事情も、この民衆をかりたたしめた巫覡の活動に無関係ではなかったように思われる。

志多羅神上洛

日本の歴史のうちに広義の民衆運動を求めた場合、本書の主題とする「ええじゃないか」に類似したものの一つは、天慶年間の志多羅神上洛をめぐる事件であろう。柳田国男、柴田実、戸田芳実などの研究者により扱われた周知の事件であるが、まず貴重な本事件の記録である『本朝世紀』により、事件を概観し、二、三の考察を試みることにしたい。

神々入京の噂

天慶八（九四五）年七月二八日、摂津（大阪府）国の守である藤原文範から以下のような報告が都にもたらされた。このころ京洛の間にあっては、東西の国から神々が入京されるという噂がひろまっており、その神々は志多羅神とも、小藺笠神とも、あるいは八面神とも称せられていた。そこへの摂津守からの報告であった。報告は大要、次のようにいっている。

管下の豊島郡の七月二六日付の国衙への報告によると、志多良と号する神輿三前が、二五日の朝辰剋（午前七時—九時）、豊島郡に隣接する河辺郡の方向から数百人にかつがれ、豊島郡に至った。人々は幣を捧げ、鼓を打ちならし、歌い儛いながら列をつらねて豊島郡に来著した。この群集は道俗男女、貴賤老少といったあらゆる人々を含み、到着の朝から翌朝まで歌い儛い、それは山をも動かすかのようであった。二六日の辰剋には、輿を担い幣を捧げ、歌い儛いながら、嶋下郡の方向に移動していった。この輿に供えられたものは、あらゆる種類に及び、はかりしれぬほどであった。その輿のうちの一前は、檜皮で葺き鳥居をつくったもので文江自在天神とよばれ、他の二輿は檜葉で葺いているが鳥居はつくられていない。さらに二八日の朝、巳剋（午前九時―一一時）に永春というものが国衙にきて報告するところでは、また別の神輿三前が同様に歌儛とともに河辺郡の児屋寺に担い送られたという。以上、報告申し上げます。

この摂津守からの報告の届いた数日後、山城（京都府）の石清水八幡宮からさきの六前の神輿が石清水に移ってこられた旨の報告があった。石清水八幡宮護国寺三綱等の八月三日付の報告の表題は次のようであった。

今月一日、辰剋を以て、宇佐大菩薩と号し移座せる神社六所の状
一所は宇佐宮八幡大菩薩の御社と号す
五所の社の輿は其の名を注せず。

で、その内容は、

八月一日は、石清水にとって恒例の八月一五日の放生会色衆行事を定めるための日であった。このため所司や神人たちが集まり、これらのことを相談していたところ、突如として上記の神輿が山埼郷から移ってこられた。神輿は幣帛を捧げ乱舞する群集により、とりかこまれており、その数は数千万人に及んだ。この急な出来事に驚いて、八幡の代表者である三綱が、その場にきて、群集のうちの中心をなす山埼郷の刀禰たちをよんで事情を尋ねた。山埼

郷の刀禰らの答えるところによると、七月二九日の夕方、酉剋（午後五時―七時）ごろ、にわかに摂津国の嶋上郡より数千万人の人々に守られて山埼郷に神輿が移動してこられた。恐れあやしんでいると、同日の夜半、亥剋（午後九時―一一時）神がある女たちについて、託宣されて申されるのには、われわれは早く石清水宮に参りたいと。郷々の上下・貴賤あらゆる人が別によび集めたわけでもないのに、自然と集まり、神の託宣のようにこうして石清水まで移らしめられたのだということであった。こうした出来事は八幡宮創設以来のことであるので、その様相を記録して申し上げる次第です、と。さらに、数千万人の大群集が歌遊のときに唱えたという童謡《わざうた》六首を記録している。

一
月は笠着る　八幡は種蒔く　いざ我等は荒田開かむ
二
志多良打てと　神は宣《のり》たまう、打つ我等か命　千歳したらめ
三
早河は酒盛らば　其酒富むる始めぞ
四
志多良打てば　牛はわききぬ　鞍打ち敷け佐米負わせむ
反　歌
一

朝より蔭は蔭れど雨やは降る　佐米こそ降れ
富はゆすみきぬ　富は鎖懸けゆすみきぬ
宅儲けよ煙儲けよ　さて我等は千年栄えて

二

これが『本朝世紀』に残された志多羅神上京にかかわる事件の内容である。日時に従って一応整理しておこう。七月の末、京の町に東国、西国から神々の入京があるという噂がたった。神々の名前は志多羅神とも、あるいは小藺笠神、さらに八面神ともよばれるものであった。神の入京は西国からあった。七月二五日の朝、摂津国河辺郡から数百人に担われた神輿が豊島郡に到着した。神輿を安置した群衆は、朝から翌朝にかけ歌い儛った。その騒ぎは山をも動かすかと思われるほどであった。二六日の朝、神輿と群衆は嶋下郡に向かった。神輿の一つには文江自在天神の名がつけられていた。二八日には、さらに別の神輿三前が河辺郡の児屋寺に群衆の手により送りこまれた。二六日に嶋下郡に向かった神輿は二九日の酉剋、嶋上郡から山城国の淀河の傍の乙訓郡の山埼郷に移座してきた。このとき、神輿をとりまく群衆は数千万人にふくれあがった。二九日の亥時に女子が神がかりし、その託宣はすみやかに石清水八幡に参らんということであった。そこで八月一日に数千万の群衆は石清水八幡宮に神輿とともに到着した。このとき、神輿は三前でなく六前になり、その一つは宇佐宮八幡大菩薩とよばれていた。石清水への神輿の到来は、八月三日石清水八幡宮の三綱等により朝廷に報告された。

神の名称

この事件で、まず問題となるのは、その神の名称をめぐる点である。六前の神輿にのって神々が西国から上京してきているが、最初の七月二八日の摂津国からの報告をみると、六前の神輿のうち、檜皮で葺き鳥居をしつらえた神輿にいます神のみが文江自在天神という神名を示すだけで、他の五前の神輿におわす神々についてはその神名は全く記するところはない。記載もれではなく固定した名称がなかったためであろう。しかし、唯一の固定した神名をもつ文江自在天神とても、八月一日に山城国石清水八幡に到着したときには、その神名は消えてしまい、新たに出現するのは、宇佐宮八幡大菩薩であり、他の五所の神輿はその神名は知られていない。神名が固定化せず、流動的であることが、西国から上京した神々の大きな特色である。託言として上京するであろう神々をあげた志多羅神、小藺笠神、八面神という三つの神名にしてみても、それぞれ全く別のものではなく、民衆が手拍子を打つ、つまり志多良を打っている様子からきたのが志多良神であり、志多良を打っていた人々が、田楽の綾藺笠と同じように小藺笠をつけ、またそれが八面の笠であったところから小藺笠神、八面神とよばれたのであって、三つの異なる神をあげているわけではない。民衆の神をまつる状態・形態による神名なのである。つまり、ここにみられる神名は二つの異なった性格をもつものであった。一つは志多羅神系の民衆がその神を祀る形態によった神名であり、一つは文江自在天神、宇佐宮八幡大菩薩といったいかめしい既に支配者側で認められた神々の名称のうちに位置づけられるような神名である。この二つの神名は全くあい反する性格のものといえよう。では、どうして一つの神にこのように性格の全く異なる神名がつけられたのであろうか。

古代社会での神名・神社名をあげたものとしては、平安時代の『延喜式』の神名帳がある。そこには全国の三一三二の神社名が記載されている。神社名と神名は必ずしも同一ではないが、のちにふれるように志多良社という末社が石清水八幡にあることからも、神社名と神名は無関係ではなく、そこに共通するものを認めることはできよう。神名帳の神社名は、たとえば山城国（京都府）乙訓郡の場合をみると、久何《くが》神社、茨田《また》神社、与杼《よど》神社といった神社の所在地によるものと、大歳《おおとし》神社のように神社に祀られた神をその社名とするものと、地名と神名の合わさった羽《は》束師坐《つかしにいます》高御産日神社、乙訓坐《おとくにいます》大雷神社など、三種類がみえている。当面の問題となるのは、神名を社名とする神社にみられる神名である。その神名は『古事記』『日本書紀』の神統譜のうちに見出されるものが大部分である。志多羅神のようなその神を祀る形態によって命名されたと思われる神名は発見されない。また神名帳に記載された社名・神名は政府により公認されたものである。この公認された公簿である神名帳に志多羅神の神名が見当たらぬことは、その志多羅神の神名が民衆の神を祀る形態からきていることとともに大いに注目を要することである。神名帳に登録された神々は、公簿に載ることにより律令国家の神祇体系のうちに位置づけられ、そこに組み込まれたものである。志多羅神の名がみられぬことは、この神が律令国家の神祇体系とは別の民衆レベルの存在であることを示している。そのことは、この神名が民衆の神を祀る形態に由来していることと関係があろう。この点は志多羅ということばの意味をさぐるときにさらに検討することにしたい。

志多羅神の六前の神輿のうち、檜皮で葺き鳥居をもったものは文江自在天神とよばれ、石清水八幡に到着した六前の神輿の神は全体としては宇佐宮大菩薩とよばれたらしいが、はっきりと神名があるのは、宇佐宮八幡大菩薩一つのみである。なぜ志多羅神に、文江自在天神とか、宇佐宮八幡大菩薩の神名が生じたのであろうか。文江自在天神について想いおこされるのは、天満自在天神の神名である。天満自在天神は天慶五（九四二）年七月一二日、菅原道真の霊が右京七条二坊に住む多治比文子《あや》（奇子）について、その神名を託宣したことにより人々に知られた神であり、これが北野天神となる。天満自在天神と文江自在天神の類似は否定できない。宇佐宮八幡大菩薩の場合からおしてみれば、同様に託宣により神名が示されたものと考えてよいであろう。八月一日に到着した神輿は、山埼郷で七月二九日の真夜中の亥剋に、神が女らに託宣して「吾は早に石清水宮に参らん」といったことにより、石清水に至ったのである。宇佐宮八幡大菩薩の神名も、このときに示されたのであろう。志多羅神が別の二つの神名でよばれるようになった背後に、託宣による神名の顕示があったわけである。志多羅神という民衆の神を祀る形態による神名と、文江自在天神、宇佐宮八幡大菩薩という託宣による神名の二種の存在は、こうしてみると全く異種のものではなかった。託宣といったものは、これを信ずる民衆の存在がなくては意味をもたない。文江自在天神、宇佐宮八幡大菩薩の神名も、志多羅神と同様に民衆に根ざしたものであった。

歌舞をなした民衆

志多羅神上京をめぐって、民衆運動の視点から注目せざるをえないのは、志多羅神を擁して上京してきた民衆が、神輿をかこんでなしたという歌舞の問題である。志多羅神の上京にあたって人々の目をひいたのは、神を擁した大衆の存在であった。それは数千万人という数の問題もさることながら、彼らが幣を捧げ、鼓を打って、歌儛羅列し、さらにはその歌儛が山を動かすかと思われるほどであった状態であった。歌儛による民衆の異常な状態は、役人をはじめ都の人々に強く志多羅神上京を印象づけた。では、この時代にあって歌儛とは社会的にどのような意味をもったものであろうか。

　歌儛についての史料はさほど多くはないが、それらは二つに大別される。一つは人々の生活に災いをもたらすと考えられるものを除去しようとするときになされるものであり、除災の儀礼としての歌儛である。この例としてあげられるのは、『日本書紀』の神代の巻にみられる次の記述である。伊弉冉尊は大八州《おおやしま》の島々を産み、次いで神々を産むが、火神を産んだためになくなってしまうところである。

> 伊弉冉尊　火神を生みます時に　灼《や》かれて神退去りましき。故れ紀伊国の熊野の有馬村に葬りまつる。土俗　此の神の魂を祭るに、花のある時には、亦花を以て祭り、又鼓　吹《ふえ》幡旗を用て歌い舞いて祭る

紀伊国有馬村で伊弉冉尊を毎年祭るのに花のときをもってする。その際に歌舞がなされるわけである。この年中行事となった祭りは、「令《りょう》」にみえる鎮花祭にほかならない。鎮花祭は花の散る時節、花が散るのとともに疫神が飛び散り、疫病をひろめるのを防ぐためのもの

である。この人々に災いもたらす悪霊・疫神の活動をおさえるときに「歌舞而祭矣」が行なわれるのである。志多羅神上京の時点に近い平安時代の例をみると、貞観五（八六三）年五月二〇日、神泉苑で行なわれた御霊会がある。この御霊会は疫病が流行し、多くの人々が死亡するという社会的事件を背景にしている。政府はこの流行病の蔓延の原因を、奈良時代から平安時代にくりひろげられた血なまぐさい政治的陰謀にまきこまれ、非業の死をとげた犠牲者の怨霊・御霊に求めた。そこで崇道天皇（早良親王）、伊予親王、橘逸勢らをこの日、神泉苑で祀ったのである。この政府の手で大規模に営まれた御霊会の発想のもとは、民間で行なわれていた御霊会にあった。民衆の間では当時、夏から秋にかけての悪疫流行の時期に、それを払うものとして御霊会がひろくなされていた。その状態は「或いは仏を礼し、経を説き、或いは歌い且つ舞う」ものであった。これも悪疫流行を防ぐための祈願であって、さきの鎮花祭の系譜に連なるものである。しかも、そこに民間の慣習として除災の際に「或歌且舞」うことがみられるのも、鎮花祭の場合と同様である。

歌舞の類型の他の一つは、公に認められない日常的でないものと観念されているものに伴う歌舞である。さきにふれた大化の改新前夜の民衆の不安を象徴する常世神の事件も、その一例である。あのとき大生部多の説くのに応じて、巫覡たちも競って民衆に常世の神とされた虫を祀りさえすれば、至福と長寿が与えられるであろうと声を大にした。民衆はそれにより「歌い舞いて、福を求めて珍財を棄捨」てた。民衆はただ至福と長寿を求めて珍財を捨てただけでなく、歌い舞ったのである。この狂乱の神祭は、支配者側の一人秦河勝により弾圧されるが、時の支配者が認めない神を民衆が祀るとき、歌舞がその中心になっているわけである。歌舞には日常性を否定し、日常性をその拠り所としている支配者をおびやかす要素が含まれているといってよかろう。日常性には、それを成立させている場がある。支配体制はそうした日常性の場を基盤にしている。だから支配地域外では日常的なものの存在は曖昧になる。辺境の地はそうした日常的な支配者の認めるものの極限であり、そこには支配体制の基盤とされた日常的なものと異なる異質なものが存在する。律令国家にとって、そうしたものの一つと観念されていたのが、南九州の隼人であった。養老七（七二三）年五月一七日、平城京に九州の大隅、薩摩両国の隼人六二四人が朝貢に上京してきた。この隼人の朝貢に朝廷では五月二〇日に、彼らを饗することによりこたえたが、このとき隼人らはそれぞれその風俗の歌舞を奏して、この朝廷のもてなしにこたえた。風俗の歌舞とは、辺境に住む隼人の習俗による歌舞のことである。ここに史料的に数多くない歌舞の語がみえている。この歌舞も公の支配外の辺境の地にある隼人のそれであり、日常的なものではない異質性により特色づけられているといってよい。それは単に辺境の地の隼人の歌舞であるからということもさりながら、歌舞自体に常世神を祀った民衆が示したように、平常ではない、異常なときに、あるいは異常な人々のなすものという観念がまつわりついていたことを示すものとして理解すべきであろう。そうした歌舞の性格の一端を示すのは、「神祇令」にみられる次の規定である。それは散斎、つまり物忌のときに忌まるべき行為を列記したうちに「不レ作二音楽一」とある点である。「令集解」はこの音楽を説明して「糸竹歌儛之類」としている。この集解のいう歌舞は、ただにぎやかに歌い舞うことが、散斎の期間にふさわしくないと単純に理解することも可能であるが、上にあげた歌舞の用例からすると、律令国家、つまり支配体制のうちに組み込まれていない異質なものを含みうるものとして、歌舞が散斎の期間に禁ぜられたと考えることができよう。

以上のように古代の史料にみえる歌舞には、悪霊のもたらす災いを防ぐための除災祈願になされる歌舞と、日常的な生活をおびやかすものを象徴する歌舞との二類型の存在が認められる。この二類型に分けられる歌舞は、根底においてあい通ずるものがある。それは第一のものにあっては、歌舞は疫病などの流行のため平常営まれている生活の破壊をくいとめるためになされる。そこには災厄をもたらす異常なるものへの恐怖の感情がある。また第二のものにあっては、日常の生活の場と遠くかけ離れ、かつ日々の生活をおびやかすものの象徴として歌舞が印象づけられている。両者とも日常の生活をゆるがすものに連なっているといえる。ここに歌舞の基本的性格を求められる。なお、歌舞に必然的に伴うリズムが、民衆を言語や理性をこえた非日常的な熱狂の渦にまきこむということも忘れることのできぬ点である。こうした歌舞の特質は、志多羅神上京の際に、もっとも典型的に示されているのである。

ワザウタのリズムと意味

歌舞に伴うのはリズムと歌である。さいわいにして、志多羅神上京の際の歌舞に歌われた童謡六首が、前に示したように記録の終りに載せられている。この童謡に反映している民衆の意識が第三の問題である。童謡は今日の幼児のための歌としての童謡ではない。童謡、これはワザウタと読む。中国では童謡は天災地変などの災異を予兆するものとされていた。日本でも大化の改新前に童謡が歌われ、それが時代の変化を予告するものであったことが『日本書紀』にみえている。こうした童謡は、民衆の時の支配者や政治に対する微妙な対応をよく示すものであり、民衆の隠された意志や願望がそこにこめられているものである。大化前代の童謡には人事や政治を諷するものが多いが、この志多羅上京の際に歌われたという六首の童謡は、人事や政治を諷したものというよりも、民衆の願望がそこに秘められたものであり、大化前代の童謡とはやや趣を異にしている。

さて、このときの六首の童謡の意味であるが、それを正確に理解することは、語意不明の部分がままあるため困難といわざるをえないが、第一首から第四首までは、民衆とかかわりの深い農作業を背景にしたものである。第四首までの大意をとるならば、次のようになるであろう。

第一首　空の月は笠を着たような天気だから、明日は雨が降ることだろう。種蒔きにはよい天気である。八幡が種を蒔いてくれるだろう。われわれは荒田を墾して仕事に備えよう。

第二首　しだらを打てと神はいわれる。神の命令でしだらを打つわれわれの寿命は、それにより千歳も長命であろう。

第三首　しだらを打ってつくられた米を早く買い、酒を盛って、その酒を飲めば、豊かになるはじまりだ。

第四首　しだらを打てば、牛があらわれてくる。その牛に鞍をおいて、穫れた米を積んで運ぼう。

甚だ意がつかめぬ点が多いが、第一首が農作業の開始、第二首が農作業、第三首が収穫の喜び、第四首が収穫後の運搬をそれぞれ主題とすると考えれば、この第一首から第四首までの童謡は稲作を主要な農作業とする民衆の状態を歌ったものにほかならない。なお、第三首に関連するのは、伊勢神宮（内宮）の「建久年中行事」のうち、六月一七日に鳥名子等がきて、瑞垣御門の外でなす謳歌のうちの第三首である。

しだらは、米はや買はば、酒汲みあげて盛れ、富の使ひぞ

この「建久年中行事」の歌と、天慶の第三首とは類似している。おそらく、もとは民衆の間にあった同一の発想によるものであろう。

反歌とされる第五・六首のうち、

第五首　朝から雨が降りそうな天気だ。雨は降らぬだろう、米が降ってこよう、雨より米よ降れ。

第六首　富がきた、富がもたらされた。人々よ家をつくれ、家からは豊かさのしるしである煙をあげよ。そうすればわれわれは千年も栄えることができよう。

以上、二首の反歌をこのように解するならば、前四首で示された稲作によってもたらされた民衆のえがくユートピア、理想の世の状態を反歌としたものである。こうしてみると、この童謡六首は稲作の農作業を背景に、民衆の富と長寿への願いがこめられたものであるといえる。後世の例からすると、おそらく年頭などのその年の豊作を祈願する農耕儀礼の際に歌われ、演じられたものであったのだろう。また、その第五首に「米こそ降れ」とあることは

実に興味深い。空からものが降り、その降下物や降下の事実をもって瑞兆と民衆が考えたことは、「ええじゃないか」のときにもみられた。この天慶の志多羅神上京の前後でみると、天元二（九七九）年四月一日には、備中国（岡山県）の都宇郡撫河郷箕嶋村に形、味ともに飯のごときものが降り、民衆がこれを食べたと『日本紀略』にみえている。さらに長徳四（九九八）年九月晦日の夜、豊前国（福岡県）京都郡高来郷に住む法師の家に、白米が雨のように降ってきたことがある。大宰府はこれを吉祥・祥瑞であるとして都に報告している。天元の例、長徳の例とも現実に降ったものの実体は、今日では知るよしもないが、それが飯あるいは米と認められて、瑞祥として民衆に強く印象づけられていたのである。

このときの童謡が政治や人事を諷したものではなく、農耕生活に根ざし、民衆の日常生活と深くかかわりあっていた彼らの理想の世を望む気持を示したものであったことは、上述の諸点から否定することはできない。しかし、歌舞を伴う数千万人と称せられる狂乱ともいえる状況にあった民衆のくちぐちに唱えた童謡の内容がかかる性格のものであったことは、やや奇異に感じられる。だが、のちにみるように当時の社会は平和なそれではなく、関東の平将門、西国の藤原純友により、それぞれひきおこされた承平・天慶の乱は、貴族の支配体制をおびやかし、ついにはその没落に至らせるところの武士勢力の登場を強く人々に印象づけたものであり、古代社会の解体・没落への第一歩ののろしのあがった時代である。歴史の転換期の社会であった。社会の矛盾は民衆の肩に重くのしかかってくる。そうしたときに民衆の心からの願いは、日常の農耕生活が他からおびやかされることなく、農耕生活により稔り豊かな収穫、富がもたらされることにあった。迫りくる時代の変化に伴う不安と動揺が志多羅神上洛に結集され、狂熱の渦に彼ら民衆がまきこまれ、その渦をいやがうえにも拡大したとき、狂乱のうちにあるがゆえに、彼らはその童謡に平和な彼らの理想の世を歌いこみ、声を大にしたのだといえよう。この点は「ええじゃないか」のときの世直しの叫び声に一脈通ずるものがある。

「志多羅」「ささら」とは何か

第四に注意すべきは、志多羅という語のもつ意味である。はじめにみたように、この天慶八年の事件のときにみられた志多羅神とか、小藺笠神、八面神という神名は、民衆が神を祀るときの状況をもとに命名されたものであった。この三つの神名のうちでも、志多羅神がそれを代表したことは、天慶の事件がこの神名をもってよばれていることや、天慶よりほぼ半世紀たった長和元（一〇一二）年二月にも、設楽《しだら》神が鎮西より上洛し、紫野に着するということが『百錬抄』にみえていることからも否定できない。

志多羅について、神宮の「建久年中行事」には、「鳥名子等参り候。瑞垣御門の外にて志太良を撃つ。手を叩く也」とあり、これを解説した「皇太神宮年中行事当時勤行次第私註」は、「志太良ハ手ヲ拍テ囃事ナリ。和名抄ニ、設楽、志太良。俗ニ小児ノ手ヲ拍ヲ見テ、志太良ノ上手ト云、是也」と説明している。手を打って拍子をとることを、志多羅というのである。拍子をとるには、ただ手だけを打つよりも道具を用いたほうが有効である。「倭文麻環」によると薩摩の頴娃地方に同じく設楽踊りと呼ばれる踊りがある。四ツ竹のようなものを手に持ってこれで拍子をとって踊るものだという。この踊りの名称が拍子をとるところかしだらとよばれていたからであろう。この穎娃地方の設楽踊りの四ツ竹のごときものが、しかも日本の踊り、田楽などで古来から用いられている道具がささらである。ささらは柳田国男の説くように、歌の囃しや相の手に発する音であり、そのささらの「ら」はこれを名詞にするための語尾で、拍子という意味であり、これが拍子を出す道具の名称となったものである。ささらとよばれるものには、すりざさらとびんざさらの二種類がある。すりざさらは竹の先をこまかに割ったものを、のこぎりのような刻みをつけた竹か棒で、すり合わせるものである。これに対して、びんざさらは漢字で編木と記されるように、薄い板きれを何枚か重ね、その端を紐でつないだもので、これらの両端をもって振ったり、多少ひねるように突いたりして音を出すものである。

志多良打つという文句をもつ童謡が、農耕（稲作）儀礼に基礎をもつものであろうことは前にみたとおりであるが、そこで志多良打つという場合の志多良は、「建久年中行事」のようにただの手拍子だったのだろうか。その点で注意されるのは『栄華物語』の「上東門院田植御覧の条」にみえる田楽のさまである。

でんがくと云ひて　怪しきやうなる鼓腰に結ひ付けて　笛吹き　サ、ラと云ふ物突き様々の舞して……

とあるが、この田楽、つまり稲作にかかわる芸能で、ささらが用いられ、しかもそれがすり合わせるのではなく、突くと表現されていることは、上東門院のみた田楽のささらがびんざさらであることを示している。また、『今昔物語集』（二八ノ七）の近江（滋賀県）矢馳の田楽についての記述は、

或ハヒタ黒ナル田楽ヲ腹ニ結付テ　袪《たもと》ヨリ肱《ひじ》ヲ取出シテ左右ノ手ニ桴《ばち》ヲ持タリ。或ハ笛ヲ吹キ　高拍子ヲ突キ　ササラヲ突キ　杁《えぶり》を差テ　様々ノ田楽ヲ二ツ物三ツ物ニ儲テ……

とあるが、ここでもささらは突くとあらわされており『栄華物語』と同様であり、この矢馳のささらもびんざさらであった。こうした例からみて、志多羅神上京の折にも民衆はびんざさらを手にして、志多良打ての童謡を唱えたのであろう。

田楽のときにささらを奏するのは、ただ拍子をとるためだけであろうか。ささらが空也の流れをくむ人々にかかわりあることは、室町時代の「融通念仏縁起絵巻」などによっても明らかであるが、ここでは民間伝承のうちにみられるものについてふれておこう。関東地方には獅子舞いという神事芸能が多くみられるが、この獅子舞いを一名ささら舞いともよぶ。舞いにささらが用いられるからである。ささら舞いともよばれる獅子舞いの機能の一つは、悪霊払いにある。疫病が流行したときには臨時に獅子をまわす例は多い。悪霊払い、疫病除けとささらが関係あることに注目したい。南方熊楠によると、和歌山県の田辺のあたりでは疱瘡流行のときに「さゝら三八」と記して門口に貼ると疱瘡をのがれることができるという俗信があった。同様のことは九州天草の牛深でもみられる。疱瘡流行のとき、鮑の貝殻に

「さゝら三八」と書いて門に吊すという。この「さゝら三八」についてはいろいろといわれるが、獅子舞いのささらの例を考えれば、ささら自体が除災のために大きな力をもっていたことの記憶によるものであろう。田楽の際にささらが用いられるのは、稲作の予祝にあたって稲作に悪しきものの働きが及ばぬようにという、やはり除災・悪霊除けのためであったことは否定できない。ささらがそのような機能をもつにいたったのは、おそらくその発する音によるものであろう。この点で興味深いのは、未開民族の間のイニシエーションの際に用いられるブル・ローラー（うなり木）の機能である。ブル・ローラーは、長くてうすい細い木片を紐に結び付けたもので、これを空中でぐるぐる回し、うなり声を発するものであり、日本のびんざさらに類似する道具である。宗教学者エリアーデの記述によると、オーストラリアのアルンタ族やクカタ族などでは、イニシエーションとしての割礼に際して、ブル・ローラーがふり回されるが、これは神々の示現を示すものだという。またブル・ローラーのうなり声と神の声とを同一視することはきわめて古代的な宗教観念であるとされる（『生と再生』堀一郎訳）。ブル・ローラーは神の示現を示すものであって、除災のためと考えられるささらとは類を異にするようであるが、あえていうならば、ささらが除災の道具とされるのは、災いをもたらす新来の神に対し、より強力な大いなる力をもつ神をささらの発する音によりよび寄せるという意識と採り物としての機能が潜在的にあったからであろう。

広範に民衆を動員

最後の、そうして最も重要なのは、この志多羅神を擁して上京した民衆の性格であろう。

民衆の状態を示す点を『本朝世紀』から摘記してみると、まず民衆の数は摂津国からの報告では数百人あまりで、道俗男女、貴賤老少からなっていた。石清水八幡宮護国寺三綱からの報告では、民衆の数は一挙に数千万人にふくれあがる。三綱の質問に答えた山城国（京都府）乙訓郡山埼郷の刀禰の答えるところでは、数千万人のこれらの民衆は、郷々上下貴賤が催さずして自ずから集まったものであったという。

さて、ここにみられる民衆の人員であるが、摂津国で七月下旬の二五日に数百人であったのが、旬日をこえないうちに、石清水八幡の数千万人に膨張している。しかし、数百人といい、数千万人といっても、この数は正確なものでもなく、また厳正な調査結果によるものでもなかったことは自明であり、それらはただ非常に多数の群衆であったことを意味するわけで、この表現から一つの判断を下すことはむずかしいし、また石清水の報告の数千万人の語に多少の誇張・文飾があったことも否定できないが、摂津国の数百人と石清水の数千万人のちがいはあきらかである。少なくとも日を追うに従い、また洛中に近づくにつれ、民衆の数が増大したことは確かである。そこで次に問題になるのは、そうして増大していった民衆の内容である。摂津国は道俗男女、貴賤老少と報告し、山埼郷の刀禰の答えは郷々上下貴賤ということであった。これらの道俗男女、貴賤老少、上下貴賤という表現は、いわば慣用句というべきものであって、厳密な判断をひきだすことはむずかしいが、少なくともそこに集まった民衆の実体がたんなる被支配者層、社会の底辺にうごめいていた人々のみではなく、かなり広範囲な層までを含んでいたであろうことが考えられる。もちろん貴賤という表現があったところで、支配者であった貴族層までこれに参加したわけではない。

広範な民衆を動員した点で、この志多羅神の上京は「ええじゃないか」に共通する面をもつわけだが、ここに集まった大群衆の内容に手掛りを与えるものとして注目されるのは、山埼郷の刀禰の存在である。刀禰の歴史的性格をめぐる議論は多岐にわたるが、これを一応整理してみると次のようになる。律令体制下では郷戸が徴税・負課の単位とされ、戸籍も郷戸ごとに記載された。郷戸は五保にまとめられ、五保の上に郷戸五十戸をもって一郷とした郷という行政単位があり、郷には郷長がおかれた。この体制は平安初期になると、さまざまな理由により変質、再編成され、かつての郷長にかわって郷司が郷の代表者として登場してくる。この郷司のもとにあって、田堵《たと》とよばれる有力農民の間から出て、郷司の仕事を分担するものとしてあらわれてくるのが刀禰であった。刀禰の機能は、非違の検察、土地の売買にあたってその保証をするのもその任であった、つまり私有地の確認をその仕事の一つにしていた。一方、刀禰を中心に開墾も進められていた。いわば、当時の農村生活は、これら刀禰を基軸に展開していたのである。刀禰の存在の背後には、彼ら田堵層を中核とする律令体制下の農村とはちがう新しい村落があったのである。このように刀禰は村落の代表者としての性格をもっていた。志多羅神の神輿と民衆は八月一日に石清水に到着する以前は、淀川の拠点山埼郷にあった。神輿が石清水に到着したときに、この群衆の代表と認めて、護国寺三綱が山埼郷の刀禰に質問を発していることの意味は大きい。志多羅神の神輿と民衆が、郡から郡へと、その神輿をいただく民衆の数を増しながら移動していくときにあたって、村落の実力者であり、ある面で国衙や郡衙の機能の一部をも分担していた刀禰の了解なくして、その移動は円滑になされたとは考えられない。さらに山埼郷の刀禰が石清水まで同行していることとは、刀禰がこの民衆の動きを無視していないことを示すとともに、数千万人と称せられた民衆の少なくともある一部は、刀禰の影響下にあったであろうことを意味する。また、そのことは刀禰のもとにあった村落の人々があげて参加していたであろうことを推定させる。だからこそ三綱が刀禰に質問を発したわけである。さらに刀禰の同行の事実は、神輿に従った民衆が全くの無秩序なものでなかったことを示している。一見、無秩序にみえる群衆のうちにある秩序の存在という点は、「ええじゃないか」において、村役人の許可を得てのち、期間を限って、降下したとされる札などを祀り、祝った例が存外に少なくなかったことと一脈通ずるものがあり、注意すべきことである。志多羅神上京にせよ、「ええじゃないか」にせよ、それは全くのアノミー、社会的混乱とのみ規定しえない側面のあることは重要である。当然のことながら社会的秩序の失われたときにあっては、数千万という民衆が動員されることは不可能なのである。また、日本の民衆運動の流れを追うときに気付くことは、志多羅神上京や「ええじゃないか」をはじめ、多数の民衆が参加した広義の民衆運動が、各地域ごとに領主制が展開した鎌倉・室町時代のいわゆる中世にみられず、中央集権的な体制の解体する時点とか、地域的な領主制が全国的なものに統一されようとする時期に特徴的にみられることである。この点は民衆運動の歴史的な性格や、その特質を考えるときに忘れることのできぬ重要な点であろう。

将門・純友の反乱

刀禰との関連で注意しておきたいのは、あの六首の童謡である。これら一連の童謡が農作

のはじめにあたって、その年の豊穣を願うものであったことは、前にふれたが、その第一首は、

月は笠着る　八幡は種蒔く　いざ我等は荒田開かむ

と、土地の開墾を歌ったものであった。刀禰が中核となっていた村落で、刀禰が開墾の担い手であったことは前にみたが、その刀禰の重要な役割である開墾にかかわる童謡が、刀禰とともに移動した民衆によりくちぐちに歌われていたことは、これらの童謡を支えていた予祝儀礼をなす集団＝村落の存在とともに、志多羅神の神輿を擁した民衆の内容の一端を示すものである。

志多羅神上京に際しての民衆が、単にただ集まった群衆ではなく、その背後には当時形成されつつあった村落と、その村落の指導者である刀禰の存在が考えられることは、以上にみたとおりであるが、それにしても、彼ら数千万人ともよばれた民衆をして、催さずして自ずから集まらしめ、市をなすほどにし、その歌舞が山をも動かすかのごとく狂乱の状態をなさしめた原因は、一体どこに求められるのだろうか。また、具体的様相はどんなものであったろうか。

天慶二年の四月には東国・西国の群賊の平定を諸社に祈っており、六月には武蔵介源経基が武蔵権守興世王と平将門の謀反のことを報告し、つづいてこの年四月におきた出羽国の俘囚の反乱の知らせが都にもたらされている。東北・東国の兵革につづいて年末の一二月に承平六年海賊の追捕を命ぜられた前伊予掾藤原純友が乱をおこしたことが知らされてくる。ま

た将門が上野と下野、両国の支配のシンボルともいうべき印《いん》と鎰《かぎ》を奪い取ったとの報告も届く。この将門と純友の乱は、翌年の二月二五日、信濃国の報告で、凶賊平将門が二月一三日の下総幸嶋の合戦で平貞盛と藤原秀郷らの手により討ち殺されたことが知らされる。また純友については、天慶四年六月二〇日にこれも討ち取ったということが、都に報告される。貴族たちの心配の種もなくなる。朝廷はこの乱で全国の神社に祈請し、伊勢神宮などには神郡を寄進さえしている。こうした各神社のなかでも、石清水八幡への祈請がきわだっている。石清水八幡の臨時祭は天慶四年からのことであり、そのことを『大鏡』は「八幡の臨時のまつり、朱雀院の御時よりぞかし、……さて くらゐにつかせ給て、将門が乱いできて、その御願にてとぞうけ給はりし」と記しているが、これは将門の乱と石清水八幡との深い関係を示しており、また当時の人々に強く八幡を印象づけたことでもあった。将門・純友の乱の歴史的意味をここで記す余裕も、またその必要もないが、この乱がともに都を遠く離れた畿外の地におこったものだとはいえ、貴族の支配をゆるがす前兆であった。武士の力が無気味な暗いかげりを貴族の世界に与えたのである。また民衆の間から生まれたエネルギーを土台に登場してきた武士の動きとそれにより直接的にもたらされる混乱は民衆に不安を与えたが、民衆にとってのまことの不安は、将門・純友の反乱といった人為的なものより、人間の力ではいかんともなしがたい自然の力によりもたらされるもののほうが大きい。将門謀反の知らせのあった天慶二年の夏は例年にない旱魃であり、祈雨の奉幣がなされるが効験はあらわれない。山城国紀伊郡の百姓たちは、都の神泉苑の水を田にひきたいと申し出て認められている。天慶四年は二年とは反対に九月になっても、霖雨晴れ難しということで日照時間も少なく、このため翌五年に入ると、その影響が目立つようになってきた。政府は四月九日に銭百貫文を都の飢饉・疫疾の輩に配るという政策を発表する。この状態はすぐよくなるものではない。六月には、「近来、疾疫の事、多く閭里にきく、餓死の輩、已に街衢に満つ」というありさまで、米の値も将門の乱のおこった天慶二年以来、端境期になると一升一七文から一八文という高値を示すようになった。平常の値のほぼ倍である。そこで貧民に米を配ろうとするが、民部省の管下には米はなく、木工寮と穀倉院におかれた常平所の米をもってするありさまであった。またこのころになると京に群盗が多く、滝口の武者四名を毎晩、任務につかせなくてはならなかった。天慶七年になっても天候は不順で、九月には大雨暴雨のため、諸司の官舎をはじめ都の建物の顚倒するもの数を知らずという状態であった。こうした政治的にも、また自然現象の面でも不安な出来事があいついでおきたから、民心の不安は高まった。天慶六年三月に「謡言により世間の斎甚し」と『日本紀略』にみえているのも、そのあらわれであろう。謡言とは噂、流言の類であるから、人々の動揺、不安を示すものであるが、残念ながら具体的にはわからない。さらに、『日本紀略』は、天慶七年の九月一三日に、狐が非常に多く左近陣頭に集まったということを録している。動物が人のまだ知ることのできぬ前に、神の前駆、つまりミサキとしてあらわれるという考えは、古くから日本人の間にみられるものであり、これらの狐もなんらかの異変の知らせとして民衆にうけとめられたことは確かである。こうして民衆は天慶八年七月の志多羅神上京を迎えるのである。

日常生活の不安

これらの事象のもった意味を数量的に示すことができないのは当然だが、将門・純友の乱に示される政治的な不安、連年の天候不順による飢餓と餓死の恐怖、これらは強く民衆を不安のうちに追いこんだであろうことは否定できない。志多羅神上京にみられた民衆の動きの原因をこうした一般的な社会不安と悲惨さのうちに解消してしまうことはできないとする論者もいる。そうしてそれらの論者は、志多羅神を擁した民衆は、当時の村落の実質上の指導者である富豪層により指導され、そこで歌われた童謡は、彼らの富豪層の意欲と自信を高らかに示したものだという。確かにこの民衆のうちに刀禰の占めた位置からして、そうした見解も成り立ちうることは否定できない。しかし、そうした刀禰をも含めて民衆を行動にまでかりたたしめたのは、やはりさきにみたような彼らの営む日常の生活をおびやかし、生活自体を失わせてしまう諸々の不安の存在であった。彼らが示した歌舞にしろ、歌舞のリズムのためにうちならされたであろうササラにしろ、それは悪霊退散の願いをこめたものであったためにうちならされた事実が、なによりも彼らをかりたたしめたものがなんであったかを示しているといえよう。

石清水八幡の威力

さらにこの点で留意すべきことは、志多羅神がどうして石清水八幡に送りこまれてしまったかという事実である。志多羅神上京は天慶のこの事件だけではなく、長和元（一〇一二）年二月にも鎮西より上洛している。長和のときの終着点は石清水ではなく、洛西の船岡山であった。長和の例からみても志多羅神と八幡とを結び付ける必然的なものはない。そこで志多羅と民衆の行動をふりかえってみると、神輿の後半に属する三前は、摂津国河辺郡の児屋寺にまず担い送られていることに気が付く。児屋寺は昆陽寺のことであり、『今昔物語集』(一一九ノ一七)には小屋寺として登場する寺院である。奈良時代の天平五(七三三)年に行基が創建したといわれる。この寺の主水堂は、天平九(七三七)年に疱瘡が流行したとき、その流行をおさえんとして行基が修法した建物として名高い。疫病の除災を祈願したことでひろく知られている寺に、志多羅神の神輿が担い送られている事実はきわめて注目すべきことである。民衆は志多羅神の神輿をなんのゆかりもない寺院に送ったわけではない。行基により人々の恐れた疫病除けの修法がなされたことで知られている昆陽寺に神輿が運ばれたことは、民衆の秘められた意図を語るものにほかならない。民衆が心から望んだものが、彼らの日常生活をおびやかす災厄からのがれるということにあったことを示すものである。昆陽寺と民衆の意図に関係があったことは、最終的に神輿が送りこまれた石清水八幡にもそれなりの理由があったのだということになる。

石清水八幡が男山の地に鎮座したのは、九世紀後半の清和天皇の貞観年間のことであり、以後朝廷の崇敬は篤かった。もともと九州の宇佐の地に根拠をおいた八幡神の信仰は多岐にして、かつ歴史的に重層化されており、簡単にいうことはむずかしいが、石清水八幡として男山に鎮座した一つの原因は、男山の地が王城の西で、また都に入る重要な交通路である淀川の中流という交通の要地であり、ここに鎮座した背後には、王城へ侵入をはかる外敵を鎮圧することをその任としていたであろうことは否定できない。八幡神の外敵鎮圧は、すでに奈良時代に九州の隼人平定に宇佐八幡が大きな働きをしており、そうした面での八幡神の威力は朝野のひろく知るところであった。したがって国家の平安をおびやかした将門の反乱にあたっては、まず石清水八幡にその平定を祈り、かつそのことが固定化して臨時祭になったことは、前に『大鏡』をひいてみたとおりである。志多羅神上京の時点では、人々に将門の乱平定に果たした八幡神の威力はひろく知られていた。志多羅神を擁した民衆のいだいていた日常生活に災いをもたらす災厄を除去したいという強い願望にとって、この当時の石清水八幡の威力は大いに依拠すべきものであった。志多羅神が「吾は早に石清水宮に参らん」と女について託宣した背後には、こうした石清水八幡の威力に寄せた民衆の心意が大いに働いたのである。しかし、この石清水八幡への民衆の気持は、この天慶八年という歴史的時点で、かつ純友の乱で荒らされた鎮西の地からという条件に規定されたものであった。それは長和年間の上京の際には、その経路は不明だが、最終的に石清水八幡ではなく洛西の船岡山に納まったことで明らかである。船岡の地は鳥辺野と並ぶ都の葬送の地であり、またここは悪霊除災のための今宮社が設けられた地であって、志多羅神の納められる地としてはもっともふさわしい所であることを指摘しておこう。なお、志多羅神の石清水鎮座について、幕末に石清水大観ともいうべき『男山考古録』をものした藤原尚次は、志多羅社を説明した文の末尾に鎮座について、当時流行したおかげ踊りとの類似を、

近来　村々に御札降りてより其村里の道俗群参し、謳歌或は笛鼓など打鳴し、各異体の衣服を粧ひて舞踊る、是を御陰踊と称す。追々村々へ神札の降事有りて、村々より思ひ〳〵の作り物なとして、八幡郷内も町々にて群集して、各御本宮神前に参り、其賑々敷騒かし

き事、実に歌舞山を動かすと云るは、昔もさも有けんと思ひやらるゝ計也。尚次かゝる事凡四十年許を置て両度もありし也。其時村々にて神の降りたる所に伊勢大神宮なと勧請して、小社を私に造立せるなとあり、猶後世にも、又斯るあやしき事有りぬへし、不思議の事也。

と記していることも、記憶しておこう。

悪霊退散と新しい村落

以上、志多羅神上京をめぐる諸点についてふれてきたが、そこには民衆運動の常として実にさまざまな要素が含まれ、ある面では矛盾する点もないわけではない。ここではそうした点を大まかに整理しておこう。この民衆の行動をひきおこさせた直接的なきっかけがどのようなものであったか。たとえば「ええじゃないか」における神札の降下などにあたるもの、それは残念ながら史料的に不明である。しかし、彼らが行動をおこすに至った条件は、律令体制の解体により激化した当時の飢饉・疫病にもっともよく示される社会不安の重圧、直接的には将門・純友の乱によりもたらされた混乱にあった。次に彼らの行動を規定したものは、第一に歌舞、志多羅、疫病祈願にゆかりのある児屋寺が神輿の寄宿先にえらばれたことなどに、共通してみられる民衆の日常生活をおびやかす邪悪なるものを除去しようという意識であった。この意識は古くから民衆の間に伝承されてきた悪霊を払う様式により表現された。さらに民衆の間で歌われた童謡にみられるのは、村落で毎年くりかえされる農耕儀礼のときに祈願される豊穣への祈りと、豊穣によりもたらされるよりよい世の中の出現を願う意識である。志多羅神上京は、こうした民衆の間に秘められ、累積されてきた意識が伝統的な様式にのっとって、社会不安のために一挙に拡大・暴発した形で示されたものにほかならない。しかし、民衆の行動はただ古い伝統的な様式によってのみ規制されていたわけではなかった。また、そうした古いものだけでは人々にあのような行動をとらしめることは不可能であった。民衆を行動にかりたてた第二の条件は民衆の生活の場としての村落の成立である。律令制下の国・郡・里という体系のもとでの村落は、この時点になるとさまざまな要因により解体・変質し、刀禰を中心とする村落が誕生する。その村落にあっては民衆は村落を代表する刀禰を通じて、はじめて意志を示し、また行動をおこす。志多羅神の神輿の移動のときに山埼郷の刀禰がこの大群衆に付き添ってきていることは、当時の民衆のおかれていた条件をよく示すものである。農業生産の中心をなした刀禰をとりまく民衆たちにより成立した村は、単なる収取単位としてのものではなかった。用水・採草といった農業生産と深くかかわりあった生活の場であった。村は民衆の生活の場として新しい意味をもった。こうした村に邪悪なるものが入りこんでくることは困る。従来の悪しきものを払う儀礼は、単に個人や家族を対象とするもののみにとどまらない。自分たちの生活の場である村に悪霊が入ることを阻止するものにも拡大される。悪霊を村から追放しなくてはならない。ここに村送りの形式が成立する。志多羅神の移動はまさに刀禰の指導のもとによる村送りにほかならない。村送りの形式は新しい村落の成立とともに生まれた民衆の行動様式でもあった。このように、志多羅神上京をめぐる民衆の動きには、古い伝統的な行動様式と新しい社会体制の形成による行動様式との二つの側面が認められる。その両者が将門・純友の乱という時代の転機を示す時代に表現された点に一つの意味を認めることができるのである。

永長の大田楽

天慶八（九四五）年の志多羅神上京以後、広義の民衆運動として注目されるのは、院政期の嘉保三（一〇九六）年の五月から六月にかけての京都を中心とする田楽の熱狂的な大流行である。この民衆の熱狂的な動きは、嘉保三年が改元され、永長元年になったので、永長の大田楽とよばれている。これについては、一代の碩学大江匡房の『洛陽田楽記』や、『古事談』に詳しい。匡房はこの流行を次のように記している。

> 永長元年の夏、洛陽に大いに田楽の事あり。その起る所を知らず、閭里《りより》（村里）よりはじまり公卿に及ぶ。高足、一足、腰鼓、振鼓、銅鈸子《どうびょうし》、編木《びんささら》、殖女、舂女《しょうじょ》の類。日夜絶ゆることなく、喧嘩の甚しき、よく人の耳を驚かす。諸坊・諸司・諸衛、各、一部をなし、或いは諸寺に詣で、或いは街衢に満つ。一城の人、皆狂うが如し。けだし霊狐のなす所なり。その装束は善を尽し、美を尽す。彫《かざ》るが如く、琢《みが》くが如し。錦繍を以て衣となし、金銀を以て飾りとなす。富者は産業を傾け、貧者は跂《は》いて之に及ぶ。郁芳門院、殊に叡感を催し、姑射のうちに此れを観る、尤も盛なり。家々所々、党を引いて予め参る。たゞ少年のみにあらず、緇素《しそ》群れをなし、仏師、経師、各その類を率う。帽子を着し、裲襠を繍

す。或いは陵王・抜頭等の舞を奏す。その文殿に結ぶの衆、各此の業を企つ。孝言朝臣は老耄の身を以て曼蜒の戯を勤む。有俊・有信・季綱・敦基・在良等の朝臣、並びに桂を折り、鵠を射るの輩、偏に一人にあらず、或いは礼服を着し、或いは甲冑を被り、或いは後巻と称し、驍勇隊をなし、夜に入り院に参る。鼓舞跳梁す。摺染の文をなす衣袴は、法令の禁ずる所、而して検非違使また田楽を供奉す。皆、褶衣を着し、白日道を渡る。蓬壺(内裏)の客また一党をなし、歩行して院に参る。侍臣また禁中に参る。権中納言基忠卿は九尺の高扇を捧ぐ。通俊卿は両脚に平藺沓《いぐつ》を着す。参議宗通卿は藁の尻切を着す。何ぞいわんや侍臣の装束、おして知るべし。或いは裸形にして腰に紅衣を巻く。或いは髻を放ちて頂に田笠を載く。六条と二条を往復し地ちかし、路に埃塵起り、人車を遮る。近代、奇怪の事、何を以て之を尚《くわ》う。その後、院不予。幾程を経ず、遂に以て崩御す。田楽を御覧の車より、御葬の車にすすむ、爰に妖異の萌す所を知る。人力の及ばさる。賢人、君子、誰ぞ俗事を免ざらんや。(『洛陽田楽記』)

名文であり、これに尽きるわけだが、この「一城の人、皆狂うが如し」という田楽の流行は村里から都に及んでいる。その原因は不明であり、匡房は霊狐のなすところとしている。その狂乱の状態は匡房の文に詳しいが、そこでは平常は禁ぜられていることがすべて破られていることが注目される。支配者層である貴族ですら階層のわくをこえた田夫野人の装いをこらすことに身をやつしており、庶民も法令で禁じられた衣服をまとうというように、日常生活のルールが無視されている。しかも、そこでの楽器のなかにみえるのは編木、つまり、びんざさらである。志多羅神のおりの伝統に連なるものである。またこの田楽の群衆は、ただ無秩序なものではなく、諸坊・諸司・諸衛といったある組織をもとに一つの群れをなしていたし、『古事談』によれば、「郷々村々田楽」を貴所に召され、これを覧《み》ることが行なわれていたから、村や郷の田楽がもとで、これにならって官衙ごとにグループが形成されたものであり、この点も志多羅神事件の民衆が、その背後に村落をもっていたことに連なるものである。この永長の田楽の観察者の一人、藤原宗忠は六月一二日の日記に、

此の十余日間、京都の雑人、田楽をなし互に以て遊興す。就中、昨今諸宮・諸家の青侍下部等、皆以て此の曲をなす。昼は則ち下人、夜は又青侍、皆田楽をなし道路に満ち盈る。高く鼓笛の声を発し、已に往反の妨げをなす、未だ是非を知らず、時の夭言の致す所か、事を祇園の御霊会に寄せて、万人の田楽制止するあたわず。（『中右記』）

と、匡房とほぼ同様な観察を記し、七月一三日にも大体同じようなことを書き記している。いずれにせよ、志多羅神の場合は、いわば名もなき大衆のなせるわざであり、かつ、それは摂津であり山城とはいえ、都を離れた石清水でおこったことだったから、記録の残ることが少なかった。それに対して永長の場合は名もなき大衆からおこった田楽の波は、官衙に勤める下級官人から院のまわりに仕える貴族まで、つまり都の中核を形成している階層までをまきこんでいる。それだけに天慶の志多羅神上京より多くの記録が残されることになったともいえる。

この永長の田楽については、「律令国家の解体が進行する一方に、新しい社会秩序が未熟であった平安末、院政の時期に、価値の転倒を含む宗教的昂揚が、諸矛盾の鬱積した社会全般の精神的カタルシスの意味をもって、しばしば突発」(『京都の歴史』二)したものの一つであるという評価がある。この評価は基本的には誤りではないが、さきの志多羅神の事件との関係でみるならば、志多羅神はまず地方の村々の間から発生してきたものであった。永長の田楽も匡房の記した如く閭里、つまり村落にその発生の源があり、また『古事談』の伝えるように、「郷々村々田楽」があって、村落から発生し流行したものであったが、志多羅神のときとちがうのは、都の下級官人から貴族までをその狂乱のうちにとらえている点である。中世は農村からおこったという。永長の田楽は、農村からおこった波が都を呑みこんだのであり、その意味からすれば、中世への転換を語るものだという点が評価されなくてはならぬだろう。さらに志多羅神上京のおりは、そこにみられる田遊的な色彩は民衆の唱和した童謡からうかがえるにすぎなかったが、永長の場合は、はっきりと田楽と記されるし、かつそれは生産に結びついた農村における田楽であるよりも、より芸能化し、その衣装のはなやかさや仮装の奇抜さを誇ることに重点がおかれている。農村が都市を圧したわけだが、それは農村におけるものそのままではなく、芸能化されることにより変質したものになっている。この農村に生まれた田楽が都市に流入することによりおこった変質は、農村を基盤に成長した武士が、都に入り貴族の侍となることで、その性格を変えざるをえなかったことに類似するといえよう。

伊勢躍

永長の大田楽ののち、広義の民衆運動はかげをひそめる。それが再び姿をあらわすのは、近世初頭の慶長から元和にかけてのことである。古代から近世初頭にかけての五世紀にわたる広義の民衆運動の空白の理由は、のちにふれることにするが、慶長の事件はまず伊勢神宮を中心におこってくる。その発端は『当代記』によると、慶長一九（一六一四）年の八月、神宮が伊勢国の野上山に飛び移る旨をある人に託宣したことにより、さまざまな奇特なことがおこったことによる。さらに神宮は二八日に山田に帰るが、そのおりに雷鳴や難風が吹くであろうとの託宣があったので、人々は村里から躍りを構えて、美を尽くし、われもわれもと神宮に参詣しはじめ、貴賤群集すというありさまであり、この踊りについて奇特のことが少なからずみられたという。さらに九月一四日の『当代記』は、

此比者、伊勢太神宮及暮ハ託シテ曰、ムクリト被及合戦由ニテ神風烈吹、不嫌男女大方毎日託アリ、山田町中火ヲタチ可申旨也、半時已後海上如焰シテ夥鳴動シ、其後海面静リ、還宮ト覚レバ如前託アリト云々、彼国中今ニヲドリ不止、古老ノ者カヽル奇特不審成儀、前代未聞ト云々。

モハヤ此比ハ、京　大和　近江　美濃モ躍ヲ致スト云々。

奇特不思議ナル事共幾等モ有之ト云々。

と記している。

この踊りは一般に伊勢躍、伊勢踊(『祠曹雑識』『駿府記』『山本豊久私記』)とよばれ、神躍(『元寛日記』・『続史愚抄』)、風流躍(『続史愚抄』)、笠踊(『伊勢考古録』)ともよばれることもあった。第二にこの踊りのきっかけが神の託宣にあったことである。託宣は『当代記』では野上山にうつり、また帰座したとも、あるいはムクリ(蒙古)と合戦のための出陣とも伝えている。どちらにせよ神の移動を示す託宣であり、自然現象の変化を神の遷移の証しとしている。前者では雷鳴・難風であり、後者では「神風烈吹」き「海上焔ノ如クシテ夥シク鳴リ動ク」というのが、神が移動した証拠とされている。日本の民俗にあっては、突風が吹いたり、雷鳴がとどろくというような現象は、神の示顕・去来をあらわすものとされていることは、民俗学の示すところであって、ここに説明する必要はないであろう。ことに、神が山田に帰るとした慶長一九年八月二八日には現実に、伊勢地方にあっては雷と大風が鳴り、かつ吹いた(『台徳院実紀』)から、この託宣は大いに信ぜられたわけである。しかし、この託宣とても桑名あたりでは「天照大神宮ヨリ踊ヲ致スヘシ」(『慶長自記』)ということになり、必ずしも確たるものではなかった。とにかく、この伊勢踊りが神の意志によるものだとして、民衆がうけとめていたことに注意しておくことにしたい。さらに託宣の内容をなす神宮の神が鎮座地を離れて飛ばれるという点も、託宣を人々が信じた理由でもあった。というのは、これは章を改めて伊勢信仰の流れをみるときにふれるが、伊勢の神は非常の際には飛ばれるものだということは、非常に根強く人々に信ぜられており、中世にあってはそれが飛神明という形態で神宮の信仰を各地に広めるために利用された。だから慶長一九年の伊勢踊りの背後には中世以来の伝統があったのである。また託宣という点は、志多羅神上京の際に神が石清水八幡に鎮座することになった、ある女について託宣したことに連なるものである。このように、慶長一九年の伊勢踊りは、志多羅神以来の民衆運動の系譜のうちに位置づけられるものであった。

伊勢から京都へ

この伊勢踊りの波は伊勢から全国に波及し、また元和、寛永、延宝、正徳と間をおいて発生した。以下、その具体相を追うことにしたい。踊りの発生地点は伊勢、それも神宮の鎮座地である南伊勢であった。「伊勢考古録」（『宇治山田市史』下）は、

> 慶長十九年八月、太神宮御託宣ニ踊ヲ興行スベシト告玉ヒシヨシ申伝ヘテ一国挙リテ踊リケル。南伊勢ヨリ催シ初メテ、桑名ナドハ八月ノ末ニ流行シ来レリ。何レモ御幣ヲ持チテ笠踊ト云マデノ事ナリシニ、後ニハ華美ヲ競ヒテ一様ニ絹ノ小袖ヲ用ヒタリ、世ニ伊勢踊ト称シテ、他国迄モ行ハレシトナリ

といい、八月の末に流行の波が及んだという桑名では、

> 天照大神宮ヨリ踊ヲ致スヘシト御託宣有ヨシニテ、八月中何方モ踊リ申候、夫々南方ヨリ

踊申候。桑名ニモ八月廿四日時分ヨリ先々下々ノ者共笠踊致候。何レモ御幣ヲ切リ候テ持チ申候。其後町中ノ侍衆ノ若キ衆踊申候。是モミナ〳〵御幣ヲ持チ申候。出立チ一段結構ニテ大略ノ衆、箔ノ小袖着申候。今一色ノ者共一段取モチ候テ、今一色堤ノ上ニ壇ヲ築キ、小サキ社ヲ立テ幣ヲキリカケ守護トシ、上下ノ者共社参スルコト無限、散銭多ク寄進申候。御湯立二度アリ、一度ハ御釜一口、一度ハ御釜三口、九月十日頃迄踊リアリ、諸町踊九月二日ニアリ（「慶長自記」『桑名市史』補編）

と、やはり南伊勢から及んだとし、八月二四日から九月一〇日まで踊りがなされた。また踊りの様式は御幣を手にした笠踊りと呼ばれるものであった。この踊りのことは名古屋近郊の清洲のあたりでも、

伊勢踊諸国に流行し、清須の町中にても近郷の民、此踊を興行、当時之を稀有の珍事とす（「張州旧話略」）

と、みえている。ただし、この「張州旧話略」では慶長一八年八月のこととしているが、これは各地の例からみて慶長一九年八月の誤りであろう。踊りは畿内に及んでいく。当時の畿内の情勢は、秀頼、淀君の大坂城による豊臣方と駿府にある家康が、京都の方広寺の鐘銘をめぐって火花を散らし、人々は迫りくる戦乱の影におびえていた。この政治の舞台となっていた京都でも、戦争の影を払うがごとく伊勢踊りの熱狂の渦がまきおこった。京の町では、

このころ、

閭巷説、太神宮神軍あり、勝たしむの故、伊勢より躍を始む（「孝亮宿禰日次記」）

とか、

去廿一日（九月二一日）ヨリ伊勢神宮ノ御託宣ニヨリ、京中在々所々踊也。（「梵舜日記」）

といわれ、その流布の経路は、

伊州ヨリ躍始テ、江州在々躍来テ、山科七郷悉躍、洛中毎日風流不異（「義演准后日記」）

と、近江から山城の山科を経たものとされた。いずれにせよ、発生の起点は伊勢であることは一致しており、風流と異ならずとされるこの踊りが、伊勢踊りの名称をもって呼ばれた理由がどこにあったかを示している。このときの京都の踊りは町を単位とするもので、

京中町々毎町四五十人ツツ令躍之（「孝亮宿禰日次記」）

さらに、その内容は、

一躍、笠鉾三ッ計、金銀花飾衣裳中〳〵驚目、京中貴賤衢満、見物群集也。遠国迄如此之体奇代之義無申計（「梵舜日記」）

であり、さらにそのグループは、

幣五本計、着浄衣・烏帽子又ハ狩衣・衣冠体ニテモ出立、一躍ニ三人、又巫女体ニテ罷出モ在之（「梵舜日記」）

という構成であった。これらの踊りはそれぞれグループをつくり、踊りまわった。『言緒卿記』によると、御所にやってきた踊り数は、九月二五日に二五、二六日に三十余、二七日に三八、二八日に四九、二九日に二六、一〇月一日に一一と記されている。その数の多く、いかに流行していたかをうかがうことができる。このように禁裏などに地下の者が踊りこむことは、『看聞御記』などに松拍などの風流の群れが、貴族の屋敷にきて、その芸をみせていた伝統によるものであろう。これらの踊りのグループは御所に参るだけでなく、梵舜によると、

諸社へ躍参、取分当社（吉田社）、祇園社、五条神明社、御霊社、豊国社、稲荷社、又者氏神之社へ思々ニ参（「梵舜日記」）

と、各社に躍り参っている。

ムクリ、コクリとの合戦

京都での波はさらに西に向かう。西国での状態をよく示しているのが、土佐（高知県）の一宮、土佐神社に蔵される表紙に「土佐一宮村　一、御伊勢様おとり　慶長拾九年之霜月ゟ始ル」と記された、いわゆる「御伊勢様おどり」の記録である。伊勢踊りは土佐へは阿波から伝えられた。表紙に一九年の一一月にはじまるとあるが、四国へは翌二〇年にわたっている。踊りはただ躍られるだけでなく、神木を迎えることが中心となっている。一宮村では二月七日の未刻に村役人が出て村境の石淵で神木をうけとり、これを神社に安置し、御鏡餅を二六枚供え、大幟を一三本も立て、太鼓が打ち鳴らされ、一夜二日にわたって踊りがなされた。踊り子は一宮村の家一軒から二、三人も出た。一夜二日にわたる踊りでうたわれた歌は「御伊勢様御たく（託）のおとり」と呼ばれ、次のようなものであった。

一、御伊勢山田の神まつり、むくり、こくりを平《たい》らけて、神代、君代の国々の千里の末迄ゆたかにて、老若男女、貴賤、都鄙、栄え栄うるめてたさよ。御伊勢踊りを踊り候てなくさみみれば、国も豊かに、千代も栄えて、めてたさよ

一、天の岩戸の神ハ神楽、月に六度の神楽より、千供万供代（大）々神楽より、参下向の目出さ（た脱カ）よ、御伊勢踊りを踊り候て、なくさみみれば、国も豊かに、千代も栄えて、めてたさよ

一、東ハ関東、奥州迄も、老若男女押なへて、参下向のめてたさよ。御伊勢踊りを踊り候

てなくさみみれは、国も豊かに、千代も栄えて、めてたさよ
一、南ハ紀州三熊野の里　末々の人迄も、参下向のめてたさよ、御伊勢踊り右同じ
一、西ハ住吉、天王寺、四国、九州の人迄も、参下向のめてたさよ、御伊勢踊り　右同じ理《ことわ》り
一、北ハ越前、能登や加賀、参下向のめてたさよ、御伊勢踊り　同じ理り
一、千早ふる御幣、榊を奉る心のまゝに、願いこめ、御伊勢踊りを喜ふ人ハ皆、年ハ千年を保つなり、御伊勢踊りを踊り候て、なくさミみれは、国も豊かに千代も栄えて、めてたさよ

この七首を一組として、一夜二日に四〇番踊られた。さらに、この踊りがはじめられる前には、一番ごとに、次のように踊りの趣旨が述べられた。

抑、是ハ天照皇大神ニ仕え奉る神主にて候。然ハ今度、むくり（蒙古）、こくり（高麗）、日本ニ望ヲかけ、打渡り候処ニ、御伊勢の計事を以て御太地（退治）被成候。其仍、天下太平、国土安穏ニ納候。其故、御伊勢様より御法楽の踊仕候へとの御神託ニまかせ、日本へ踊ヲ広め申候。各々御見物可被成者也、如件。

この文を読んで、笛、太鼓を打ち鳴らして踊ったのであった。一宮村では二月八日に境の橋で、高知衆に神木を渡したが、その後も三日間踊りはつづけられ、その最後の日である一

〇日の日に、この記録が記念として記されたのである。

この土佐一宮の記録は、慶長一九年の伊勢踊りの地方村落レベルの受容のありさまを具体的に語るものとして貴重なものである。伊勢の神木が阿波から村送りの型で送られてきており、村役人が前もってその到来を予想し、踊りの準備をしていたことは注目される。こうした村送りの様式は、すでに志多羅神の場合にもみられたものであったことは関連して考えなくてはならぬものである。その村送りのときには、送りつがれるものとして、具体的には神木がある。この神木というのは、喜早清在の『毎事問』によると、「職家より他国へ御祓を遣す時、使の者榊の枝を持往き之を神木と云い」とある神木のことである。近世には小型化し、現在、神宮文庫に残されている神木は榊の小枝で、長さは三五センチ、これに二五センチの杉のぬさ串を白紙でくるんだものを、榊の表に重ね、頂の部分でそろえて、上下二ヵ所をこよりで結んだものである（古川真澄「伊勢の御神木」『社会と伝承』三ノ二）。この神木は、近世では小さくなったらしいが、中世では三尺余りのものであった（とばかり）というから、おそらく、このときに土佐に村送りで送られてきたものも、そうした大型のものであったかと思われる。それに土佐のあたりには、すでに中世末には神宮への参宮者があり、それに伴って御師の活動もあったから、この神木のもつ意味は人々にひろくゆきわたっていたことと思われる。さらに、このときにうたわれた歌は、『当代記』の記す託宣を忠実に反映し、ムクリとの合戦の勝利をうたっていることも注意される。当時の慶長段階で対外戦争としては、秀吉の文禄・慶長の役があげられるが、ここではムクリ、コクリと朝鮮の名もみえて、秀吉の対外戦争との関係に結びつけたいが、そこにムクリ、すなわち蒙古の名がみえていることは、文禄・慶長の役の経験ではなく、一三世紀の蒙古来襲のことを意味していることはまちがいない。元寇から四世紀も経過していても、民衆の伝統的な経験における蒙古来襲の意味は大きく、かつ深かったといえる。しかも、この七首に及ぶ歌の内容は、大坂方と江戸との対決が避けられず、戦争のおこることが明らかであった当時の世の中の状態とはまるで反対に、国の豊栄と個人の長寿をことほぐものであった。ここに自分たちの力ではいかんともなしがたい戦乱の発生を前に、まさにそうした戦争状態とは全く反対な国の繁栄と各個人の長寿を祈ることで、きたるべき災難からのがれたいと望んだ人々の気持の動きをみることができる。また目の前に迫りくる戦乱の影響を一時的にも忘れさるためにも、狂乱ともいうべき伊勢踊りは人々をその踊りの渦のなかにまきこんだともいえよう。この踊りは一宮村では一五〇人余りの人々により踊られ、かつうたわれたわけだが、そこには二〇人ほどの山伏の存在がみられる。この山伏が阿波から神木とともに同行したものか否か、記録はなにも語らないが、このような集団的な熱狂状況、人によってはマス・ヒステリヤとも名づけられる状況に、山伏のような宗教家が関与していることは注目されてしかるべきであろう。さらに、この御伊勢踊りの歌詞では、東、南、西、北とひととおり日本全国を、そこにうたいこんでいることも、中世的な地域分立状態が、一人の支配者による全国支配体制が確立されようとしていた当時の状況を、忠実に反映しているものとして注目される。不完全ながらにせよ、そうした全国的な支配体制が形成されようとしていたからこそ、この伊勢踊りが非常にひろく全国的に流布したのだともいえよう。

この土佐の伊勢踊りは、一宮村から高知の人々に神木とともに移っていくが、その最終の、いきついた先はどこであったのか、現在では不明である。ただ寛永年間の流行によるものかともされるが、愛媛県八幡浜市の天満宮の摂社神明神社に、現在も伝えられているお伊勢踊りの歌は、次に示すように、慶長の土佐一宮村で記録されたものと、歌詞その他の点で非常によく似ている。土佐からなんらかの経路により八幡浜に伝えられたものではあったろう。

一、御伊勢よふだ《（陽田・山田）》の神いくさ、もくり《（蒙古）》、こくり《（高麗）》を平けて、神代・君代の国々の千里の末の人迄も、豊かにて踊り喜ぶ人はみな、歳は千年を保つなり、老若・男女・貴賤ども栄え栄えるめでたさや　御伊勢踊のめでたさや

二、天の岩戸の神かぐら《（神楽）》、月に六度の神楽より、アラ千宮より、アラ万宮より、大大神楽より、イヤホイ参る下向のめでたさや、御伊勢踊を踊り踊りて慰みみれば、国も豊かに千代も栄えるめでたさや、御伊勢踊のめでたさや。

三、東は関東奥州迄も老若男女押しなべて、参る下向の、イヤホイ参る下向のめでたさや、御伊勢踊を踊り踊りて慰みみれば、国も豊かに千代も栄えるめでたさや、御伊勢踊のめでたさや。

四、南は紀州・三熊野の里々末の人迄も、参る下向の、イヤホイ参る下向のめでたさや、御伊勢踊を踊り踊りて慰みみれば、国も豊かに千代も栄えるめでたさや、御伊勢踊のめでたさや。

五、西は住吉、天王寺、四国・筑紫の人迄も、参る下向の、イヤホイ参る下向のめでたさや、御伊勢踊を踊り踊りて慰みみれば、国も豊かに千代も栄えるめでたさや、御伊勢踊

のめでたさや

六、北は越前・能登や加賀・信濃・越後の人迄も、参る下向の、イヤホイ参る下向のめでたさや、御伊勢踊を踊り踊りて慰みみれば、国も豊かに千代も栄えるめでたさや、御伊勢踊のめでたさや

七、ちはやふる御幣に榊葉奉る、思ひのままに願ひこめ、歳は千年を保つなり、老若男女おしなべて、栄え栄えるめでたさや、御伊勢踊を踊り踊りて慰みみれば、国も豊かに千代も栄えるめでたさや、御伊勢踊のめでたさや

八、御伊勢より教の神の立出てて、氏子栄えと踊りこそすれ、イザヤ神楽参らする。

九、菊の花かざして踊れや氏子ども、あとよりみくろ《（みろくカ）》のつゝきたるぞ、イザヤ神楽を参らする

十、天神の恵みも深き里なれば、悪魔の神の退きこそすれ、イザヤ神楽を参らする。

十一、今年よりみろく《（弥勒）》の上杓吉になりて、みな人事にこひの心ぞ、イザヤ神楽を参らする

十二、ゆるぐともよもやぬけじの要石、鹿ま《（島）》の神のあらんかぎりを、イザヤ神楽を参らする。

（宇仁一彦「伊予の〝お伊勢踊〟」『瑞垣』三四号）

大体、南予地方は全体的に伊勢踊りが村の年中行事のうちに組み込まれ、現在も行なわれている地域である。これには藩の政策もからんでいたようで、その歌詞も発表されているが、その多くは、土佐一宮のそれと類似するものである（和歌森太郎編『宇和地帯の民俗』）。ただ、この八幡浜の場合は、その七番までの歌詞は土佐一宮のそれとほぼ同一である

が、八番以下はちがっている。ことにそのうちの九番に「あとよりみくろのつゝきたるぞ」とあるが、そこのみくろは弥勒の誤りであって、ここに弥勒の信仰がみられる点は注意すべきである。さらに最後に「鹿ま（鹿島）の神」が登場してくるのも、鹿島踊りが弥勒信仰を伴うものであることからすると、世直し、世直りを民衆が望むときに登場する弥勒が、伊勢踊り、伊勢信仰と結びついて民衆の間に定着していったことを示すものとして記憶する必要があろう。

「我等は千年栄えて」

土佐ではもう一つ、この慶長の伊勢踊りについて注意すべき史料がある。『土佐国群書類従』に収められている「大海集 上」がそれである。ただ、慶長当時の記録ではなく、安永四（一七七五）年に、中平休夢、篠田休世の旧記にもとづいて書かれたものである。

慶長一九年の春、お伊勢踊と申儀、正月二月中ハ此踊さへ仕候得ハ、渡世のいとなミ《（営）》不致候而も神力を以、幸ひ来り何もかもふりわき《（湧）》申様ニ申、爰かしこにて、金銭米銭ふりかゝ《（降）》り申とて、何の他念なく踊り心をのへ申候。四国ハ不及言、上方なとにもをどり《（踊）》申よし也。

此踊大切至極ナルヲドリ也、神楽ノ心ナレハ外ノ踊ト違フ也、カリソメニ思フヘカラス。中平休夢并ニ篠田休世ノ旧記ニ書記ス也。口伝アリ。

附タリ、おいせ踊ハむかし伊勢山田より出生ノ人下山てをしへ候。伊勢流にて候。今声を引を笑ふ。しやうがぶしを直し、いろ〳〵の扇の手を入レ、かぶきをどりのやうにするハよろしからす、榊に幣をもち神妙にをとり申すものにて候、大身の不浄を改め、明ケ六ツよりをとり始るなり。

「大海集　上」では、踊りの開始が慶長一九年の年頭よりはじまったとあるが、一宮の記録などからすれば、慶長二〇（元和元）年の誤りであろうことは確かである。ただ、ここで注意をひく記述は、「爰かしこにて、金銭米銭ふりかゝり」とある点であろう。さきにみた伊勢踊りの歌詞にも「年ハ千年も保つなり」とあって、志多羅神上京の際の童謡に「我等か命千歳したらめ」とか、「我等は千年栄えて」の文句に連なる民衆の意識をうかがうことができる。さらにこの「金銭米銭ふりかゝり」の具体的なことはわからぬが、この天よりの降下を契機とする幸福の到来の意識の存在が、伊勢踊り流行の背後にあったことは見逃すことのできぬ点であり、しかも、この天よりの降下についても志多羅神上京の際の童謡に、「朝より蔭は蔭れど雨やは降る　佐米こそ降れ」とあり至福千年の意識とともに、伊勢踊りの流行と志多羅神上京の際の民衆の動きとを結びつけるものである。さらに「ええじゃないか」のとき、天よりの降下物の発見が、あの狂乱とも思える民衆の動きの発火点となったことは、前にみたとおりである。

さて、伊勢踊りの波は西国にのみ及んだのではなく、当時、大御所家康がいた駿府にまで及んだ。時期は翌年の三月である。

去年九月より伊勢にて風流踊と名付、諸人風流の衣裳をかざり、市街村里を踏哥す。其風十一月ごろより畿内近国に及びしが今日駿府にて土人此踊をなす。やがて日をへず奥羽までも風習大に盛になる。（『徳川実紀』）

三月の末まで踊りはつづく。

伊勢踊頻り也、太神宮飛び給う由、禰宜と号する者唐人を憑みて花火を飛ばすと云々。之により伊勢踊を制し給うと云々（『駿府記』）

と、家康により禁止の命令が出されたという。しかし、これがどの程度守られたか不明である。この花火説は大坂方の片桐且元の家老であった山本豊久も記している。

乙卯（元和一）三月より世間に伊勢躍はやり来る。伊勢大神宮の飛せ給ふと申立て、躍はやし風流を尽、禰宜御祓を先に立て、奥州までも躍送る。かやうにせざる国々は飢饉疫病有と申立る。其子細を尋れば、事触の乞食、禰宜ども唐人を頼み、花火を飛せて見するに因、愚人ども驚はやし立る。是も只事ならずと中人多し。頻て公儀より右の伊勢躍、堅法度の由を仰出さるゝと云ども、忍々に躍はやすこと止まず（「山本豊久私記」）

この慶長一九年から元和元年にかけての伊勢踊りの大流行は、伊勢、京都、阿波、土佐、名古屋、駿府とひろがった。奥州までもといわれたが、駿府以東の地への波及の史料はみられない。なお、このときのことは大坂の陣と関連して後々まで記憶され、凶事の前兆として支配者側には理解された。

去ヌル慶長十九年甲寅、神踊京ヨリ始リ駿河ニ至ル、神君コレヲ禁セラル、処ニ、大坂ノ乱起リヌ（「祠曹雑識」一四）

去ル寅年、神躍自上方始、至駿刕、大権現被禁、大坂兵乱起（「元寛日記」八）

この第一回の流行につづいて、元和二（一六一六）年にも流行したと、さきの「祠曹雑識」「元寛日記」にみえ、このときには家康が死亡したことと関係づけているが、他に所見もなく大流行したとは考えられない。おそらく前年の残り火的な流行でもあったのだろう。

第二回、第三回の流行

第二回の伊勢踊りの流行は、元和七（一六二一）年から翌八年にかけてみられた。会津の『塔寺長帳』は、

霜月之始、上よりも御伊勢天照大神、奥州江御下向之由申来、村々郷々ニ而御宮作立、其上たんす、もち《（餅）》御酒お作、上よりのおしろ歌うたい申、御伊勢おとり《（踊）》有り、しんちん《（信心）》ふか《（深）》き百姓肝煎之家には、景銭金子銀子賀家之内へふり《（降）》来、村々郷々ニ仍て二間《（軒）》三間《（軒）》有り、若

松宿中にては、来春中正月条五手六手ニくみおしたて、五六日おとり御座候、会津はしまり、奥州なき金銀あやにしき、其外たくひなきいてたち有り、日本ニ有外まなひ殊有り、御伊勢宮之儀ハ若松之山々ニ祝立お納候とうり之神とは申せ共、稲河村々の御殿入御へひ之儀、従塔寺皆々相納申候。

と、伊勢踊りが流行し、前回同様、天よりの降下物がそれに伴っていたこと、さらにこの踊りは五、六日つづけて踊られ、その装束がきらびやかなものとして印象づけられていたことなどが記されている。ただ、「上よりも」とあるように、支配者側もこれを黙認している点が慶長一九年の場合とちがっている。この元和七年の第二回の流行は、翌年の初めまでつづいたことは、「二条宴乗記」の元和八年二月二四日の条に、

此中、里々伊勢ヲトリ有之。京都、奈良、堺へ踊下申候

とあって、畿内に流行していたことが知られるし、さらに『越中旧事記』によれば、この流行は北陸の地にも及んでいた。

第三回の流行は寛永元（一六二四）年のことであった。第三回といっても、それは記録の上でのことであって、その流行の間がひどくせまいことや、踊（躍）りが各地、各方面に及んでいったことを考えると、第一回からひきつづいてのものであったと思われる。「祠曹雑識」は、このたびの流行とそれについての対策を次のように述べている。

寛永元甲午二月上旬ヨリ諸国伊勢踊流行、伝馬人夫ヲ発シテコレヲ送ル、此事上聞ニ達シ、吉田家へ御尋アリシニ、古来鎮座ノ明証ヲ挙テ内外ノ神体他方へ飛玉フトイフ事ナシト答奉リケレハ、尚御詮議ヲ遂ラル、ニ、去ヌル慶長十九年甲寅、神踊京ヨリ始リ、駿河ニ至ル、神君コレヲ禁セラル、処ニ大坂ノ兵乱起リヌ、元和二年丙辰又流行シ、神君御他界マシマス、先規皆凶兆ナリト評定一決シテ、彼邪神ヲ野外ニ送捨厳禁ヲ立テ人馬ノ労弊ヲ止メラル

「元寛日記」の載せる記事も、これとほぼ同様である。京都の吉田家が、幕府から伊勢神宮が飛ばれるか否かを諮問されて、「内外ノ神何故ニ令レ飛給座、蠱惑苦民」（「元寛日記」）などと答申しているのは、室町時代に吉田家の兼倶が、神宮の神体が吉田山に飛びきたったと大いに宣伝これつとめた事実からすれば、権力と結びついた宗教の今も昔も変わらぬ厚顔さを示している。神宮の飛ぶということは、歴史的事実として存在していたことは前にみたとおりである。この第三回の流行では、大坂の陣や家康の死といった凶事はなかったが、支配者側は凶兆の一つとして受けとめていたことは、「祠曹雑識」や「元寛日記」「慶延略記」などから明らかである。また、この踊りがなされ、それが人馬の疲弊をもたらしたことも、禁制の出された直接的な原因であった。

寛永の第三回の流行以後の伊勢踊りについては、断片的な史料しかみられないが、年代を追って示しておこう。「張州旧話略」によると、寛永一二（一六三五）年七月には、将軍上

覧の踊りのうちに伊勢踊りの名前があり、承応二（一六五三）年の六月には名古屋で流行したという。将軍の上覧の対象になったということは、慶長のときの群衆の乱舞といった性格が変わり、芸能化していったことを語っている。事実、家光のみたおりの伊勢踊りの歌の文句は、

柳はみどり、花はくれなゐの、人にはなさけ、梅はにほひ
笛に寄鹿は、妻ゆへに死する、われらは君にいのちすてふ

というもので、慶長のおりのものとは大きく変わっている。『糸竹初心集』にみえる歌も、

あのきみさまァは、いせのはまァそだち、めもとにしほが、やれこぼれかゝる

といったし、その装束も、小袖、下小袖、帯縄、さらし、扇、脇差といったもので、たとえば、小袖は、「地白りんず繻子にて、からす惣身に十七八ばかりぬい付、ゑようは金絵」であり、帯縄は「緋縮緬、総くれなゐ、糸、但金紗をいれて」といったものになっていった。

こののちの流行については「祠曹雑識」によると、

延宝六・七年ノ間、江戸中又流行シ、同八年庚申五月八日厳有院様薨御。

とあって、延宝六、七（一六七八―七九）年に江戸で流行したらしい。ただ、このことは『武江年表』にはみえていない。つづいて「祠曹雑識」は、

正徳四五年ノ間、武州藪村へ天照大神降臨トテ貴賤群集シケルカ、同六年丙申四月晦日有章院様薨御、何レモ不吉ノ前兆ナリト先哲語伝フ

と記している。このときに踊りが伴ったかどうかは不明である。

村送りと疫病退散

以上の慶長一九年にはじまる一連の伊勢踊りについて、その特色をみておこう。踊りの名称は風流踊り（『続史愚抄』『駿府記』）、神踊り（「熊谷家伝記」・『続史愚抄』）、笠踊り（「伊勢考古録」「慶長自記」）とも呼ばれたが、一般には伊勢踊（躍）りと称された。神踊りとは踊りの発生が伊勢の神の託宣によるとされたからでもあり、また踊りのときに「榊に幣をもち」（「大海集」）、「御幣ヲ切リ候テ」（「慶長自記」）というように、神を招きよせるときの姿であったからである。笠踊り（「慶長自記」・『伊勢考古録』）もみえるが、その由来は不明である。風流踊りは、「華美ヲ競ヒテ一様ニ絹ノ小袖ヲ用ヒタリ」（「伊勢考古録」）、「金銀あやにしき其外たくいなきいてたち」（『塔寺長帳』）という踊り手のはなやかな服装による名称であった。名称はいずれにせよ、このときの伊勢踊りにはいくつかのきわだった点があった。

それはまず第一にひろく全国に村送りの型でひろまったことである。検地が施行され村切りがなされて、村落の範域がしだいに確定されていく過程で、その村落を基盤に村送りの型でこの踊りがなされたことは、村落の統一、共同意識の形成に大きな役割を果したであろうことは、土佐一宮の記録が村人の名前を列記して作製され、また流行後は愛媛県の宇和地帯に現在も民俗慣行として村ごとに伊勢踊りが定着し、年中行事となっていることからもうかがえる。

次にその村送りの際、土佐の例に明らかであるが、伊勢の神木が、送られる具体的な神体とされていることに示されるように、伊勢踊りという名称とともに、この流行の背後に伊勢神宮のあることが注目される。伊勢の神木というのは、「山本豊久私記」にある「御祓を先に立て」とある御祓と同一のものであった。神宮関係者がこの踊りの大流行に関係のあったことは、村送りにあたって禰宜が先頭に立った（「山本豊久私記」）とか、土佐一宮で伊勢踊りの歌がひととおり終わって、次がはじまる前に述べられたという文言のうちに「抑、是は天照皇大神につかゐ奉る神主にて候」とあって、明らかである。この点は伊勢踊りの異常なまでの流布の発生原因を「禰宜ども唐人を頼み、花火を飛ばせて見するに因、愚人ども驚きはやし立る」（同上）とか、「伊勢の巫祝等、帰化の唐人をたのみ太神宮飛行し給ふとて所々に花火を飛す」（『台徳院実紀』）に求める考えにも認められる。伊勢踊り大流行の背後に神宮の神官が関与していたことは、この伊勢踊りが終わり、次の民衆運動として数次にわたってあらわれる「おかげ参り」が、はっきりと伊勢神宮への参詣を正面におし出していることとあわせ考えると、伊勢踊りと「おかげ参り」との関連を示すものとして重要な忘れることのできぬことである。

神宮の神官の人為的な作為があったにせよ、非常に多くの民衆が動員され、物狂おしいまでに踊り、為政者からは異端をもって目されたのは、基底には「かやうにせざる国々は、飢饉疫病有と申立る」(「山本豊久私記」)とあるように、不安な政治情勢に伴う戦乱その他による災害を含めて襲いくるであろう災厄を防ぎたいという民衆の強い願望と意識が、大きく働いていたことは見逃すことのできぬ点である。伊勢踊りが全国に流行してから七〇年ほどのちの貞享三(一六八六)年のことであるが、若狭小浜のこととして、『拾椎雑話』は次のようなことを伝えている。

大疫癘にて人多く死す。此時祈禱に八幡宮にて能二日有。御伊勢おとり有

これは、伊勢踊りに除災の機能、つまり御霊祭の機能があるものとして人々に信ぜられ、疫病流行のときに疫病をおさえるものとして伊勢踊りがなされた事実を示している。また現在の習俗であるが、愛媛県宇和島市の奥高串では、虫送りの行事はまず氏神に集まり、そこで伊勢踊りをしてから送るのだという。これも虫送りという村に災難をもたらすものを払うのに伊勢踊りをもってしているのは、貞享年間の小浜の例と同様の機能を伊勢踊りに認めているからにほかならない。この二例は伊勢踊りが村落に定着した状態を示すものであり、村人が伊勢踊りをどのようなものとして受容したかを語る資料として重要である。災難から身を守ろうという意識は、災難のないしあわせな世界を求める気持ともなる。「此踊さへ仕候

得ハ渡世のい《（営）》となみ不致候而も、神力を以て幸ひ来り、何もかもふり《（降）》わき《（湧）》申様」（「大海集」）とも、土佐一宮の御伊勢踊りの歌にみられるような至福千年の意識ともなる。さらには八幡浜の伊勢踊りの歌にある「今年よりみろくの上杓吉になりて」とか、「あとよりみろくのつゝきたるぞ、イザヤ神楽を参らする」といった弥勒の世の到来を願うことにもなる。日本の歴史にみられる広義の民衆運動として、これまで、おもに大化以前の常世神、平安時代の志多羅神、江戸時代の伊勢踊りをとりあげ、その具体相をみてきた。なお、「ええじゃないか」に先行するものとして、「おかげ参り」を忘れることはできないが、おかげ参りについては章を改めることにしたい。

小結

これら広義の民衆運動を扱ってきたなかで常に問題となるのは、それらの事実を記録した史料の性格である。民衆運動の記録は、それに直接参加した民衆自身の手になるものであることは少ない。これまでみたように、それらは民衆運動を愚人（「山本豊久私記」）のなせるものとしてみる知識人や、体制をゆるがすものとして禁止しようとした支配者側の手になるものが大部分である。そのうえ、これらの民衆運動すべてに共通するのは、平常のきまりきった日常生活とは反対の極に位置する熱狂、むしろ狂乱ともよぶべき民衆の動きである。そうした熱狂状態にあっては、そこに参加した者のみに通ずる言語＝論理を抜きにした行動や動作によってのみ通ずるところの意志の伝達がある。こうした性格を基本的にもつ民衆運動を、それに参加することなく、外部にいた観察者の記録を中心に評価していくことはかなり危険の多い作業である。こうしたことを念頭においたうえで、これまでふれてきた広義の民衆運動にみられる諸要素とそこに共通する性格についてふれ、この章を終わることにしたい。

常世神、志多羅神、永長の田楽、伊勢踊（躍）りなど、これら広義の民衆運動すべてに共通するものは、歌舞によって示される民衆の熱狂、狂乱ともいうべき状態である。このような平常の日常生活を無視した熱狂状態は、一般に「オージー」という概念によってとらえられるものである。オージーとは、「古代ギリシア・ローマの Dionysus または Bacchus の秘密祭から出た語で Orgie ともしるされ、仏語でオルジー、独語ではオルギュとよまれる。一般に人格転換、社会秩序や倫理的拘束の一時的破棄を伴う異常な集団的恍惚と興奮の状態を指す。粗野な音楽舞踏、暴飲暴食、喫煙飲酒その他の興奮性薬物の使用、肉体的暴力、血、エロティークな所作などが、この状態を集団的にかき立てる役割を演ずる」（堀一郎「日本の民衆宗教にあらわれた祓浄儀礼と集団的オージーについて」『日本宗教史研究』Ⅲ）と規定されるもので、またその社会的機能については、グラネは「オルジーは人々を突然その単調な生活から奪ひさるのであり、農業民族として持ちうる最も大きな希望を急激に湧き起こすのであり、心中の創造的活動を最高の所まで刺戟するのであった」（『支那人の宗教』）ともいっている。広義の民衆運動はオージーを伴うものであると、まず規定することができる。

こうした集団的オージーが発生するのは、常世神にあっては、律令国家体制の形成、志多羅神にあっては、承平・天慶の乱による律令国家体制の解体、伊勢踊りにあっては、近世封建体制の確立に伴うところの、それぞれの社会不安の存在を前提としている。志多羅神の場合には——史料不足によるものであろうが——みられぬが、他の場合はこれらの現象は不吉なもの、凶兆として取締りの対象とされる。それは社会不安、現体制に対する不安を肌に感じとった民衆のまきおこした動きだけに、支配者からすれば、不可解、かつ無気味なものと感じられ、禁制されるわけである。

民衆は不安を爆発させるものとして運動に身をまかせる。そこには民衆の不安からのがれたいという希望を反映して、常世神のときには「富と寿《いのち》」が、志多羅神のときには「富はゆすみきぬ、富は鎖懸けゆすみきぬ、宅儲けよ　さて我等は千年栄えて」が、伊勢踊りでは「老若男女　貴賤都鄙、栄え栄うるめでたさよ、御伊勢踊りを踊り候てなくさみみれば、国も豊かに、千代も栄えて、めでたさよ」が、声を大にして唱和される。そこに共通して世直り、世直しへの民衆の意識を認めることは容易である。ただ、こうした世直し意識は広義の民衆運動にあっては、具体的な社会改革の運動に結実していかなかった点も共通していたのである。

追記一　約五世紀あまりの宗教的民衆運動の空白の理由の究明は、民衆運動発生のシステムやその運動の法則性などが明らかでなく、むしろその事実を発掘している現段階ではこの問いに答えることは難しい。ここでは、現象的な面での一、二の点について触れることにしよう。宗教的民衆運動発生の時代的特色としては、社会不安の存在がある。それは中央集権的な全国におよんでいる体制の解体する時期（志多羅神、ええじゃないか）、あるいは地域的な権力が全国的なものに統合される時期（常世神、伊勢躍）であった。解体か形成かの差異はあるが、そこには全国をおおう体制の存在と全国的な交通網と情報伝達の組織が存在する。これらの交通網や情報組織があって、初めて広範囲におよぶ宗教的民衆運動が成立しえたのである。

宗教的民衆運動成立のための条件を以上のように考えれば、空白の五世紀の意味は明らかであろう。空白の五世紀には、そうした組織が欠けていたのである。さらに発生を不可能ならしめた付随的な条件と考えられる点を挙げるなら、領主の個々の民衆への直接的な暴力の存在があった。この暴力の作用は広範囲におよぶ宗教的民衆運動の展開を阻止する要因であり、反面逃散、強訴、土一揆、一向一揆といった狭義の民衆運動の誘因になる。また、この空白の時期は日本宗教史にあっては、法然以下の教祖の出現により、新たな教団が形成される時代であった。しかも、浄土系の諸宗派の教線はこれまで仏教の教理や教団とかかわりをもちえなかった民衆の底辺まで深くおよんでいった。踊り念仏の形態は、リズムとその熱狂さという点で、宗教的民衆運動と共通する面が多い。しかし、それは無限定にあらゆる民衆を組み込んでいくものではなく、信仰による時衆に限られてしまう。宗教的民衆運動になる要素は存在しても、それが各宗派に吸収されてしまうところに、空白の条件の一つが求められる。

追記二　近世の民衆運動として「伊勢躍」に続き、かつ「おかげ参り」に関係するものとして「御鍬祭」がある。その様式は村人が伊雑宮、のちには伊勢神宮に代参を出し、木製の鍬をいただき、これを中心に村をあげて祭り、終ると隣村に送るもので、天和二、元禄一六、寛保二、明和四、享和二、文政一〇、安政六、文久二、明治一四、明治二〇、昭和二二年の一一回の事例を知ることができる。そこには天和、寛保、享和、文久の壬戌の年と明和、文政、明治、昭和の丁亥の年と二つの流れがあり、六〇年周期が意識され、「おかげ参り」との関連が考えられる。（拙稿「御鍬神考」『民族史学の方法』所収）

第四章　伊勢信仰と民衆

伊勢神宮をめぐる問題はすこぶる多岐にわたり、しかも未解決の問題も少なくないので、一章という短い枚数をもって述べることは不可能である。ここでは民衆運動とのかかわりから、民衆と神宮の関係に視点をおいて、信仰の性格をみることで、「おかげ参り」「ええじゃないか」研究の前提としたい。

伊勢神宮の成立

伊勢神宮は内宮と外宮、それに内外両宮に属する摂社、末社からなっている。内宮は伊勢市宇治の神路山の麓、五十鈴川（御裳濯川）の清流の奥に鎮座する皇大神宮のことである。内宮の祭神は皇祖神とされる天照大神である。外宮は同市山田の高倉山の麓に鎮座する豊受大神宮のことである。外宮の祭神は天照大神の御饌《みけつ》の神とされる豊受大神である。

神宮がいつから祀られたのか、また皇室と神宮の関係の成立時点やその性格はどのようなものなのかということは、日本国家の成立やその性格に深くからみあうことでもあり、さまざまな見解が発表されているが、未だ意見の一致をみていない。

ここでは『日本書紀』の伝える神宮創祀の事情をみておこう。垂仁天皇の二五年のことである。倭姫命が天照大神を奉じて各地を遍歴し、伊勢国に至ったとき、是れ神風の伊勢国は則ち常世の浪の重浪帰する国なり。傍国の可怜《うまし》国なり、是の国に居らむと欲う。故れ大神の教のまにまに、其の祠を伊勢国に立てたまう。因りて斎宮を五十鈴の川上にたつ。是を磯宮という。則ち天照大神の始めて天より降ります処なり

これが『日本書紀』の伝える神宮（内宮）創祀の事情である。ただ、これが歴史的な事実でないことはいうまでもない。『日本書紀』成立の時期に、神宮の創祀について、そのように考えられていたという事実を示すものである。内宮の創祀は以上のように伝えられているが、外宮については、『日本書紀』も『古事記』も伝えず、平安初期に成立したといわれる『止由気宮儀式帳』に、

雄略天皇の夢に天照大神が出現し、自分が一所のみに坐せば、甚だ苦しいだけでなく大御饌も安くきこし食すことが出来ないから、丹波国の比治の真奈井に坐す自分の御饌都《みけつ》神の等由気大神を自分のもとに迎えたいと告げた。そこで雄略天皇は等由気大神を丹波国から伊勢国の度会の山田原に宮をたて迎え、そこに御饌殿を造って、天照大神の朝の大御饌、夕の大御饌を日別に供え奉った

と、みえるのがはじめてである。この所伝は平安初期にはじめてみえるものであって、外宮の創祀をめぐっても、なにかと問題は多いのである。

このように内・外宮ともその創祀の事情は必ずしも明確ではないが、律令体制下では、その祭祀・体制が、国家体制のうちにはっきりと位置づけられる。それを平安時代の『延喜

式』によってみると、次のようになる。

伊勢国度会郡宇治郷の五十鈴川の川上に鎮座する太神宮（内宮）と、同郡沼木郷山田原に鎮座する度会宮（外宮）からなり、両宮あわせて二所太神宮とよばれる。太神宮には太神の荒魂を祀る荒祭宮をはじめとして、伊佐奈岐宮、月読宮、滝原宮、滝原並宮、伊雑宮の六別宮、度会宮には豊受太神の荒魂を祀る多賀宮が、それぞれ別宮として祀られている。この別宮のほかに、太神宮には朝熊社以下二四社、度会宮には月夜見社以下一六社の摂社が属していた。これら各社は太神宮を頂点に階層的な序列をなし、その序列に応じた祭儀がなされていた。

これら神宮を形成している各社には、摂社を除いて八六人の神職が奉仕した。彼ら神職は志摩国にある伊雑宮の四人を除いては、各社のある度会郡の人々からえらばれたものであった。摂社には『皇太神宮儀式帳』によると祝と呼ばれる神職がおかれており、この摂社の祝も度会郡内から撰任された。この神宮の祭祀集団を代表するのが禰宜で、太神宮に従七位のもの一人、度会宮に従八位のもの一人がおかれた。神宮への日常の奉仕はこの禰宜を中心にして祭祀集団が一団となり、太神宮、度会宮の区別なくつづけられた。祭祀集団では禰宜を除いて、他の者は宮守、地祭、清酒、土師器作、忌鍛冶、陶器作、御馬飼などの仕事を分掌していた。これら八六人の祭祀集団のほかに馬飼丁一八人、神服織五〇人、神麻続五〇人の計一一八人があって、祭祀集団の神宮への奉仕をたすけていた。

この禰宜を頂点とする祭祀集団は、地着きの伊勢の土着勢力で、その職能が祭祀に限定されていたのに対し、神宮が律令体制下にあることによりおこるさまざまな行政上の問題を担当したのが宮司である。『延喜式』の当時は、正六位上の大宮司一人、正七位上の少宮司一人の計二人が定員であった。宮司は祭祀集団の構成員が土着勢力であったのに対していわば外部の律令政府を代表するものであった。宮司以外に、中央の神祇官の五位以上の中臣氏のうちから祭主が任ぜられた。祭主は政府と神宮の間にあって、ことに祭祀面で両者の連絡にあたる役で、神宮の年四回の祭りに使いとなり下向すること、また神宮を統轄する官衙である神祇官からの公文書に必ずその署名をすることなどがその仕事であった。神宮の祭祀にとって重要な意味をもつのが斎宮である。斎宮は未婚の内親王を卜定によりきめられたもので、天皇の交替とともに交替し、天皇の代理として伊勢の地で神宮に奉仕する。斎宮は神宮からやや離れた多気郡の斎宮にいて、六月、一二月の月次祭と九月の神嘗祭の年三回の祭りに参加するとき以外は、多気郡にあって禊斎の生活をおくった。斎宮にまつわる事務を扱う役所が斎宮寮で、ここには官人と雑役奉仕の人々をあわせて五二〇人もの人員が属していた。律令体制下では、都以外にある役所としては九州の大宰府に次ぐ大規模なものである。

律令制下の神宮の状態は、ほぼ以上にみたようなものであった。

天皇一人の特権

こうした律令制下の神宮について、その信仰に関して特別の規定がある。この規定がのちのち神宮の信仰内容に、他の神社とは異なるおもむきをもたせることになる。

『延喜式』は、

凡そ王臣以下、輙すく太神に幣帛を供するをえず、其の三后、皇太子のもしまさに供すべき者あらば、臨時に奏聞せよ。

と、規定している。この規定は、臣下は神宮に幣帛を供えてはならないし、天皇の身内である皇后、皇太后、太皇太后の三后や皇太子といえども、幣帛を供えんとする場合には天皇の許可を得よというもので、私幣の禁とよばれている。神宮へは、天皇が公の立場から幣帛を奉る以外は、神宮への幣帛の供進はすべて禁ぜられていたのである。この規定は、平安初期、延暦年間の『皇太神宮儀式帳』にも、

王臣家并に諸民の幣帛を進めせしめず、重ねて禁断す。もし欺事を以て幣帛を進むる人をは、流罪に准し之を勘し給う

という表現で、その違犯したときの罪まで示されている。

このように神宮に幣帛をささげうるのは、天皇一人にのみ許された特権であった。しかし、このことは天皇自らが伊勢におもむき、神宮の神前にぬかずくということを意味するものではない。歴代の天皇のうち神宮に参拝したのは、明治二（一八六九）年の明治天皇の親拝をもってはじめとすることからもわかるように、天皇の直接の参宮を意味しない。この意味は恒例の神宮の祭りあるいは国家、皇室の大事にあたってなされる臨時奉幣に際して、天皇が勅使を派遣し、勅使が天皇の代理として幣帛をささげることなのである。なお、このこ

とは、天皇の個人的願望を達するためのものではなく、国家を代表する天皇の公的立場からするものであったことは注意する必要がある。

さて、それでは律令制下にあって幣帛をささげる、また、私の幣を禁ずるとは、どのような意味をもつものなのであろうか。幣帛とは現在、御幣と普通によばれているもののことである。その機能はもともと神聖なる神の依代たることにあった。依代により神が祭りの場に降臨することから、しだいに神の求められるもの、神に奉るものという意味や機能をもつに至ったとされている。幣帛の機能がこのようなものであることは、幣帛をささげることは、神を祭ることであることを示している。奉幣を禁ずることは、律令制下にあっては、天皇以外のものが神宮の祭祀に関与することを認めないことなのである。こうして神宮の祭祀は律令国家を代表する公の立場にある天皇以外には閉鎖されていたのである。祭りの際の勅使や禰宜以下の神職の活動は、天皇の機能を代行するものという限定のもとにのみ認められていたわけである。

しかし、神社がその神社とゆかりのあるものにのみ奉幣を認めたということは、当時にあってはごく当り前のことであった。律令制下の各氏は、それぞれ自らの氏の神を祭っており、また、氏人なき神社というものは平安時代になるまではみられなかった。人々は自らの氏の神に幣帛をささげてこれを祀ることはあっても、他氏の祀る神に幣帛をささげるというようなことは、まずありえなかった。だから皇祖神を祀ると考えられていた神宮への奉幣が天皇のみに限定されていたことは当然でもあった。

では、自分の属する氏の神を祀る神社以外に奉幣することのなかった時代に、どうして特に神宮にかぎって、ことごとしく私幣の禁の規定を示す必要があったのであろうか。まず、現実にこの禁を犯すものがあったからこそ禁制されたのだということである。そのことは、私幣の禁を破りうるような条件が神宮の場合には、他の神社よりも多かったということでもある。神宮の律令制下における地位はその一端を前にみたように、他社に隔絶していた。神宮と他社にみられるこの差異は、ひとえに神宮が天皇家の皇祖神というよりも律令国家の国家祭祀の対象であったことにより生じたものであった。神宮が国家祭祀の対象であったこと、つまり国家神であることは、その恒例の祭りや臨時の奉幣、さらには斎宮の群行などに際して、都から多くの人々が伊勢の地におもむくことを意味する。数百人から千人にも及ぶ人員が、年に数回も参宮することは、神宮以外にはみられない現象であった。私幣の禁を破る可能性をもっとも多くもっていたのが、これらの人々であったことは論をまたないところである。しかし、さきにみたように自分の属する氏の神社以外に奉幣するということは、当時の慣例からすればありえないことである。にもかかわらず、あえて神宮で私幣の禁がいわれたのは、次の二つの理由があったからである。第一に神宮がその国家神であるという基本的性格から、公的存在として、神宮以外のそれぞれの氏を守る神社とは別種のものとして人々にうけとめられていたことから、氏人が祀る一般の神社にあっては、なされることのなかった他の神社の祭祀集団に属するものの、神宮への個人としての奉幣がわだかまりなくなしうるという条件があったことである。第二に、この私幣の禁が神社信仰の流れのうちで一つの変質期である平安時代になって強調されはじめたことと関係する。神社信仰の変質というのは、平安時代になると、八坂神社（祇園社）に代表される氏人なき神社、つまり祭祀集団としての氏（氏族）をもともたない神社が創祀されだすことをさす。こうした氏という外部に対して閉鎖的な祭祀を行なう集団をもたない神社の出現は、人々の信仰生活にも大きな影響を及ぼした。こうした新しく出現した神社への奉幣を、はばむものはいない。他社への奉幣の制限がゆるんだことは、従来の神社への奉幣行為の禁をゆるめることにもなる。こうした神宮が一般の神社とは異なるという意識と、非閉鎖的な祭祀をなす神社の出現による信仰生活への影響が、神宮に公務をおびて下向してくる人々に神宮への私的な奉幣をなさしめうる基盤を提供した。ここに、神宮で平安時代になって私幣の禁がとりわけ強調されるに至った理由があった。

民衆の伊勢参宮

律令国家体制下の神宮の地位とその信仰面での特質といったものは、以上にみたように、その国家神としての祭祀と信仰は閉鎖的なもので、ひろく民衆に解放されたものではなかった。にもかかわらず神宮が、「伊勢踊り」「おかげ参り」「ええじゃないか」などの広範な民衆運動のシンボルとして作用したのはなぜであろうか。その前提には民衆の伊勢参宮の盛行と定着、また参宮をすすめた神宮側からの働きかけによる民衆の間での伊勢信仰の成立がある。しかし民衆の間での伊勢信仰の成立するのは一四世紀以降のことである。

ところですでに一〇世紀に伊勢参宮の事実があるという説がある。それは神宮の記録である『大神宮諸雑事記』にみえる平安時代の承平四（九三四）年九月の次のような事件の記事によるものである。意訳をすると次のようになる。

祭の直会で三献のあった夜の一〇時頃、神宮の酒殿預荒木田希継と斎宮寮の佐伯真道が俄かに口論に及び、希継が打ちのめされてしまった。希継の叫び声で、希継側の神人と真道側の寮人とが乱闘に及んだ。そこで寮頭が原因を糺していると、禰宜の最世があらわれ、事情もたしかめずに、寮頭にとびかかった。そこで勅使をはじめ人々が両者の中にわって入った。この混乱のとき雷鳴がとゞろき、大雨が降ってきたので　参宮人十方《(万カ)》（一本千万）、貴賤を論ぜず恐畏し、心神を迷わして、宮中を退出した。

ここで注目されるのは、「参宮人十方」（一本によれば千万）という記載である。人によっては、この記事をもって、伊勢参宮の事実は一〇世紀にまでさかのぼるとするわけであるが、これには問題がある。

参宮という言葉は室町時代ごろになると、かなり乱れてくるが、それでも参宮といえば伊勢参宮のことにかぎられるのが例であった。平安時代の末に「蟻の熊野詣」といわれるほど盛んであった熊野への参詣も、参宮という言葉は使われなかった。もともと参宮は神宮にかぎられた言葉であったらしい。承平の記事を載せる『大神宮諸雑事記』について、参宮の使用例をあたってみると、「同日を以って勅使参宮」「斎王参宮の時」など、参宮の文字がみられるのは、公の行事で神宮にまいるときのみに用いられている。参拝という文字もみえているが、これは公の場合ではなく、たとえば「宮司広成　私祈禱を成さんがために神宮に参拝す」のように私的な場合に用いられ、参宮の用例には公の場合という一定の規準があったことが知られる。この参宮の用例からみても、また夜の一〇時ごろまで、後世の意味での一般の参宮人が多数、神聖な祭りの場にいたとは考えられない。承平の事件のときにみえる「参宮人」は勅使や勅使に従って神宮にきた、いずれも公の用務を帯びた人々にほかならない。だから貴賤を論ぜずという表現にもなるわけである。この時代には後世のような民衆を中心とした参宮人はありえないのであり、民衆を中心とする伊勢参宮の成立を一〇世紀にもとめることはできないのである。このことは『神宮雑例集』にみえる永久四（一一一六）年の参宮人の場合も同様である。

貴族社会と神宮

次に民衆の間に伊勢信仰が浸透、定着する以前、国家神として神宮の祭祀が固く守られていた古代にあって、神宮がどのようなものとして人々にうけとめられていたかについてみておこう。もちろん民衆のそれではない貴族社会に連なる人物のそれである。それは御堂関白藤原道長とその子宇治殿頼通の全盛時代の一一世紀に生きた受領の一人である菅原孝標の女の筆になる『更級日記』にみられる。

ものはかなきこころにも、つねに天照御神を念じ申せといふ人あり、いづこにおはします神仏にかはなど、さはいへど、やうやう思ひわかれて、人にとへば、神におはします、伊勢におはします　紀伊の国に紀の国造と申すはこの御神なり、さては内侍所に　すべら神となむおはします　といふ、伊勢の国までは、思ひかくべきにもあらざなり、内侍所にも、いかでかは、まゐりをがみてまつらむ、そらのひかりを念じ申すべきにこそはなど、うきておぼゆ。

これが珍しく天照大神が問題とされている部分である。孝標の女自身、「いづこにおはします神仏にかは」と、天照大神についての知識は皆無である。人に聞いてようやくその所在地について知るわけだが、孝標の女に教えたものとても、紀伊国の紀国造がそれだなどともいうのだから、かなりあやふやである。しかし、公的な存在から離れて生活していた当時の女性にとっては、国家神として公的な存在である神宮は無縁なものでしかないというのが実状であったろう。まして民衆が神宮についての知識をもつというようなことは、まずありえなかったのである。またそうした古代においての神宮についての知識の欠如は、公的存在として私幣を禁じていた神宮のありかたからすれば、当然すぎることでもあったといえよう。

律令国家にあって、国家神として経済面でも神田・封戸などを与えられ手厚く保護されていた神宮も、一〇世紀以降の律令体制の変質・解体の過程にあっては例外的な存在ではありえなかった。神宮も運営のための新しい財源を求めざるをえなくなる。新財源の中心が御厨であった。御厨とは厨、つまり神宮への供祭物を管理する機関であり、律令制下では宮司の管下にあった。一方では律令制下の財源の一つであった封戸のある地域にあっては、神宮への神税を収納し、これをいったん保管する必要があったので、神宮への供祭物を管理・保管するという機能の類似から封戸所在地域の役所をも御厨の名でよぶようになった。さらに律令制下の税負担の体系が、人から土地にその重点を移行するようになると、封戸の所在地域をも御厨の名でよばれるようになってくる。こうした御厨は神宮の周辺にまず成立していった。また神宮から離れた、従来神宮とはあまり関係のない地方にも、在地領主の手により御厨が神宮に寄進されるようになる。荘園の類型でいうなら後者の御厨は寄進地系荘園のそれである。寄進の際の書類にも「御勢を募らんがため」という文言がみえる。寄進地系荘園の常として、寄進をうけた神宮が、そこの土地と人民を直接的に支配していたわけではなく、土地と人民の支配は寄進主の在地領主の手ににぎられていた。御厨はおもに東海地方から関東にかけて多く分布した。御厨の成立は、当然そこに住む民衆に神宮の名前を覚えさせることにもなる。しかし、このことは直ちに民衆の参宮・参詣の成立に結びつくものではなかった。

さて、そこで地方の在地領主が自らの土地を数ある権門勢家のうちでも、なぜとくに神宮をえらんで寄進したか、また寄進状にみえるところの「御勢を募らんがため」の神宮の御勢についての認識はどのようにして在地領主層にまで及んだのであろうか。その際に大きな役割を果したのが、役夫工米《やくぶくまい》の制度であった。もともと律令制下の神宮では、その二〇年ごとの遷宮の費用はすべて政府から支出されていた。律令体制の解体は遷宮の費用の欠如という形であらわれる。役夫工米は大神宮役夫工米、大神宮役夫工作料とよばれたもので、一一世紀末の嘉保二（一〇九五）年の皇大神宮遷宮、承徳元（一〇九七）年の豊受大神宮遷宮から本格化した。この役夫工米は造内裏役、天皇一代一度の大嘗会役と同様に全国の田地に課せられた。この全国に賦課されるということは、他の社寺の造営のときにはみられぬ特色であり、それだけ神宮の遷宮が重視されていたことを意味する。当時の荘園はさまざまな理由で不輸、つまり免税の特権をえていたわけであるが、この役夫工米の場合にはそうした除外例を認めないというのが原則であった。たとえば伊勢国にあった東寺領の大国荘では、神宮に近接しているという条件はあるにせよ、遷宮の神役を奉仕するために、荘園領主である東寺への課役勤仕を中止している。

このように荘園領主以上の力を神宮の遷宮はもっていたのである。この力が、国衙の支配力を排除し、自らの領有権を確保するために、その土地の名目的寄進先をさがしていた在地領主にとって、実に力強いものとしてとらえられたことは想像にかたくない。事実、神宮の御厨の成立年紀を調べてみると、それは役夫工米が全国的に賦課された平安末期に集中しているといってよい。このことは、さきの推定を裏付けるものにほかならない。律令体制変質の過程、つまり古代から中世への移行の過程に生まれた役夫工米の制度は、神宮の存在を強く在地領主層に印象づけることになった。またそのことは神宮に御厨という新しい財源をえさせる起因にもなった。こうして国家神として私幣の禁という壁により閉鎖的な存在であった神宮は、まず一一世紀に在地領主の間に知られるようになった。

在地領主が所領を神宮に寄進し御厨が成立すると、神宮から御厨の収納事務その他を扱うため下級神官が派遣され、駐在することもあった。永久五（一一一七）年一〇月に鎌倉権五郎景政の寄進した相模国大庭御厨には荒木田彦松以下のものが、また下総国の葛西御厨には在地権禰宜とよばれる荒木田光富がいた。彼らが御厨の荘務を扱う事務所が庤《かんたち》とよばれるものである。この庤はただたんなる収納事務の場としてだけの機能をもつものでなかったことは、寿永元（一一八二）年八月、北条政子の安産を祈らせた伊豆、箱根、鹿嶋の各大社にならんで、安房国東条御厨内の東条庤の名がみえていることからもうかがえる。庤には宗教的機能もあった。庤とならんで荘園に荘園領主とゆかりのある社寺を末社・末寺として勧請されたのと同様に、御厨には神明宮が祭られた。遠江国蒲御厨の蒲神明宮、下総国船橋御厨の船橋大神宮などその例は多い。また本地垂迹説で神宮の本地は大日如来であるとする考えが、鎌倉時代には一般化する。鎌倉時代に東大寺を再建した重源が僧徒をひきつれて神宮に参詣したときのことを記した「東大寺衆徒参詣伊勢大神宮記」にも、これがうかがえるわけだが、御厨に大日堂が存在するのもこの本地垂迹説によるものである。相模国大庭御厨のうちの俣野郷には、大日如来を本尊とする大日堂があった。しかも、その大日如来像は神宮の遷宮で不用となった心御柱の用材をもってつくられたと伝えられている。

在地領主によりうけとめられた神宮への関心は、御厨への神宮関係者の居住、神明宮の勧請、大日堂の建設などによりさらに恒常的に、かつ神明宮や大日堂での祭祀や行事により拡大され、民衆の神宮への関心と信仰を形成し成立させる素地をつくりあげることになった。

武家政権と神宮

律令体制の解体と変質は、一二世紀末になり東国の在地領主たちを中心とする鎌倉幕府の成立という結果をもたらした。在地領主たちの神宮への意識には大きな変化はみられないが、彼らが、棟梁としていただいた源頼朝の場合に一つの注目すべき動きがみられる。それは「公私の祈禱」という論理の登場である。頼朝は寿永三（一一八四）年一月に、武蔵国の大河土御厨を年来の祈禱師権禰宜度会光親を介して外宮に寄進する。頼朝の神宮への所領寄進の最初である。このときの寄進状には「今新たに公私の御祈禱のために」所領を寄進する旨が記されている。前にもみたように、在地領主が所領を御厨として神宮に寄進することは多かったが、その際の寄進状には「神威を募らんがために傍例にまかせて永く寄進する所」という文言が通例として記されるが、頼朝の場合のような文言はみられない。「公私の御祈禱」という新しい表現は、なにを意味するのであろうか。神宮では「私幣の禁」により個人が奉幣し、その個人的な祈願をなすということは認められていなかった。しかし、「公私の祈禱」ということで、公の祈禱とともに個人的な祈願をすることは、個人的祈禱を公の祈禱をも行なうからという名目で、陽のあたる場所にひきだす道をひらいたものであった。この方式は同年五月に、武蔵飯倉御厨を内宮に、安房東条御厨を外宮に、それぞれ頼朝が寄進したときにも「朝家安穏」「私願成就」ということで表明されている。この「公私の祈禱」という新しい論理の誕生は、この論理が頼朝の所領寄進にあたってはじめてみられ、しかもその寄進には神宮側の人物が深くかかわりあっていることからすると、頼朝側から考えだされたものであるより、神宮側からの発想にもとづくものであった。「公私の祈禱」という論理の登場は、従来の私幣の禁と矛盾することなく、有力者の私祈禱（私幣）を行なうことを可能にし、神宮の信仰を拡大する契機となった点で重要なものといえよう。

中世に入ると御厨の成立、御厨内での宗教行事、また「公私の祈禱」の論理の登場などにより、神宮の存在はそれまでよりひろく民衆の間に知られるようになった。これらに加えて僧侶の活動も忘れることのできぬものである。神宮には平安時代以来、仏教にかかわるものを別の言葉でよぶ忌詞《いみことば》がある。たとえば中子《なかご》というのが仏、法師を髪長、寺を瓦葺きという類である。この忌詞の存在に象徴されるように、神宮では仏教や僧侶との接触を表面的にはばかる気風が強かった。これが鎌倉時代になるとくずれてくる。元暦二（一一八五）年三月、京都の貴族、九条兼実のところに法華坊という盲目の聖人が訪れ、太神宮に参籠していたときに天下が平定するであろうという夢をみたと語っている。これなど僧体のものの神宮への参詣の早い例である。その翌年の文治二（一一八六）年二月、東大寺再建のため俊乗坊重源が、六〇人もの僧をひきつれ、神宮の神前で大般若経を転読している。重源は「天照大神者　我朝之本主　此国之祖宗也」としている。この重源の意識は神宮を国家神とするものであるが、仏教と神宮の関係をさらに深めたのは、相模出身の無住の著わした仏教説話集『沙石集』である。無住は神宮が仏教を排除しているのは、

大神宮魔王に行きむかいあひたまひて、我三宝の名をもいはじ、我身にも近づけじ

という、大神宮と魔王の約束によるもので、神宮の仏教排除はその本心からのものではなく、その真実は、

外には仏法をうとき事にし、内には三宝を守り給ふ事にて御坐ゆえに、我国の仏法ひとえに大神宮の御守護によれり、当社は本朝の諸神の父母に御坐す也

と、神宮を日本における仏教の守護神であるとしている。この神宮を「本朝の諸神の父母」

と考える発想は、神宮を国家神として考える古代以来のそれに連なるものといえよう。仏教あるいは寺院の中世においての勢力の強さを考えれば、この無住に代表される仏教徒＝僧侶の考えが、民衆の間にひろまっていったであろうことはいうまでもない。

僧侶といっても中世の僧侶は行ないすました清僧や仏教の経典の研究に心血をそそいでいた学僧だけではない。むしろ民衆との接触面では沙弥・聖などの下級の僧侶や山伏などの威力が強かった。鎌倉時代に珍しく女性として神宮に参詣した記録を残した『とはずがたり』の筆者、後深草院二条が、正応四（一二九一）年四月、三四歳のときに内・外宮に参るようになったきっかけは、尾張の熱田社で修行者から熱田よりそう遠くないところに鎮座する旨を聞いてからのことである。その契機をつくった修行者というのも、以前は伊勢にいたらしい各社を遍歴する修行者で、おそらく沙弥・聖ないしは山伏に類するものであったろう。神宮を民衆に知らしめたもののうちに、これら民間宗教家による活動を忘れてはならぬであろう。

民衆との接近

神宮と民衆の接近を語るのは、文保二（一三一八）年二月に、外宮が美濃、尾張などの伊勢国に近接し、神宮の所領も多く分布している国々にあてて出した『大神宮参詣精進法』である。この『大神宮参詣精進法』は、次のような文書を前書としている。

二所大神宮（内・外宮）は、他の神社と異なり清浄ということを第一とし、正直を宗としている。そのためこれまで僧尼を忌み、妖言をいましめ、巫覡を退けてきた。ところが近ごろ、巫などが大神宮先達と号して、神宮への路次で新儀の軌式を行なう例がみられる。これは全く神宮の伝統をかえりみないものであり、穢にふれ、不浄を行なうことでもあるから、以後、大神宮に参詣するものは式目、つまり『大神宮参詣精進法』を堅く守り、これに違犯することのないように。

『大神宮参詣精進法』は、喪を弔い疾を問うことにはじまる六色の禁を最初に、以下、宮中禁制物事に終わる四〇ヵ条にわたる、忌むべき事項を示している。なかでも穢にまつわる規定は実にこまかい。穢れた人と同船したときには穢とされるとか、畠が穢れた場合でも、そこに垣があれば穢は垣の外に及ばないが、垣がなく同一領主のもとにあればその穢は及ぶなどとみえている。

この『大神宮参詣精進法』は神宮の鎌倉末の変化を語るものとして注目すべき点がいくつかある。まず、これが外宮より出され、内宮が関与していないということは、参詣者の精進や穢に関心をより多くもったのが、外宮であり、外宮にはそうした規制を特に出さねばならぬ理由があったことを語っている。さらに、ここで参詣の語が用いられていることにも注意したい。というのは、後深草院二条が神宮に参ったときに案内をしてくれた度会行忠が、この精進法が公表されるよりやや前に書いた『古老口実伝』には、神官の守るべき条々を列挙しているが、そこには参宮の語はあっても、参詣という言葉はみられない。ここでもまだ神宮にあっては、参宮とは公の立場で神宮に参ることのみに用いられており、参詣とははっきり意味を異にしていた。『大神宮参詣精進法』にいうところの参詣行為をなしたのは、神宮に職務上関係のない人々であったことは明らかである。こうした参詣を外宮でとりあげたのは、外宮に一般の民衆の参詣の事実があったからである。ただ一般民衆といっても全国に分布していたわけでないことは、「美濃尾張等国」と限定していることからもうかがえる。美濃、尾張は神宮の所在地である伊勢に隣接しているという地理的便宜だけでなく、神宮の所領である御厨などもひろく分布していることも大きく作用していたことと思われる。神領所在地での、前にみたような関心と信仰の形成と成立が、その背後にあったことであろう。次に、巫などが大神宮の先達と号し、とあることも、伊勢信仰の拡大・組織化の推進役としての民間宗教家の存在を語るものとして重要である。先達による参詣人の組織化をいち早くなしとげたのは、平安時代にその信仰を朝野からあつめた熊野三山であった。熊野への信仰は「蟻の熊野詣」の語を生んだほど多くの民衆をひきつけたが、熊野への信仰は、熊野信仰の中心的存在であった院政政権の没落と熊野路の山路の嶮しさとにより、鎌倉時代になると衰え、それに代わって伊勢が登場してくる。もともと熊野への路は、紀伊路と伊勢路の二つがあったが、熊野への途中にあった伊勢が、熊野に代わるものとなってくる。熊野先達として活躍していた山伏らが、その道者を行路に困難のより少ない伊勢へ導いたことも、熊野から伊勢への変化の背景に大きく作用していた。『大神宮参詣精進法』にみえる巫の先達も、おそらくこうして系列に属するものであったと考えられる。この『大神宮参詣精進法』は、まず神宮への参詣者の範囲が拡大され、より民衆と接近の度を深めてきたこと、次に、その増大してきた参詣者に関心を払ったのが内宮ではなく外宮であったこと、参詣者増大の背後には熊野から伊勢へという信仰の転換があり、そこには山伏・巫などの民間宗教家による民衆の組織化の動きがうかがえるなど、大きく変らんとしつつある神宮の状態がみられるのであり、ひろく民衆の間に信仰とその支持者を求めようとする神宮の変化を告げるものであった。

外宮と内宮の対立

『大神宮参詣精進法』を発表したのは、外宮であった。それは外宮では参詣者に精進の法を徹底しなくてはならぬくらい、多くの参詣者があったことを意味している。このことは外宮と内宮の条件に差の生じたことを示している。両宮の差とそれによる対立の状況を語るのが『詔刀師沙汰文』の題のもとにまとめられた両宮の訴訟の記録である。

元弘二(一三三二)年三月、内宮の祠官たちは、外宮の祠官が諸国からの参詣の人々の出す幣物のうち、内宮の分までも外宮でおさえているのは不当である。このように、外宮が内外二宮を兼ねて幣物を一手におさえるような非儀をやめてもらいたいと、祭主に訴えた。この訴えのうちで内宮側は、外宮では「銭帛蔵に充ち、酒菓案にうづたかし」という状態で、内宮とは貧富の差が雲泥であると嘆いている。訴訟にかかわる書類にみえる記述だから、一方的に内宮側の主張を認めるわけにはいかないが、外宮側も反論のなかで内宮側の非難に対し、

自然の運により、福祐の名あり、前業の感ずる所、喜憂するに足らざるか

と、自らの富んでいることを肯定しているから、内宮側と外宮側に差のあったことは事実で

あった。

両宮の差の発生する原因は、なんといっても外宮のおかれた地理的条件によるところが大きかった。内宮は五十鈴川の傍の、しかも山あいの奥まった場所に鎮座し、内宮への参詣者はどうしても外宮の鎮座する山田原を経なくてはならなかった。内宮までいこうとしても、外宮のある山田でとどめられてしまうことになり、その結果、内宮への参詣者が減少してしまうのである。

ここで内宮側が外宮側を非難しているのは、外宮が幣物をとるという事実ではなく、当然内宮側に入るべき幣物が外宮で滞ってしまっているからで、その点では両宮ともに同様であった。両宮ともに祠官の生活が参詣人の幣物に依存せざるをえなくなってきているから、幣物の多寡が問題になるのである。だから外宮側は内宮側の非難に対して、もしそのような事実があるとすれば、押留した幣物の一覧表を出してみよといい、さらに瑞籬のまわりを徘徊し、参詣の僧侶に媚《こ》びて幣物を望む輩は、むしろ内宮側に多いという風聞さえあると、かえって居直ってさえいる。

参詣人の幣物にこれほど祠官たちが鋭い関心を示すようになったのは、御厨などの荘園に依存していた神宮の経済的基盤が、地頭の侵略や在地領主の成長のためにゆらぎだし、御厨などに代わる財源として、幣物が重要な意味をもつようになってきたからにほかならない。この段階になると「王侯卿相」「関東将軍家相州刺史以下大名」「緇素（僧俗）」と『詔刀師沙汰文』にあげられた階層の人々の範囲をこえて、さらにひろい範囲の人々と結びつくことが要求され、新しい参詣者をめぐる争いも激化する。

両宮それぞれ参詣者を吸収しようとするとき、外宮は地の利をえているとはいうものの、なんといっても内宮の御饌神《みけつかみ》を祀っているわけだから、内宮より一段と低くみられており、その点不利であることは否めない。外宮側としては内宮と同格であることを人々に認めさせたい。そうしたときにおこったのが、一三世紀末の永仁四（一二九六）年におこった事件である。事件は外宮側が従来の「豊受太神宮」という表記を、「豊受皇太神宮」とし、そこに内宮と同じように皇の字を用いたことによっておこった。「皇太神宮」は従来、内宮のみに用いられ、外宮側で用いることはなかった。この皇の字をめぐって両宮は、一年五ヵ月にわたって論争を展開する。そこでは両宮それぞれ典拠・先例をもって、自己の主張を述べるが、注目すべきは、外宮側が「倭姫皇女世記」とか「伊勢宝基本記」という、のちに伊勢神道の典籍とされた文献を支証として用いていることである。これら伊勢神道の典籍類は巻末の年号は奈良時代ではあるが、鎌倉末のある時期に一時に作製されたものである。しかも伊勢神道は、外宮の祠官である度会氏の名で度会神道とよばれるように外宮の祠官の間で発生したものである。その外宮の祠官の手になる伊勢神道の典籍が、外宮を内宮と同格にしようとする皇字をめぐる論争に用いられていることは、伊勢神道成立の背景に内・外両宮の対立があったことを語っている。その対立の重要な側面に幣物をめぐる経済的な問題があったのである。

詔刀師、御師の出現

一三世紀ごろになると、神宮の経済が幣物に依存する度合いが高まり、参詣者とその幣物をめぐって、両宮の間に対立さえみられるようになったが、参詣者と幣物は、まだ神宮では「私幣の禁」がたてまえとして生きていたから、参詣者が直接、神宮に幣物をささげることはできなかった。そこに参詣者と神宮の中間にたつものが出現する。神宮では詔刀師、祈禱師、御師などとよばれる人々がそれである。この御師の出現により神宮への信仰は民衆の間にひろまっていくことになる。

詔刀師の神宮での初見は、平安時代の長暦二（一〇三八）年のことである。この年の九月の遷宮のとき、祭主が詔刀師種光から祓の奉仕をうけたという『大神宮諸雑事記』の記事がそれであるが、詔刀師種光の素性は不明である。詔刀師というのはもちろん神宮だけにみられたものではなかった。尾張の熱田社でも、

詔刀の師といふは神に殊更御睦じく宮仕ふ者なり

と説明されている。詔刀師は神に幣物をささげ礼拝するときに、祝詞をとなえ祈禱をし、神と参詣者との仲介をする役であったから、その名称は祝詞をとなえる祝詞師に由来するものであった。祝詞をとなえ祈禱をするから、

王侯卿相、幣帛を献じ奉られる時は、二宮の御祈禱師奉幣せしむるは例なり

とも『詔刀師沙汰文』にあるように、祈禱師ともよばれた。

神宮の祈禱師としては、鎌倉幕府の記録『吾妻鏡』にみえる将軍頼朝の年来の祈禱師であった外宮の権禰宜度会光親、相鹿二郎大夫度会光倫、合鹿大夫光生などが知られている。頼朝は文治三（一一八七）年一月二〇日、神馬一疋、砂金廿両、御剣二腰を義経反逆平定祈禱のため、祈禱師光生を介して神宮に奉っている。この神馬、砂金などが『詔刀師沙汰文』にいうところの幣物なのである。頼朝の祈禱師はさきにあげた神宮の祠官だけでなく、僧侶の伊豆の走湯山の専光坊良暹などもその一人であった。『吾妻鏡』はこの良暹と頼朝の関係を、

是武衛（頼朝）年来御師檀也

と記している。頼朝にとって良暹は師であり、良暹にとって頼朝は旦那であった。こうした関係を師檀関係とよんでいる。良暹と同様、祈禱師の光親、光生らも、頼朝との間に師檀関係を成立させていたのである。頼朝の立場からすると、光親らの祈禱師は自分の師、御師でもあった。

御師はおしとよばれる。神宮では他と区別して、おんしとよんでおり、御祈師を略したものだとされている。御師という存在は、なにも神宮だけにみられるものではなく、熊野、春日、北野といった大社にもあり、言葉自体は仏教側に由来をもつものである。たとえば平安末期の承安四（一一七四）年二月、鞍馬寺に詣でた藤原経房は、寺に住む慶厳坊を自分の年来の師なりと、その日記に記しているように、経房にとって鞍馬の慶厳坊は年来の師、つまり敬称をもってすれば御師なのである。このように、詔刀師、祈禱師、御師と呼称は異なる

けれども、いずれも同じような機能をもったものであった。

さて神宮の場合、『詔刀師沙汰文』をみると詔刀師の仕事として、私の奉幣にあずかるほかに、

止宿の所に至りてはよろしく自他の旅人の意に任すべし

と、参詣人の宿泊をも分担していたことが述べられている。御師は祈禱と宿泊の二つの機能をもっていたのである。この御師というのは、あくまでも参詣者との関係で生まれた呼称で、神宮の職制のうちに位置づけられる禰宜、物忌、宮掌などの職掌とは無関係であった。だが、御師は神宮の神職団のうちから生み出され、神宮の職制と深い関係をもちながら併立していた。

頼朝の年来の祈禱師とよばれた度会光親の神宮内部での地位は、外宮の権禰宜であった。権禰宜で御師であったものは少なくなかった。後年、御師が三日市大夫とか春木大夫などと大夫の号でよばれ、大夫といえば御師の代名詞のようになったのは、権禰宜の多くが五位の位階をもち、その五位の唐名が大夫であったからである。この権禰宜という地位は、神宮の職制のうちでは、かなり曖昧なものであった。禰宜は内・外宮にそれぞれ一名というのが定員で、一四世紀の嘉元二（一三〇四）年には両宮各一〇名にまで増加した。禰宜は神宮の祭祀の中心であったから、穢についてはもちろん、その他多くの生活上の制限があった。禰宜定員の増加は、御厨の増加の時期に対応している。それは御厨からの供祭物の処理の問題と

もからんでいる。供祭物の管理の責任は禰宜にあった。御厨の増加は禰宜の扱う事務量の増大をもたらすわけであり、禰宜定員増加もそれに関連するものであった。しかし、禰宜にはきびしい生活上の制限があり、伊勢の地を離れることはできなかった。御厨からの供祭物の催促や役夫工米の徴集には、身軽に活躍できる人々が必要であった。両宮ともに一〇世紀には権禰宜が登場する。権禰宜にはこれと定められた日常の仕事の分担もなく、ただ遷宮や公卿勅使の参向といった臨時の祭儀に供奉するものであったから、禰宜に比べて生活上の制限もゆるやかで、禰宜の手足となって、御厨の地での事務処理や役夫工米の催使となるなどの仕事にあたった。それだけに行動の自由と広範囲な活動があり、また在地の領主層と接する機会も多かった。神宮の信仰が貴族や上層武士などから、さらに広範囲な層にひろまったときに、そうした広範囲な人々と接していた権禰宜層の者が、彼らの御師となり、信仰をひろめたことは当然でもあった。もっとも御師となったのは、権禰宜層のものにかぎるわけではなかった。旦那となるべきものの社会的地位により、正員の禰宜が御師となることもあった。足利尊氏の命をうけてきた三宝院賢俊の御師として、神拝などのことにあたったのは、当時の内宮の八禰宜荒木田守藤であったし、「参詣記」で有名な坂十仏の御師は外宮の一禰宜度会家行であった。また室町時代の後年以後、多くなる地方の地侍をはじめとする農民的色彩の濃い参詣者に関係した御師のうちには、神宮の職制で権禰宜以下の地位にあったものもみられた。

足利将軍の参宮

御師の働きかけもあって、室町時代に入ると、神宮への信仰、具体的にいうなら参詣する人々の数は増大してくる。彼らを目当てに、参宮の道筋である伊勢の桑名と日永の間の四里あまりのところに、参詣者からの関銭をとりたてるために六〇余りも関所が設けられるというありさまであった。その参詣の盛行をもたらした理由の一つに、室町将軍による伊勢参宮があった。

鎌倉時代にあっては、おもに上層武士が神宮を信仰していた。所領が寄付され、神馬以下の財宝の寄進があった。これには「公私の祈禱」の論理が大きくあずかっていたが、彼ら自身の参詣の事実は、源義経を唯一の例として、全くみられない。

これが室町時代になると、大きく変わってくる。足利将軍自らの参宮がみられるようになるのである。南北朝の対立をおさえ、完全に全国を支配した三代義満のときから、足利将軍の参宮ははじまる。義満は明徳四（一三九三）年から応永一五（一四〇八）年までに一〇回、四代の義持は応永一六（一四〇九）年から応永三四（一四二七）年までに一七回、五代の義量の場合は将軍在職期間が短いので参宮の事実はないが、次の義教は五回、参宮している。義教以後では応仁の乱のときの将軍義政に二回、戦国時代の義晴に一回という記録である。北山に山荘（金閣）をつくり、日本国王源道義といわれ、その位牌に「鹿苑太上天皇」と記された義満のときから、足利将軍の参宮がはじまっていることは、実に興味深いことである。義満にはじまる将軍の参宮は、たんに信仰心によるものではなく、義満の場合にみられるように、伊勢国の南朝側であった北畠氏を威圧するという政治的な要請がその裏にあったが、伊勢信仰の流れからみると、いくつかの注目すべき点がある。

まず、将軍の参宮に同行した人々の数が多かった義満の第一回の参宮には「公卿殿上人并武家大略供奉」と記されたし、義持の応永二五（一四一八）年九月の参宮に同行した歌人の花山院長親は、「いつも御参詣の時は大名近習已下数千人」が同行するため、出発時には大混乱になるので、それを避けて将軍より一足さきに京都を出発している。この将軍の参宮に同行したのは、殿上人、武家、また長親のような文化人のほか、そうした人の荷物などを担うために動員された多くの民衆であった。この労役として狩り出された民衆の神宮との接触は、ひろく彼らの間に神宮の存在を知らせることになり、御師の働きかけとあい応じて民衆の神宮への参詣を増加させ、伊勢信仰に新しい局面をもたらすことになったのである。

将軍の参宮のときに、義持、義教がともに夫人を同道していることも注意されるが、それにもまして興味をひくのは、将軍が自らの病気平癒や、あるいは義政のように夫人の安産、さらには自分の厄年のための祈禱を、神宮にささげていることである。全く個人的なことを神宮に祈願しているのであって、ここにも「私幣の禁」をたてまえとした神宮の信仰のありかたが大きく変わりつつあったことをみることができる。

室町時代になると、神宮と民衆の関係は変わってくる。それは将軍の参宮だけによりもたらされたものではない。この時代になると、農業技術の進展により、これまで名主の経営のうちに含まれていた下人や所従などが独立しうるようになり、名主はこれらの小農民から加地子（小作料）をとることになった。村も何人かの加地子名主と多数の小農民から構成されるようになった。畿内やその周辺の地域では、これらの加地子名主を中心に村全体を統制する惣とか郷村とよばれる地域的なまとまりがみられるようになった。この惣がしだいに、古代以来の荘園を有名無実化していくことになる。惣の中心となった連中を、おとな（乙名）とか、沙汰人とよんだ。伊勢信仰は、この惣とか郷村とよばれる新しい組織のうちに入り込み定着していくのである。その際に伊勢への信仰をもつものたちがつくったのが、伊勢講・神明講などと称された「講」である。室町時代以降、この講の伊勢信仰の拡大に果たした役割は大きい。

「講」の役割

「講」という言葉は今日でも用いられているが、もとはといえば、古代社会で寺院などで経典を講じたことに由来し、さらにその講会に集まる人々をも意味するようになったものである。講は家族とか村落などの集団とは異なり、信仰という一つの機能のもとに組織された集団なのである。

伊勢講の初見は、貴族の山科教言の日記『教言卿記』の応永一四（一四〇七）年一月二三日の条とされている。この日、家司の美作守資親のところで神明講が催され、教言の子教興をはじめ一族のものを中心に九名が参集しているが、このうち三名には非衆の注記がある。神明講の講衆ではないとの注である。以後、翌二月一八日にはじまり翌年の二月四日まではぼ毎月行なわれ、参会のメンバーも大体固定している。神明講（伊勢講）は、この応永年間にあいついでみえる。一つは伏見に住む後花園天皇の父、後崇光院の日記『看聞御記』、また後崇光院のもとに出入りしていた貴族の中原康富の『康富記』にもみることができる。これら貴族を中心とする講の講衆は、教言の神明講にみるように頭人をつとめる貴族層の者と、青侍とか家僕と称せられ、講の宿所をつとめる者との二階層からなっていた。後崇光院の場合も院の近臣と地下の者の二者の存在を確認できる。そうして、この二者のうち貴族が中心であったことは、応永一五（一四〇八）年二月四日の最後の会合には「頭人寄合」とあって、貴族たちの名前のみが記されていることからも明らかである。神明講はまず貴族の間に定着したのである。彼らには朝廷の儀礼に関与していたし、また伝統として神宮への知識と関心があったが、彼らをして神明講結成に向かわせたのは、おそらく足利将軍の参宮の影響であった。教言の子の教興は、義満の参宮に数度同行しており、このときに神宮側との関係が生じ、講結成にまで至ったものと思われる。ただ、この山科一族を中心とした神明講は神宮の御師とは関係がなかったらしく、御師のことは日記にはみえていない。また、この神明講は永続的なものではなく、講衆の数人の参宮と一定期間（一年間か）をもって解散するものであったようである。

まず、貴族層の間に成立した神明講（伊勢講）は、それに参加した青侍や地下の者からさらに広い範囲へと波及したであろうことは、嘉吉元（一四四一）年の徳政令に、

諸社神物付神明、熊野講要脚事

とみえ、徳政令施行にあたっても、諸神社の神物と神明講、熊野講の費用には適用されない旨が示されている。神明講と熊野講がひろく一般に成立していなかったら、このような規定はなかったことであろう。神明講の各地における成立については、新城常三『社寺参詣の社

会経済史的研究』と萩原龍夫『中世祭祀組織の研究』に詳しいので、ここでふれないが、両氏のとりあげられなかったものを一、二紹介しておこう。

摂津国の春日社領の垂水西牧では、永正一七（一五二〇）年一月一五日に、伊勢講物の米一斗を増（枡）にひきかえている（『豊中市史　史料編』二）。同年に伊勢講がこの地に存在していたことを示しているが、さらに天正七（一五七九）年には、西牧のうちの小曾根村に「伊勢講田　三反」があり、伊勢講の共有財産の存在を知ることができる。この講衆の構成員などを知ることはできないが、毎年末には年籠をするのが慣例であったようである。この垂水西牧にみられる伊勢講は、村落内部に生まれたもので、講田という共有財産をもつ点で永続的なものであって、貴族層の講とはちがった側面をもったものであった。

滋賀県の北部、伊香郡余呉町上丹生は、山あいの部落であるが、そこにかつては白山社と称せられた上丹生神社がある。この神社に横一七〇センチ、縦二五センチの厚板に記された大永六（一五二六）年四月の『白山社造立勧進奉加帳』がある。表には一七四名の名前が寄進した品物あるいは金額とともに記されている。「百文　高円坊、布一　太郎衛門女房」といった類の記載であり、個人では金額は百文が最も多いが、その記載のトップは神明講中で一貫文を寄進している。神明講中は三グループあって、計三貫文をそれぞれ一貫文宛寄進している。このときの神明講中については他に資料もなくて不明であるが、寄進者の最高額で、かつはじめに三組もの神明講中の名が記されていることは神明講の構成員が、この地にあって財力、社会的地位ともに大きく、かつ高かったことを語るものである。また寄進者の肩書にときたま記された地名からみて、寄進者の分布範囲は上丹生を中心としたごく小範囲であり、その小範囲に三つもの神明講中が存在していたことは、注目すべきことである。

このように各地に成立した神明講には、多くの場合、伊勢の御師の働きかけがあった。狂言の「禰宜山伏」に

是は伊勢の禰宜で御座る。毎年諸国の旦那廻りを致す

とあるのは、御師の廻国の事実が一般的であったことを語っている。彼らの旦那めぐりは、伊勢講を対象にして行なわれた。外宮の福井氏の残した天文五（一五三六）年の「丹後国御檀家帳」は、その実態をよく語るものである。村ごとにまとめられ、そこには「かうおや」の記載があり、その講親は一村落に一人とはかぎらない、数人に講親の注記がなされる場合もある。一村落に数個の伊勢講の存在があったことを示している。やはり、外宮の檜垣氏の永禄一一（一五六八）年の「若狭小浜の土産日記」をみると、のし、ふのり、一万度の祓が土産として講親とみられる地侍クラスの人々に配られている。さらに同地方の天正四（一五七六）年の「土産日記」には六四名の名前があげられ、やはり、のし、ふのり、しいたけが土産とされている。この六四名は「殿方御かうおや之衆」とされ、代々、檜垣氏の檀那であった。その階層は山東民部殿などと記される地侍のほか、ひ物屋殿、研屋四郎二郎殿、くみや二郎左衛門殿、かちや二郎兵衛殿などの商人、さらに観蔵主、宗仲軒、畠中西福寺などの寺院関係者、はつん弥あみ、庭あみ、玄あみなど阿弥号をもつ者、山伏かと思われる尾崎坊など多種にわたっており、伊勢信仰が村落上層の地侍からさらに広い範囲に及んでいた事実

を知ることができる。

飛神明と唱門師

室町時代になり、足利将軍の参宮からそれに関係した各階層の間に伊勢信仰が一般化し、神明講や伊勢講も京都をはじめ各地に成立した。当初において講衆の参宮により解散した講も、共有財産である講田などをもつようになり、村落内で一つの社会集団としての地位をもつことになって、その組織は恒久化する。こうした各地の動向に対して、神宮側からは御師による廻国があった。講の恒久化にはおそらく、御師の側からの毎年の廻国やその際の土産の配布などの働きかけがあったのであろう。

しかし、伊勢信仰の全国的普及には、以上の要因のほかにも原因があった。それは飛神明ということであった。もともと日本人の神信仰にあっては祀らるべき神は一定の場所に常住しているのではなく、祀られるときにあらわれるのが普通であったから、神が飛びきたって示現したという飛来神の信仰は、各地にひろくみられるものである。神宮の飛神明も、そうした一般の例のうちに含まれるものである。狂言の「今神明」は宇治の神明を扱ったもので、そこには、

このあたりの者でござる、宇治へ神明の飛ばせられて、申し事が叶ふと申す

と、洛中・洛外の人々の信仰を集めた宇治の神明が飛神明であることを語っている。

応永一四（一四〇七）年二月八日、若狭の小浜に近い白椿上谷に、

天照大神宮御影向《ようごう》有之

と、神宮が示現し、三年後の応永一七（一四一〇）年には、

今神明鳥居立られ、同橋渡される、其後九月二六日に供養有之

とある。この記録（「若狭国税所今富名領主代々次第」）に明らかなように、影向、つまり神明が飛び、それを機に社殿がつくられるという経過がうかがえる。

飛神明の具体例は応永二六（一四一九）年の熱田への影向の場合である。この年の七月一六日、風雨がことのほか強く吹きつのったのちに、海面が二〇町あまりも光り、光り物が熱田社の社頭に飛びこんできた。この光り物のため、その通路にあたった民家はすべて倒れてしまった。その後、少女により神託がくだされた。神託によると光り物は伊勢神宮の影向であり、この影向は神宮の所在地の一つ山田が不浄であるので、清浄な地、熱田で異国からの攻撃という国難にどう対処するかを、他の神々と評定しようというためであるという。この影向事件は、慶長の伊勢躍（踊り）のきっかけとなった事件と非常によく類似している。

飛神明が人々の信仰をあつめたのは、固有信仰に飛来神のそれがあったほかに、もう一つの時代的な条件があった。それは神宮の焼失と神体の行方ということであった。文明一八

（一四八六）年一二月、国司の北畠氏と対立した外宮の山田側は、北畠氏のため外宮の神域に追いこまれ、最後は外宮の正殿に火を放ち、そのなかで切腹してしまった。外宮正殿の炎上は、そこに納められていた神体の行方についての疑問を人々にもたらすことになる。この人々の心理を巧みに利用したのが、吉田兼倶《かねとも》により唱えられた神器の京都吉田山の斎場所への降臨事件であり、これも飛神明の一例といえよう。

この飛神明について神宮側は否定的な立場にあった。享徳二（一四五三）年二月、内宮の神官は今神明と号し、洛中洛外に太神宮を勧請することを停止されたいと神祇官に願い出た。そこで神宮が、これまで末社として正式に認めてきたのは、神領内の末社だけであったのが、近ごろでは各地に託宣によるとか、飛んで御座されたとか称し、神宮と全く同じ様式の社殿を建立し、そこに多くの参詣者をあつめ、神宮でもやらぬ湯立神楽まで行なうのは非常にけしからぬから、ぜひとも中止されたいと強く述べている。この享徳年間の神宮の訴えに対してとりあげられたのは、粟田口神明であった。

中世末から近世にかけて、今神明・飛神明として京都の地で史料上にみられるのは、萩原龍夫氏によると、粟田口神明、宇治神明、姉小路（高松）神明、高橋神明、頼政神明、日降神明（桜葉神明）、五条神明─夕顔社─高倉通五条、などである。このなかで粟田口神明が神宮側の攻撃の対象になったのは、この神明が唱門師により祀られたからということにあった。唱門師がなぜ神明を祀ったのかについて、これを直接示す史料はないが、いくつかの傍証史料がある。すでに柳田国男が『唱門師の話』で指摘しているように、中世の唱門師は祇園の御霊会に関係し、また上御霊社の鳥居の脇にその集落が存在していた。

唱門師は人々に災いをもたらす御霊と深いかかわりをもつ集団であった。粟田口神明の創祀の時期は不明であるが享徳二年より前の宝徳三年九月に存在していたことは、中原康富の日記から知ることができる。この粟田口には崇徳上皇、藤原頼長を祀る粟田宮が中世初頭に創建されている。いうまでもなく、崇徳上皇も頼長もともに非業の死を遂げた者であり、粟田宮は御霊を祀る社であった。上御霊社の傍にいた唱門師の一統が、新しい御霊社たる粟田宮の周辺にいても、別に不思議はない。この御霊にかかわりのある唱門師が粟田口神明を祀ったのは、こうしてみると、飛神明・今神明を一つの御霊と考えていたからではなかろうか。前の伊勢躍（踊り）のところでもあげた例だが、貞享三（一六八六）年若狭の小浜では、流行病で多くの人々が死んだ。このとき、祈禱のため八幡宮の境内で能が二日間にわたり演ぜられ、御伊勢踊りがあった（『拾椎雑話』）。この場合、伊勢踊りが除災のためのものであり、それが御霊祭の系列に連なるものであることは明らかである。また粟田口神明の場所は、京都への入口、つまり京都の町はずれであり、そうした土地に御霊を封じこめる例は少なくない。

以上の諸例にみられるように、神宮への信仰、神宮への関心の国民の広い範囲への普及・定着にあたって、飛神明の果たした役割は大きかった。民衆の側では伝統的な飛来神への信仰の存在、また神宮が炎上し、神体の所在が問題となったような時代的条件があったこと、さらに京の粟田口神明が御霊を慰祀することを任とした唱門師の集団の手で祀られていたことにみられるように、飛神明を御霊的なものとしてうけとめていた。このことにより神宮への信仰は、神宮の所領を中心とする地域講集団の成立した地域といった限定されたものから、よりひろい範囲の民衆の間にひろまり、定着していったのである。

第五章　おかげ参り

前章では、国家祭祀の対象であった伊勢神宮がどのようにして民衆とのかかわりをもつに至ったかの過程をみた。その際、伊勢講・飛神明の二つの事象が、とくに広範囲にわたって民衆の神宮への関心をおこさせるのに多大な役割を果たしたことを指摘した。また第三章でふれた伊勢踊りの果たした役割も忘れることはできない。慶応三年の「ええじゃないか」は、そうした伝統的な民衆の伊勢への関心と行動の累積を背後にもった民衆運動であった。「ええじゃないか」はそのほかに、より直接的には、江戸時代に、その大規模なものがほぼ六〇年ごとにみられた「おかげ参り」と深い関連をもつものであった。「おかげ参り」は、のちにみるように、人の目をおどろかす社会現象であったから記録されることも多く、その関係史料は、『古事類苑』『神宮参拝記大成』に収められ活字化されている。ここでは、これまで比較的紹介されなかった各地の史料によりその実状をうかがい、かつ「ええじゃないか」の前史として、その民衆運動としての性格をみておこうと思う。

江戸神田の人、斎藤月岑の『武江年表』によると、江戸の町で伊勢への群参がみられたのは、次の七回であった。

寛永一五年戊寅（一六三八）　慶安三年庚寅（一六五〇）　寛文元年辛丑（一六六一）
宝永二年乙酉（一七〇五）　享保三年戊戌（一七一八）　明和八年辛卯（一七七一）

文政一三年庚寅（一八三〇）。

この七回のうち、『武江年表』で「おかげ参り」と記しているのは、宝永、明和、文政の三回である。なお『月堂見聞集』によれば、京都を中心に享保八（一七二三）年に、大量群参がみられた。民衆の動向が明らかになるのは、宝永以降、とくに文政のそれであるが、宝永以前のものについてもふれておこう。

寛永一五（一六三八）年は、夏から翌一六年の二月三月にかけて、男女ともに神宮に詣でることがおびただしかったという（『武江年表』）。『武江年表』は、この記述に「近頃、所謂おかげ参りなり」と注しているから、寛永のこのときはまだおかげ参りとも抜け参りともとくに名称をつけてよぶことはなかったことがわかる。

慶安の大量群参

次の慶安三（一六五〇）年は、『武江年表』に「男女伊勢宗廟へ参詣する事行わる」とあって、やはり寛永と同じく今いうおかげ参りなりとしている。「寛明日記」「寛明事蹟録」には、慶安三年三月一四日の条に、

伊勢太神宮へ為御代参、脇谷七郎左衛門発足ス

今年江戸中ノ売人モ太神宮へ抜参ト云ヿヲ葉流《ハヤラカ》シ、去ル正月下旬ヨリ天下ノ人民悉ク群参ス、其衣裳悉白衣ヲ用、頗ル葬礼ノ服ニ不異、誠ニ不吉ノ禁忌之由、世以謳説ス。至翌年

箇根関所ニ於テ改之ニ一日宛ノ通帳ニ付ルニ、或一日ニ五六百人、或ハ八九百人、三月中旬ヨリ五月迄ノ間ニハ二千五六百人ノ付也。一組切ニ印ヲ立テ皆白衣也。

とあり、また翌年の一月二五日条にも、

去年ノ春ノ比ヨリ当年ニ至テ伊勢大神宮江抜参、一日ニ箱根関所ヲ通ル事八九百千人ニ余ル、其装束悉ク白衣ヲ着ス、偏ニ喪服ノ如シ、是天下ノ怪異歟ノヨシヲ謳歌ス、又去年七月ヨリ伊勢踊尊卑《ハヤル》前代ヲ考ルニ是又不吉ノ由ト云々。

とみえている。この慶安の場合にも「抜参」とあって、おかげ参りの名称は成立していない。慶安の抜参りで人の目をひいたのは、一日に二五〇〇人にも及んだ民衆の群参もさることながら、その民衆がすべて白衣をまとい、まるで喪服のようであったという点にあった。またのちの抜参りは、親、主人などの目上の者に無断で参宮するところに特色がみられ、決して組織化され、集団活動をするものではなかったが、この慶安の抜参りは、一組ごとに印（おそらく旗であろう）を示し、揃いの白衣を着しており、組織化されている。組織化されているらしい点で一般的にいう抜参りと同様に考えることはできない。この年には疱瘡が大流行していること、参詣者が白衣を揃ってまとっていること、さらに伊勢踊りの流行が伴っていることなどは、伊勢踊りとおかげ参りの関連を示している。第三章でみたように伊勢踊は除災の機能をもつものとして民衆にうけとめられていた。慶安三年の疱瘡の流行という災厄からのがれるため、この年にも伊勢踊りがなされ、それによりかつての数次にわたる伊勢踊り流行の際の記憶がよみがえり、神宮への関心がまして、「寛明日記」にみられるような神宮への大量群参がひきおこされたものと考えられる。さらに云うならば、近世における神宮への大量群参、それに続くおかげ参りの成立には、近世初頭の数次にわたる全国的な伊勢踊りの流行がその前提として大きな役割をになっていたのだといえる。なお、この「寛明日記」の記事は『古事類苑』に載せられ、研究者のよく引用するところであるが、ここに引用したうちの白衣について葬礼の服に似て不吉であると人々が噂したという部分は、なぜか『古事類苑』の引用からは除かれているし、人員も二一〇〇人と誤記されている。

寛文元（一六六一）年は、二月から神宮への大量群参がみられたと、『武江年表』は記しているが、前二回のようにおかげ参りと同様であるとは注記をしていない。これからするとその様相に異なる点があったのであろうが、それについては今のところ他に史料はない。寛文のあと、宝永につづくわけだが、滋賀県甲賀郡水口町北脇の神護寺清厚の明和八年のおかげ参りを記した文章（『甲賀郡志』上）によると、元禄一四（一七〇一）年にあったというが、これについても他の史料をみない。北脇の位置からみて、上方の人々による大量群参であったのであろう。なお、清厚

抜参りの風俗（「越後長岡年中行事懐旧歳記」反町茂雄校訂より）

は明和以前のおかげ参りとして、宝永二年、元禄一四年、慶安三年の三回をあげている。

宝永のおかげ参り

宝永二（一七〇五）年に至って大規模なおかげ参りが発生する。おかげ参りの語が定着するのもこのとき以降である。宝永二年のおかげ参りがなされるまでに、各地に伊勢参宮の慣行が普及していたことが、おかげ参り発生の背後にあった。一例として伊勢から遠く離れた東北地方の場合をみておこう。

津軽藩では寛永一一（一六三四）年に、

伊勢参ニ而も惣而他参往来仕候者不及言、たとへ壱日にて帰り候共肝煎江断候様、帰候ハヽ、又々断立候様被仰付（『平山日記』）

と、伊勢参りを例にあげ、農民の無断の旅行をいましめたが、効果がなかったとみえて、つづいて、天和二（一六八二）年には、

近年巡礼ぬけ参と号し、田畑家業を捨、他国江越候事有之由、向後五人組、名主相談之上、代官へ相断可受差図事。（『平山日記』）

という禁令が出されている。八戸では寛文八（一六六八）年三月三日に小田村の才三郎と弟のとらの二人が貫参（抜参）りをこころみたが、途中、路銀に不足し、兄才三郎は弟を須賀川の人に売って、参宮の目的を遂げた事実が伝えられている（『八戸市史　史料編』近世一）。会津藩では、承応元（一六五二）年三月に伊勢参宮当分停止の命令を出したが、このときの町奉行、郡奉行からの報告では城下町で七一人、郷村で四六人の参宮人があった。この禁令は万治三（一六六〇）年には緩和され、代官所の許可後に出発するよう改められたが、年貢未進者には許可されなかった。さらに貞享四（一六八七）年には許可を得ないところの抜参りが禁ぜられた。このため元禄四（一六九一）年には、小川庄津川で女子一一名の抜参りが発覚し、牢舎を命じられている（『会津若松市史』）。

全人口の一割強

元禄・宝永とつづく一七世紀末から一八世紀にかけては、将軍綱吉の所謂元禄時代であった。華やかな元禄文化とはうらはらに、幕藩制の原則貫徹のため各地で検地が実施され、農民支配が強化され、農民にとっては貨幣経済の進展とあいまって、その生活は一段ときびしさをました時代であった。その上、地震・大火などの天災地変があいついだはなはだ不安な時期であった。

さて、宝永二年のおかげ参りは、従来にみない大規模な群参であったから、記録されることも多く、『武江年表』をはじめ本居宣長の『玉勝間』『元禄宝永珍話』『百一録』『月堂見聞集』『伊勢太神宮続神異記』などに記されている。これらの諸記録によってみると、人員、ことに参詣者の出身地域が広範囲であったこと、児童の非常に多かったこと、参詣者に対する沿道での施行、神札の降下をはじめとする神異などがあったことなど、これまでの群参にはみられない諸事象があらわれている。

この年のおかげ参りは四月ごろから京都を中心にしておこった（「基熙公記」）が、これに人々が注目するようになったのは翌閏四月になってからであった。本居宣長の『玉勝間』はこのときの参宮人の数を、

凡閏四月九日より五月廿九日まで五十日の間すべて三百六十二万人なり

としている。この三六二万人という数は『伊勢太神宮続神異記』の記すところとほぼ同じである。当時の全人口はほぼ三〇〇〇万人であったから、二ヵ月の間にその一割強が伊勢に向かったというのは、まことに異常な社会現象であったといえる。

京都ではこの異常現象に対して、四月二一日から閏四月二一日までの管内の参宮者の調査を行なっている。本誓願寺通今小路町からの報告では、男女三五人（男一六人）で、このうち一六歳以下は男女一一人で、最年少の者は一一歳の男子であった（「基熙公記」）。この報告の集計によったと思われる『月堂見聞集』は、この同時期の参宮人を、

洛中　五万一五六三人（男三万〇三四五人）
洛外町続　六六八二人（男三三六七人）
山城国京都支配在　九八五〇人（男五〇八四人）

計　六万八〇九五人（男三万八七九六人）

としている。しかも、ここで当歳より一六歳までの幼児・少年層が二万二六一八人（男一万四二一九人）、参宮人の約三分の一を占めているのである。宝永のおかげ参りをそれ以前と大きくきわだたせているのは、この幼児・少年層の大量参加ということであった。『元禄宝永珍話』は、

閏四月上旬の頃、洛中童男童女七八歳より十四五歳に至り、貧富を論ぜず、抜参りを致す事夥し

とし、同様の記述は『摂陽奇観』にもみえている。

この参宮の波は京都から大坂、堺に及び、さらに播磨、河内にひろまっていった（『百一録』）。大阪府泉南郡泉南町の樽井村では、五月六日までに大人三〇人、子供一六人、計四六人のぬけ参りがあり、さらに、

京壬《（閏）》四月十八日頃より大坂廿一日、堺廿三日より順々ニ紀州迄、其外諸方よりぬけ参り大分之事也、道中伊勢余集《（ママ）》前代未聞、夥敷事也。

九歳十歳ノ子共、老若共々、或ハ着ノままにて飛出テ町屋田地などよりすぐ発足、依之所々ニ銀銭・笠・うちハ・わらぢなどを出し候者有候

と、その状況を書き留めている（『樽井町誌』）。

子供の参宮の増加

このときは三六〇万人という数からみて当然のことながら、畿内だけでなく全国にも及んだ。東海地方では、浜松市域の都田村の「都田村年代手鑑」に、宝永二年「伊勢参宮はやる」（『浜松市史』史料篇二）とみえている。美濃では、本巣郡美江寺村では、八歳から一六歳までの者三一人。同郡宗慶村では女房一九人、娘八人の計二七人。不破郡赤坂村では女子供三七人が参宮したという（水島紀男「宝永二年ぬけ詣について」『郷土史壇』四ノ一二）。日本海沿いの福井県小浜では五月中ごろからはやりだしたという（『拾椎雑話』追加）。三河の山間部の記録『熊谷家伝記』には、他と異なって、関東筋がその発生地だとし、桑名の御番所帳に五万一五六〇余人の名前が付けられたという伝聞を記している（東国説は錦文流の「当世乙女織」にもみえている）。この宝永の大量群参は、このように当時の人口の約一割強が参加し、かつその三分の一は童男・童女により占められるという、これまでの大量群参にみられない特色があったが、特に児童の数が多かったことから、これらの児童に施し物を与えることが一般化した。これ以後の明和、文政のおかげ参りにみられる施行の原型がここに求められるのである。「大江俊光記」は閏四月一一日の京三条の糀屋宇右衛門の咄《はなし》として、

今朝よりは五ツ前迄に、子供のぬけ参千六百三人、暁迄には何程可レ有レ之哉難レ計由、
其故人々心ある者は、銭百、二百、五十、三十ヅヽ、つくねめしそへ、又は三条橋辺の笠

屋はすげ笠に、其子の町所家書付、銭五十ヅ、と、三十ヅ、そへ、ぬけ参に遣候家二軒有レ之由、其外往来の衆中、思ひ〳〵銭食物遣候由、牛遣馬子等迄も子供をいたはり、銭五三文ヅ、にても遣候由、処々の代官名主庄屋も出張に付候所も有レ之、夜は夜廻り、一人も外に不レ臥様、うゑざる様に、万事にいたはり候様にと、所々の郡主代官より申付有レ之候て、そまつなる事無レ之由、銭食物も沢山なる由、

と、児童への人々の対策を伝えている。このような施し物による保護なしには、児童の参宮は不可能であった。ここには支配者側の郡主、代官よりの申付けもあったというが、具体的にはわからない。あるいはさきの京都の町や河内の樽井村での抜参りの人員調査などは、こうした施行と関連があったものであろうか。さらに、近江の膳所藩では、報謝船（『摂陽奇観』）、または報恩船（『元禄宝永珍話』）という船を仕立てて参宮人の便宜を図っている。この沿道の人々、支配者による施行は、当初においては子供をまず対象としたものであったが、しだいに成人の参宮者にも及ぼされていった。この点、『摂陽奇観』の伝えることは注目される。

当月末つかたより伊勢太神宮御利生の事ありとて、京大坂より童男童女七八歳を初め十四五歳の子供ぬけ参宮致シ、有福の人々米銭旅中の調度を思ひ〳〵に持出て参詣人にあたへ、江州膳所の城主よりほうしや（報謝）船を出され、又伊勢路の所々には貧しき参詣人

の為に、いたハりの宿はたご有、七八月に至れバ遠国よりの参詣夥し、是をおかげ参りといひあへり。

前にみたように、『武江年表』の寛永、慶安の伊勢参宮の増加にかかわる記述は、直接的にこれをおかげ参りとはよんでいない。他の史料をみても、この宝永二年以前におかげ参りという名称はみられない。そこで『摂陽奇観』の記述をふりかえってみると、おかげ参りの語の成立した過程が明らかである。抜参りがあり、今回は児童が多かったから、児童への関心から施行がなされ、これが一般の大人の抜参りにも及んだ。京都のように当歳のものも参加している場合、その保護者が同行していることはいうまでもない。乳飲み児への施行は当然、その保護・同行者にも及び、それが幼児を伴わぬ成人の抜参りにも波及したであろうことは、当然のなりゆきでもあったことは理解できる。こうした施行、施し、おかげをうけることが可能であったから、そこにおかげ参りの語が成立してくる。おかげ参りは、いわば一種の無銭旅行でもあったから、都市・村落を問わず、貧しい生活にあえいでいた人々にとっては一つの福音であったことは確かである。施行の噂により伊勢への人の波がふくれあがったのは当り前であったといえよう。そうして、このおかげを神に結びつけようとするのが、やはりこの宝永からみられる神異にまつわる伝承である。なお、おかげ参りのおかげの語源を民俗伝承のうちに求める説（井上頼寿氏）もあり、それを認めようとする見解（藤谷俊雄氏）もあるが、もしそうであるならば、この語が宝永年度に至ってはじめてみえてくることを正しく理解できないことになろう。おかげ参りのおかげは、利益をうけることであり、よである。り直接的には沿道の施行を一つのおかげととらえた民衆の感情のうちから成立したものなのである。

御祓が空から降下

このおかげ参りのおかげ意識が民衆の間に強調されてうけとめられたのは、一連のいわゆる神異によってであった。『伊勢太神宮続神異記』の神生の部はそうしたエピソードを二一ほど載せている。そのうちで最も多いのが、御祓にまつわるもので全体の三分の一を占めており、これに次ぐのが抜参りを妨げた村役人、主人がなんらかの形で罰をうけた話であり、第三は抜参りに対して親切にした人々に関するもの、第四は病弱あるいは体に欠けたところのある者が参宮することで快癒したとするもの、また穢れあるものの参宮が妨げられたとするものである。そうして最後に閏四月からの参宮人の数の、日を追って増加する状態を記し、

参宮人為餐応、山田三方中より宮川船渡しに宰領を置、又中河原又右エ門方へも宰領を出し、伴にはぐれたる参宮人を吟味し引合申候今度町々或は家々在々より、抜参為馳走所〲に仮小屋を立て、握飯・赤飯・粥・餅又は銭茶などを振舞、其外御師をはじめ、町人商人百姓後家孀《ヤモメ》に至るまで、ふびんなる逸参りを、分限相応に五人三人又は百人千人つゝ宿をかし、路銭をとらせ、宮中へも案内を付、駕かきはかごを出し、馬子は馬をいだし、思ひ〱こゝろ〱の施誠に殊勝なりし事どもなり。

と結んでいる。この内容からうかがえるように、度会弘乗の筆になるこの本は、人々の間に参宮の気持をかきたてるような仕組になっている。宝永二年に書かれ刊行された当書は人々の参宮・抜参り熱をいやがうえにも高めたものであった。

神異・奇瑞とされたもののうちで最も多いのが、御祓にまつわるもので、ことに御祓が空より降下したとするものが多い。錦文流の「当世乙女織」にも「家々の軒におはらへ降る事偏ニ雨のごとくあられのごとく」と記している。御祓の降下の原因はしばらくおくとして、天より降下するものを神聖視し、そこに神の意志をみるのは、前にもふれたように、日本の民衆の間に深くこめられた伝統的感情であった。抜参りがおかげ参りとよばれるようになり、また参宮人の数が急激に増大したこの宝永のときから奇瑞・神異が説かれるようになっていることに注意しておきたい。

宝永につづくおかげ参りは明和八（一七七一）年であるが、その間に平常の年より参詣者が多かったのが、享保三（一七一八）年と享保八（一七二三）年、享保一五（一七三〇）年の三回であった。享保三年のものは『武江年表』に、

春より伊勢参宮はやり出して、諸国より群参する事夥し

とみえ、本居宣長も『玉勝間』で、さきの宝永の記述につづいて、

享保三年春のころ　まうでし人の数をしるしたるやう。正月元日より四月十五日まで参宮人凡て四十二万七千五百人としるせり。これは世のつねの年なり。

と記録している。

享保八（一七二三）年については、『月堂見聞集』に、

当三月初かたより諸国伊勢参多く、京都も下々子共迄ぬけ参仕候。大かた先年宝永二年の参宮人程も可在之歟と噂御座候。

とみえている。

享保一五（一七三〇）年のものは、「都田村年代手鑑」（『浜松市史』史料篇二）に、

女中伊勢参、東ハ三嶋辺迄不残参り、当村へ気賀御関所より被仰付、北山・南山へ番を致毎日出申候、左候得共ぬけ参り申候

とある。この年のものは前年からのひきつづきらしく、同史料の享保一四年に、

七月・八月ニ女伊勢参大分御座候

とある。これらの例からすると、宝永の全国的規模のおかげ参り以後、小規模な特定の地域に限定された群参が流行現象としてみられたと考えられる。そうした小規模な地域的に限定されたものが、各種の条件の複合により、急激に全国的規模に拡大されるのである。宝永以後、全国的規模で展開したのが、明和八（一七七一）年のおかげ参りである。

明和のおかげ参り

明和八年のおかげ参りの前年は全国的な大旱で、稲にカチとよばれる虫がつき、江戸の町中でも虫が飛びかうという有様だった（『武江年表』『筆のすさび』）、百姓一揆も各地で激発した。こうした社会的背景のもとに大規模なおかげ参りが発生した。明和のおかげ参りについては、度会重全の『明和続後神異記』、本居大平の『おかげまうての日記』、松阪の森壺仙の『いせ参御蔭之日記』、夏木隣『抜参善悪教訓鑑』などの諸記録のほか、『摂陽奇観』にもかなり詳しい記述がみられる。

留守の治安を注意

まず、森壺仙の『いせ参御蔭之日記』を中心に全体的な動きをみておこう。三月上旬、丹後国（京都府）の田辺付近からの抜参りの女子供が、伊勢（松阪）に姿をあらわした。この丹後からの抜参りは、田辺の富豪が病気になり、参宮費用にと考えていた金百両を自分で利用することができなくなったので、周辺の参宮希望者に無条件で貸し付けたことがきっかけであったという。しかし、この丹後からの抜参りは四月に入ると姿を消し、伊勢路はかえって例年になく参宮の道者も少なく静かになった。局地的な抜参りで終わったかと思われたが、四月一一日には、山城国（京都府）宇治郡からの抜参りが松阪に姿をみせた。山城からの抜参りには、男の姿は一人もなく、女、子供だけが二〇人、三〇人と一団になり、それぞれ幟やまとい印を、おしたてていたが、その服装は旅行者のそれではなく、平常の仕事着姿であった。あまりにも異様な旅にふさわしくない姿なので問いただすと、「但、何となく参り度相成り候得者」ということで、この連中が日常生活の場からなんの準備もなく旅立ったことが判明した。神宮側でもたんなる地域的な流行による抜参りではなく、おかげ参りと認め、御祓を一人ずつ渡すよう処置した。南山城にはじまったおかげ参りは周辺の地域、ことに宝永の経験をもつ京都、大坂に波及した。四月一五、一六日には京都でおかげ参りの人員は「何十万といふ限りを知らず」（『摂陽奇観』）であり、同月の二五、二六日には大坂にもこの波が及んだ。都市民の参加で参宮する者の数はふえ、外宮の本殿前では一日に御祓を三、四万体を渡すようになった（「度会常倚日次」）。内宮でも一鳥居の西方と神馬参道東方の二ヵ所に小屋を設けて茶を振る舞い、神前で一人に御祓一本を渡すようにした。交銭（賽銭）も一日に十貫をこえるようになった。（「荒木田守秀日次記」）

五月に入り、大坂のものが松阪を通過する。朔日の御祓は一日で五四〇〇余りも渡された。この増加に対し山田奉行も、のりだし、奉行から指示をうけた宇治会合所は、五ヵ条にわたる注意書を内宮の門前町宇治に触れた。その内容は、

一、参宮人が多いので火の用心を心がけよ。参宮人が宿がない場合は町屋のものでも泊め

ることを認める。

一、街道筋では参宮の道者を優先し、荷物の運搬は裏通りを利用せよ。
一、参宮道者の利用する駕籠、馬、荷物持ちが不当な料金をむさぼらぬように。
一、大量群参にまぎれて巾着切りなどがまぎれこんでいるので注意せよ。
一、旅籠、商売人で不当料金を取るものも少なくないとのこと、なるべく安くせよ。

の五ヵ条であった。四条にみえる盗賊等については、四月二一日に東海道筋の近江水口藩でも、

此度伊勢参宮多く候処、悪党者旅行候而参宮之小児をかどわかし、横道へつれ這入候類此節間々有之候而、此辺往還筋にても色々風聞有之に付、御書附を以て昨日足立佐吉衛門殿より御触有之、大庄屋へ申渡す（「水口藩郡方日記」）

との注意を与えている。沿道でなく五月に入り、大量の群参者を出した大坂では、

此節抜参宮与唱、老若男女ニ不限、借家ヲ明、無断罷出、或者極老幼少之ものヲ残置候も有之趣相聞。畢竟信心ニ而参詣致候ニ事ニ候得者、差留候筋ニ者無之候得共、町家人少ニ相成リ自火之元其外不用心ニ而如何ニ候間、参詣之ものハ主人・家主へ相断可罷越儀ニ候。無断罷出候者者、参宮共難決候得者、何連共欠落断可申出事ニ候所無其儀候段、心得違之事ニ候条、無断罷出候もの有之者、定例之通相心得可訴（出脱）候。（「御法度印形帳」『大阪市史』三巻）

と、参宮を認めながらも、留守について治安上の注意を与えている。またこれとほぼ同様の通達が五月一三日に阿波藩（『阿波藩民政資料』）でも出されている。大坂でも阿波でも、ともに支配者が大量群参を全面的に禁止していないことは重要である。さきにみた近江水口藩では、

当年は伊勢参宮西方より夥敷有之、依之御家中妻子又者男女共志有之候はゞ、秋迄見合参詣致候様被仰出云々（「水口藩郡方日記」）

と、家中つまり武士の参宮すらすすめている。このような支配者側の態度が、さきにみた豪商たちの手による施行の実現に結びついていくのである。

社会的統制からの逸脱

森壺仙の記録は三月上旬にはじまり、七月二八日に終わるが、その間の動向を整理して示したのが、巻末に掲げた第一表である。参宮道者の出身地は壺仙が尋ねたものと、道者の笠に出身地が記されているのでそれを書きとどめたものである。まず四月中旬には京都の人々が中心である。京都の人々は五月上旬には少なくなって、京都の道者が通る道筋や京都の周辺がそれにつづく。四月下旬には津や四日市もこれに加わるが、二七、二八、二九日には一時、道者の数は減少する。五月に入り、大坂の道者、大坂周辺の和泉、河内、摂津になり、

五月の五日には京洛中の道者の姿が消える。五日には京都の背後の若狭小浜の道者が出てくる。中旬に入ると、東海道筋の尾張がみえる。東海道筋は陸上よりも船で直接おもむくものが多かった。大坂から和歌山、明石、姫路へと道者の地域は拡大する。一七日には大坂は減り、淡路、四国の阿波がみえ、瀬戸内の室や岡山の名前もみえ、二〇日すぎには、播磨、備前、備中、四国の阿波、伊予、讃岐が主流を占める。下旬には丹波の篠山や加賀の金沢も姿をあらわす。六月に入ると江戸がみえ、中国筋も安芸から長門の下関、山陰の出雲、石見まで入るようになるし、これまで接待につとめていた松阪の人も抜けるようになる。中旬になると、大坂は非常に少なくなり、代わって関東や四国の土佐、九州小倉まで姿をあらわすが、一方では物乞いをする道者も多くなる。下旬には日向のものもあらわれるに至ったが、半分近くは関東の道者である。七月に入ると脇道を利用する者が多くなり、必ずしも全員が松阪を通ることはなくなる。七月上旬、関東では常陸、野州、上州がみられ、西国では因幡、伯耆が出てくる。中旬には九州の長崎もみえる。中旬の一六日には通常の年のように道者数は減るが、一七日には再び多くなるが、これらは伊勢だけでなく、山上参りを兼ねるものであり、二六日には道はすき、平常に戻っていく。このころには各国の道者が入りまじり、特定の国を指すことはむずかしくなるが、東北の陸奥、出羽からの道者は当初から全くみることができない。

このようにおかげ参りの大群は、いつもその内容を変え、また波のように波状的に道をうずめたことがわかる。また一度、波がおさまったのちに、再びはじまる京都のようなこともあるが、それは前のときとは同階層ではなく、道者の階層は異なっている。さらに七月になると他方では施行や報謝を期待して抜けてきた道者が多く、前にはみられぬ施行の二度取りもみられるようになる。下層の人々が道者となっていることを示している。（巻末第二表参照）

道者は笠に出身地を書きつけ、また松阪のように古手屋（古着屋）仲間が一緒に抜けたように、全くの無秩序な集団ではなく、ある程度の村ごとなどの地域単位、または職業ごとによる組織がみられた。彼らは集団ごとに笠に印をつけたり、あるいは幟をたてて行動した。なかには、本居大平の記すように、

いとあさましく、あらぬものゝかたちなどをゑがきたり（中略）。又のぼりの絵のみにもあらず、物のかたちをことさらにもつくり出て、杖のさきなどにさして、口々に、大ぐちとていみじきことどもをいひはやしつゝ、或は手打ならしなどもして、うきたちて、わかきをのこは、さらにもいはず、おきなおんな、又物はぢしつべきわかきをんなまで、よろづをうちわすれて、物くるほしく、かたはらいたく、世にうつし心とも見えず、万にたはれつゝ行かよさま、

と、性的なものを絵にしたり、形をこしらえて行動したようである。ここには社会的統制から逸脱した民衆の状態をうかがうことができる。彼らは報謝や施行の物をうけとるのに便利なように柄杓を手に、あるいは腰にさしていた。この柄杓は次の文政一三年のおかげ参りには、さらにひろくいきわたるようになる。さらに、彼らは口々に、

おかげでぬけたとさ

と、唱えたという。なかには大平の示したように、かなり卑猥なことを大声で唱えたものも少なくなかった。

さて、この明和のおかげ参りの人員であるが、『明和続後神異記』は宮川の渡しを渡った人員を四月八日から八月九日までの五ヵ月間に総数二〇七万七四五〇人としている。端数がなく、この数を実数とみることは当然できないが、松阪を通行した人数の増減とよく符合しているので、ある程度実体を示すものといえよう。ただ壺仙の記述にもあるように、関東・東海道筋の道者は、船で直接、河崎その他に着いて、宮川を渡らない者が多かったから、宝永のおかげ参りのときの三六二万人には及ばぬかもしれないが、二〇七万よりはるかにうわ回ることは確かである。（巻末第三表参照）

おかげ参りの経済効果

このような人数が短期間に伊勢をめざしたのだから、さまざまな異常現象がおこる。さきにみた巾着切りや盗人、子供のかどわかしといった治安上の問題もその一つであるが、なんといっても、これらの大群集をめぐる経済上の問題が大きい。

おかげ参りの道者にとっての必需品の一つはわらじであった。松阪でのわらじの値段の変動を追ってみると、五月三日に一足九文、七日には一三文から一六文に、九日になると一七文から二四文になる。このころになると伊勢路のわらじの高値を聞いて、船にわらじを積んでのりこんでくるものがあったため、一三日には八文から一〇文に下落し、一六日には五、六文になり、日を追って安くなった。わらじの高値はよほど印象的であったらしく、三河の山奥の記録『熊谷家伝記』にも、

藁地なとも壱足廿四文以上之由、夫茂五月上旬之頃ハ壱足を百文にて調ひ度候ても一切無之。

と、記している。上昇をつづけたのはわらじだけでなく、宿賃もその一つであった。『熊谷家伝記』は、さらに、

道中筋、京都ゟ山田迄人ぎれなく相続き、道中通ハ八ッ過れハ宿茂一切なく、尤食事等過ては喰きり、茶屋等殊の外成群集にて

と、記している。この状態だから不当料金をむさぼるものが出てくる。五月七日、山田では旅籠料金を八〇文、木賃を一泊二四文と公定する。しかし、この定めが守られたかどうか確かではない。人々の交通機関である馬や駕籠も不当な料金をむさぼりとる。五月六日、松阪では町の出入口二ヵ所に吟味所を設置し、馬、駕籠の高値を調査しだす。目にあまるものがあったからであろう。物価上昇は伊勢路だけではなかった。東海道の水口宿でも、

明和八卯年四月初より御陰参りはじまり、植付時分段々京都・山城参宮。植付仕舞次第、当地不残ぬけ参り。扨、五月中時分末殊の外参りにて　昼夜の別なく、往来横切も成がたく候程参り。米、殊の外入り、駄賃高く、扨難義にて、米殊の外、五月時分より上げ、扨夫より早魃にて上げ、六十一文位の米八十六文迄上申候。段々六月中時分七月へ向参りうすらぎ申候。（「北脇神護寺清厚日記」『甲賀郡志』上）

と、米価の上昇の著しかったことを記している。

おかげ参りの大量人口移動現象による物価上昇は、当時の人にも関心があった。『摂陽奇観』は、四月二六日から五月一四日までの一九日の奈良での宿泊人を一五八万八七五〇人とし、次のような計算をしている。

一人前一日米五合宛にして高七九四三石七斗九升
右之米七〇匁かへにして、代銀五五六貫六二匁五分
一人前小遣ひ一日五分にして、高七九四貫三七五匁
一人前木賃三分にして、高四一六貫六二五匁
三口〆一日之入用　高一八二七貫六二匁五分
八日之道中積りて　惣銀高一四六一六貫五〇〇目

『翁草』は、やはり一五〇万人の道者があったとして、

此路用上の分金三歩、下の分銭三〇〇宛にして、又小児無銭の者平均して、凡銭三万三千五百貫目と記す

としている。いずれにせよ、非常に大きな経済的な動きであったことは確かであり、少なくともおかげ参りは、神宮ならびにその門前町、沿道の人々に多大の利益をもたらしたものであったことは否定できない。この点に関連するのは『いせ参御蔭之日記』にみえる宜敷《よろしき》道者と悪敷《あしき》道者の区別である。悪敷道者とは、

此節出候道者は一向両替等もいたし不申、茶屋等へも一向這入不申、甚あしき道者入込にて御座候。

であり、宜敷道者とは風体や身分の高いこともさることながら、宿に泊り、馬や駕籠にのり、地元に金をおとしていく道者のことである。おそらく壺仙は無意識に記述したのであろうが、そこにはっきりと、伊勢路の人々のおかげ参りの道者へ期待していたものがなんであったかを語っている。

平賀源内の御祓降下

御祓の降下は抜参りが始まった当初からみられたものではない。丹後や山城の宇治郡といった最初の発生地では、降下をきっかけに抜参りが始まったのではなかった。降下はやや遅れて登場する。おかげ参りの無料の接待所、施行の存在は貧しい道者にとっては欠くべからざるものであり、また各地の人々をおかげ参りにかりたてる呼び水の役割を果たした。しかし大体、施行開始後二ヵ月も経過すると施行主のほうでも経済的にもこれに応じきれなくなり、中止する場合が多くなる。ところが中止が予告されると、そこにしばしば御祓その他が降下するのである。松阪魚町の者が大手で粥施行をしていたが、五月二八日に終わりにしたところ、施行場に御祓が降り、これをきっかけに一五〇〇人余りが神宮に向かった。六月三日にも同様なことが、やはり松阪長門屋幸右衛門の門前であった。施行に関係した人々が、降下により道者に変質し、おかげ参りは続行されるのである。降下の背後にある意志が働いていることを語るものである。これが伊勢から離れた地域になると、御祓降下の役割はさらに明らかである。伊予の「小松邑志」は、

此年六月二十日、西迎寺屋吉郎衛門宅の屋根に御幣串八本降る。夫より抜参宮始る。

と、降下が道者発生の原因であったと語っている。下関でも、

下ノ関の風聞　道者衆に承り候処、御祓ふり候由、依之多参候と被申候

とあり、広島でも同様であった。これらの事例は道者の増加、続行を望む力が、御祓の降下と深い関係にあったことを示している。なかには『鳩渓遺事』の語るように、平賀源内が、越後で全村おかげ参りに参加しない村をにくみ、凪に御祓をつけ、村中に撒きちらしたところ、全村、伊勢へ向かったような、神宮と無関係なもののしわざであることもあったであろうが、前にみた諸事情からは、降下は神宮の関係者、おそらく各国を回った御師や代官などを有力な容疑者として考えても、それほど大きな誤りではあるまい。それに『摂陽奇観』の、

四月より六月迄、京、大坂、近国とも剣先御祓御幣其外種々の物降りしといひ触せしかど、六月中旬ニ至りて御公儀様より御吟味之御触等有之、其後は降り止ム

という記述も、一つの裏付けとなろう。

文政一三年のおかげ参り

明和のあとのおかげ参りは、文政一三（一八三〇）年であった。なお、この年、文政の年号は改められて天保となる。文政の場合は最初のおかげ参りである宝永二（一七〇五）年から第二回の明和八（一七七一）年までの間がほぼ六〇年であったということが知識としてひろがっていたので、

来る卯年こそ、明和の御蔭参りより六十一年に当れる事なれば、又其の事の有ぬべし
（『御蔭耳目』）

という期待が人々の間にあった。この期待のあったことは『宝暦現来集』や『甲子夜話続篇』にも同様な記述があり、文字に親しんでいた知識人には一つの共通理解であった。

村の記憶の再生産

民衆の側にも明和のおかげ参りについては、老人などからその体験談が伝承として伝えられていたことは疑えないが、民衆の場合、ただ昔の老人の体験談だけがあったわけではなかった。かつてのおかげ参りの記憶を再生産する働きかけと、その道具だてがあったようである。淡路の例をみよう。

西山中村
観音堂　村の坤の山手にあり
里民の伝説に明和八年卯夏伊勢大神宮へ御影参の時、此村の御師福井土佐の方へ一僧往て、我は淡州西山中村の観音坊也、此度は箱御祓の暦を賜はれとて頼帰れり、依て其年の冬其品を持来りしに、時の庵主は湊浦の産にて一向に此事は知らず、然るに御師より檀配に来りし人、観音の像を見るに参詣せし僧に容貌よく似たり、誠に奇異の事なりとて御祓

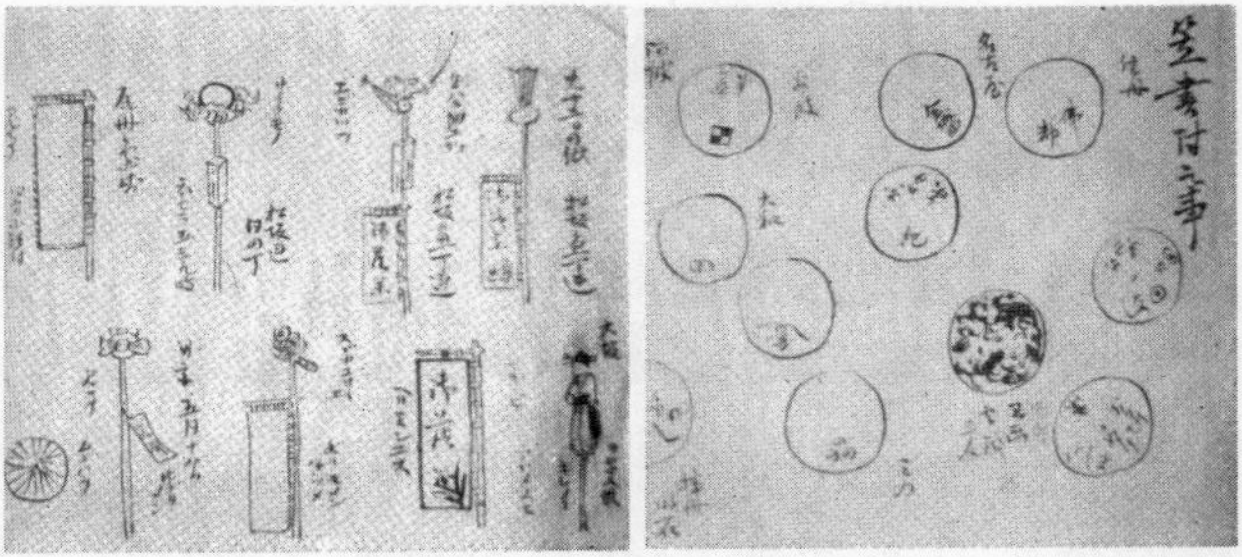

「御蔭群参地名録」(神宮文庫蔵)　文政十三年の「おかげ参り」の群衆の手にした旗と笠の書付け

暦は尊前に捧げて帰れり。是より恒例として毎年持来り尊前に捧ぐ、村民より初穂を呈すとなん。(『味地草』)

この史料は、観音堂の本尊までが、おかげ参りをしたという奇瑞を伝えているが、ここでは毎年やってくる神宮の御師の手により、神宮の神威がおかげ参りに結びつけて語られており、しかも毎年廻檀してくるわけだから、おかげ参りの記憶が村の年中行事のうちで再生産されているといってよい。この淡路の例の他に、宝永二(一七〇五)年の場合がある。紀州有田郡安諦村板尾では、この年の一一月八日午の上刻、紫の雲とともに伊勢の御祓が板尾の森垣内の中前利兵衛の家に降った。そこで利兵衛のほか村の庄屋や寺の住職、隣村の庄屋等が中心となって、利兵衛の家の二町ほど北に祠を建てようとしたところ、利兵衛にさわりがあり、夢に神のお告げがあり、家の一〇歩ほど北の山手に祠《まつ》るならば諸病をなおそうということであった。夢に示された所を掘ると経三寸六分ほどの鏡が出

「おかげ参り図絵馬」（岡山県　牛窓神社蔵）　文政十三年の「おかげ参り」

てきた。翌三年三月、その地に祠を建て御祓を祀り、鏡も納めた。鏡の箱書には「此宮初り宝永二年乙酉ノ十一月八日午ノ上刻ニ天照皇太神宮御祓天下リ給ヘリ然上当社取立主板尾村中前利兵衛所」と記されている。この御祓様の社は利兵衛の家で管理し、三月二三日と九月一六日に例祭をおこなっている。諸病の平癒を祈る者は、成就すると投餅をなすのが慣例であるという（『郷土研究』三ノ四）。この場合については、あえて説明の要もないであろう。淡路の例と同じく村人のうちに神異の記憶を再生産する役割を果たしたのである。この淡路の例からうかがえることは、各地で明和のときに降下した御祓その他の降下物を氏神の社などに納めることにより、毎年の祭などの際におかげ参りの記憶が新たに語られるなどのことがあり、おかげ参りの伝統とその意識が民衆の間に強く保存されることがあったということである。このような事情が知識人の文字による理解とは別に、民衆の間におかげ年到来の期待をいだかせることになったものであった。

文政から天保にかけては云うまでもなく幕藩体制の全体的な危機到来の時点であり、それによりもたらされるさまざまな矛盾は民衆の生活をおびやかした。ここにおかげ年到来の期待はより一層ふくれあがり、行動に転化する。まず、支配体制からの規制の弱い子供が動きだす。一度動きだせばそれは子供だけに止まらない。これを制止する力は支配体制にはない。春三月、徳島からおかげ参りがおこった。

（徳島）佐古町八丁目手習屋に手習いたし居申候子供等、御参宮仕度趣、三月十九日物語いたし、翌廿日手習子供二三十人参宮仕、これ御蔭参りのはじめなり。（『文政神異記』）

徳島にはじまるおかげ参りの波は、翌閏三月には伊勢路におしよせてくる。

彼らはおかげ参と書附いたし候笠をかむり、銘々杓を持（『御蔭参雑記』）

という姿であった。笠は明和のときにも全体にみえたものであった。柄杓は前回でも道者に部分的にみえたものであったが、文政のときには、すべての道者が手にし、腰にさすようになった。外宮の一禰宜度会範彦の日次（日記）は、その閏三月三日の条に、「阿波国町在之者此頃ゟ御蔭参数千人参宮、昨二日者壱万人余も参詣」と記しているが、そのはじめに三月二九日始との注記があるところからすると、伊勢にはじめて姿をあらわしたのは三月二九日であった。

大量動員の記録

さて、文政のおかげ参りの状況は参加人員が激増したことを除いては、全体として明和のおかげ参りと異なる面はなかったといえる。ただ、大和、河内、和泉、摂津あたりで、一村を単位とする「おかげ踊り」が流行したことが明和のときにはみられなかった新しい現象であった。のちにふれるように、この「おかげ踊り」は「ええじゃないか」の源流とも考えられるものであり、「おかげ踊り」の流行は文政のおかげ参りで注目すべき現象といえる。

どれだけの民衆が伊勢に向かったのだろうか。明和のときには森壺仙が松阪での見聞を記録した（『いせ参御蔭之日記』）。その同じ松阪で文政のおかげ参りを記録したのが、速水貞頭の「おかげ参りの人数覚」（『瑞垣』六四号）である。これによりまずみておこう。

> 文政十三庚寅壬三月朔日ヨリ阿波・淡路ノ国ゟ参りはじめ、朔日ニ通り候人数三四千余人、不残おかげといふ笠をかむり、杓を持、合印はおもい〳〵也。二日・三日ニ通リ候人数凡三四万余り。夫ゟ五日・六日、凡そ七八万人。十日・十二三日ニいたり、凡五六拾万余人ニおよべり。誠ニ町内せましと、おし合へし合、すさまじき事、大山もくづるゝごとく、中〳〵筆ニもつくしがたし。

これを『御蔭参雑記』『文政神異記』の記載と比べてみよう。

一日	三千―四千人	一千人	一千人
二・三日	三万―四万人	一万四千人	一万四千人
五・六日	七万―八万人	一二万七千人	一二万七千人
一〇―一三日	五〇万―六〇万人	二〇万八千人	二〇万七千人

上段が「人数覚」、中段が『雑記』、下段が『神異記』である。「人数覚」がかなり多く記録している。しかし、どれが正確であったか確かめようはない。『文政神異記』では、宮川の渡しを渡った人数を閏三月から六月二〇日まで、四二七万六五〇〇人としている。いずれにせよ明和のときをはるかにうわ回ることは確かである。大坂では四月一一日から一七日まで毎日一七万人が伊勢に向かったし、堂島では蔵三ヵ所を宿にしたが、一夜に一八〇〇人がここを利用したという（『百年の大阪』一）。また河内石川郡神山村でも閏三月上旬、七日から一六日ぐらいの日数をかけて伊勢に出かけるものが一一七人に及んだ。神山村の人口が二五〇人そこそこだから、約半数が村を留守にしたことになる（『河南町誌』）。但馬豊岡では閏三月二一日に御祓が降下し、翌日から抜参りがはじまった。豊岡周辺の一〇町二ヵ村で閏三月二一日から四月一七日まで一二六〇人が伊勢に向かった。この人数は、宗門人別帳の三分の一に及ぶものであった（『兵庫史学』一九）。堺の町では職人が伊勢にいってしまったので、普請を中止せざるをえなくなってしまう（『堺市史』三）。なお、滋賀県蒲生郡石原の図司氏の記録（文政十三庚寅年閏年三月吉日、「御影詣宮人衆泊名面日記」明大刑事博物館蔵）によると、この八日市から水口にぬける小さな村の宿ですら、四月から八月にかけ、三七ヵ国、三二二人もの民衆が泊っていることからも、その一端をうかがうことができるのである。（巻末第五表参照）

この大量の動員の呼び水は、前回のときと同様、御祓の降下であったことは、豊岡の例でも明らかである。しかも、その降下の時期と範囲が、今回は早くかつひろいのが特色である。日時の明確なものを示すと、

閏三月三・四日・三月五日　河内石川郡神山村（『河南町誌』）、尼崎（『尼崎市史』二）
閏三月二〇日　出石（『兵庫史学』一九）
閏三月二一日　豊岡（　同　　）
閏三月二一日　岡崎（『三河聡視録』）
五月一〇日　岡崎（　同　　）
五月末　河内石川郡大ヶ塚村（『河内石川村学術調査報告』）
七月一八日　大和葛下郡畠田村（『福智堂年代記』）
九月二日　江戸千駄ヶ谷（『摂陽奇観』）
九月一六日　岡崎（『三河聡視録』）

このような降下は、当然そこに人為的なものが働いた。犯人の素性その他は不明だが、大坂では、

道頓堀辺に降しは、糸のかた端しに御祓をくゝり付、一方には油あげくゝり付てありしとぞ。（姦人等魚腸を糸に結び付、御祓をも結付て）家屋に打捨置ぬれば、とび・からすの類ひこれをくわへ行て、空より落すといへり。かゝる業せし者共二三人召捕れしとも云（『御蔭耳目』）

という観察がなされている。また、御祓の降下について報告せよとの命令も、同じく大坂で出されている。（『御蔭耳目』・『大阪市史』四ノ上）

行倒れ、人さらい、不義

文政の場合、以前のおかげ参りとちがって明らかになるのは、大量群参に伴う明暗のうち、暗の部分である。それだけ参宮する人の数が多く、かつこれを述べたものが多かったことによるものであろう。それに神宮関係者以外の著述が少なくないことも、これに関係があろう。

施行を期待してきた路銀も少ない人々が飢え、かつ病に倒れることも少なくなかった。これらの例は『御蔭耳目』に多く載せている。その一、二をあげておこう。

七十に余れる老女の、連にはぐれしとて、町内の橋の上にさまよふ有。撞木橋の上には、同じ年頃の老女病臥て苦しめるあれば宿駕・釣台にのせて宿送りに病者を送れるさま、あわれなる事にぞ有ぬ。

これはまだ死に至らなかったが、

五月七日、堂島川に掛れる田簑橋の上に、十二三なる伊勢参の女子行倒れしす。これ等は、一人にて参宮すべき事には思はれねば、定て連にはぐれ飢に労れ、病死せる事と思わる

という事例も多かった。

天満・難波橋辺の者、十八とやらんの娘を両親引連れて抜参せしが、此娘道にて足を痛めしに、折節施行籠すゝむるゆへ、これを幸にして其娘をのせたりしが、大勢群集せし中ゆへ両親をはぐらかし、脇道へかたげ行て、両人の駕かき、此娘を散々に犯し、其上遊女に売らんとせしかど共《も》、これを許諾《きか》ざりしかば、其娘の体中に入墨したゝかこしらへ、大坂難波橋にかき来り、天満には程近ければ、これより一人かへれとて、打あけて立さりしとぞ。両親には娘を尋ね廻りしか共、頓と行方知れざるゆへ、これを尋ねわび、二日已前にかへり来り、娘の事のみ案じくらせしに、かゝるあさましき有様にてかへりぬるにぞ、其歎のいわん方なし。両親の連て参りぬる娘さへかゝる事の有ぬれば、身をもてる人は必人立の中へは心得て行事なかるべし。

これは説明の要もなかろう。人勾《さら》いも横行した。一二月二〇日、日向飫肥の藩主伊東氏は、

伊勢おかげ参り致し候子供勾引され、炭焼に被売候ヲ相顕、勾引《かどわかし》船頭共々召捕、子供十三人、紺かすり着類揃へ駕ニ而西様へ送り来候（『摂陽奇談』）

とあり、この子供はすべて一五、六歳以下であった。『御蔭耳目』は五月中旬のこととして、これを伊東氏が参勤交代の途中、

十五歳より廿歳位の男子の、伊勢参して連にはぐれ、飢に労れなどして有ぬるを、日向に来れ、連て行なんといへるにぞ、何れも難渋の者共ゆへ、しかせんといへるは供廻の内へ入れ、廿四五人も連《つらな》り来りぬ

と述べ、

伊東家供の者共の計なるべけれども、君侯の供先にての事なれば、侯もそしりを逃るゝの事なし、いかに銘々連にはぐれ飢にくるしめばとて、親兄弟の有者共なるを、親へも引合ふ事なくして、差別もなき者共へ相対をなし連かへる事、人勾《かどわか》しとも云べきか。いかに彼国人少なればとて、浅間しき事に侍る。

と批判している。おそらく同一の事件のことと思われる。
大量群参という異常な状態のなかでは、それまで守られていた社会的規制が破られる。

閏月廿日の頃、予が門を女の両人連立て通りしが、これも参宮して不義の行ひ有しと見へて、抜参すれば親仁《おやじ》の面をみるもうるさく、小悴《こせがれ》も捨たくなるとて、声はり上てうかく語り行様の、浅間しき事に思れぬ（『御蔭耳目』）

というのも、女子のそうした規制から脱したときの状態を示すものであった。こうした一種

の性道徳のアナーキーをかなり興味本位にうたった川柳は少なくない。それには抜参りの抜けに重点をおいたものと、主人の留守中の女房の浮気を扱ったものとがあるがここでは省略しよう。文芸面ではこの年の四月、江戸市村座で上演された「忠臣蔵」の八段目に、「道行旅路の嫁入」を入れ、

玉は御存じ大和屋の、家名も対の菅笠に、伊勢参宮の連中は、今度このたびあはの国、まめをはらひの御託宣、てんとおてんと天から降った天人が、三保のあたりであろうかと、聞いてあとからごひいき受けて、お蔭参りは皆様へ、お札にちょっと旅かけの連れに鳴海の染浴衣

と、流行のおかげ参りの情景を入れてサービスしている（牧村史陽『お蔭参りとお蔭燈籠』）。またこの年の一一月には筑後芝居で顔見世興行として「おかげまいり伊勢物語」が座本浅尾桃之助によりなされているし、「おかげ参妹背山三段目抜文句」「諸国おかげ参大功記十段目抜文句」など歌舞伎役者のせりふになぞらえて、「おかげ参り」の様子を記した一枚刷も多く出ている。こうした一枚刷には「諸国おかげ施行次第」「おかげまいり諸行古事附」などの施行の状況を示したものや、「おかげ参宮人江御膳こん立」「おかげとりづくし」など「おかげ参り」のいわば案内、手引きの役目を果たしたものもみられる。大坂では街頭で幟をたて、こうした案内書が売られたほどであった。（林英夫・芳賀登『番付集成』上）

菅笠に柄杓、それに口ぐちに、「おかげでぬけたとさ」と大声に唱えるのが、おかげ参り

の民衆の姿であった。ここではそれをしのばせる三重県の名張市に残る歌を紹介しておこう。

おかげ参りで何着て寝たぞ、ござの夜着きてひじ枕
おかげ始めは四国の阿波やせんぎょ《（施行）》始めは大和から
せんぎょのえらいのは大和の今井　伊勢で相可の大和屋か
伊勢の宇治橋焼けたやそうな、おかげ参りでふみおとす
わしは知らねど生駒の谷で　せんぎょ引かいで青田刈る
おかげならこそ世間の人は　慾をはなれてせんぎょする
おかげ参りをやめたる人は　薬枕に医者がよい
天で星の数、地で砂の数、おかげ参りの人の数。（『名張の歴史』上）

このように文政のおかげ参りは、伊勢に集中した民衆の数こそ以前のそれをはるかにうわ回ったが、その波及の仕方、伊勢への人の波のおしよせかた、服装、態度といったものは基本的に変わったもの、異質のものを求めることはできない。民衆運動としては、文政のものも同一性格のものと規定して誤りない。しかし、前にもふれたように、文政のときにみられる参宮を伴わない「おかげ踊り」の発生と展開は、従前のおかげ参りのときにはみられなかった新しい現象であり、慶応三年の「ええじゃないか」に直接結びつくものである。以下、「おかげ踊り」の様相とその性格をみることにしよう。

おかげ踊り

おかげ踊りは、文政のおかげ参りにつづいて発生した。今までのところ、文政一三年五月末に河内国錦部郡半田村でおこったというのが、史料上の初見である。『河南町誌』は吉岡氏所蔵古記録をひいて、

当年五月末頃より錦部郡所々御祓ふらせられて、半田村よりはじめて御蔭踊と申踊り流行、それより村々へ押移り、六月に入り市村より寺田村へ踊りに来り、其より森屋へ御祓ふらせられ、段々御ふり被成候ニ付、初テ南大伴村より六月廿六・七日両日相談の上差ゆるし、他村無用にして踊らせ、他村とは違い音頭も面白し……

としている。この踊りが河内からおこったことは諸記録の一致するところである。二、三の例をあげよう。奈良県天理市荒蒔の「荒蒔年代記」（『天理教学研究』一三）には、

同年（文政一三）七月下旬の頃ゟおかげおどり始り、初メハ河内国ゟ踊リ初メ、大和国も在々不残おどり申候

豊中市域の南刀根山村の庄屋甚兵衛の筆になる「御蔭参宮次第之叓」（『豊中市史』史料編

三）には、

（前略）四月中ニ而、参宮薄ク相成、五月上旬ゟ、河内国ニ御蔭踊始り、夫より南川《（河）》内を大和江越、六月中和州大半踊、七月至り、暫ク休ミ、八月ゟ同国踊出し、九月十月十一月十二月迄、河内大和共をどり、極月掛茂取あへず不残相断、おどり候事

と記し、その後の部分で河内↓大和↓山城（山崎）↓山城（向町）↓摂津嶋上、嶋下郡とその流布の経路をあげている。『摂陽奇観』は、

おかげ踊ト称し摂河在々村中之老若男女大勢群行致し、手踊り致、遠在迄も歩行中候。親類縁者の百性《（ママ）》家へ参り候へは百疋位ツヽも祝儀を出し候由賑敷事ニ御座候

と、おかげ踊りがおかげ参りとは別のものとしている。

「おかげ参り」との相違

これらの記録から、おかげ踊りは河内に発生し、大和、南山城、摂津と畿内の中心部に流布し、それはこの年の三月にはじまるおかげ参りにつづくもので、しかもおかげ参りの高まりが一時衰えたあとに発生・流布した。おかげ参りとおかげ踊りは一応、別のものであった。それは時期のみに関してではなく、おかげ参りが、他方で伝統的な抜参りという語でも

よばれたように、日常の村落生活の場からの個人的、かつ一時的な脱出――それゆえに参宮中のさまざまな行動が非日常的な規模でなされる――であったのに対して、おかげ踊りは日常生活の場であり、機構でもある村落を単位としてなされた。おかげ参りを個人的・非日常的なものとするなら、おかげ踊りは集団的・日常的性格を色濃くもつものであった。

とはいえ、おかげ踊りの日常性をあまり強調することは正しいとはいえない。それはあくまでも村外に出るおかげ参りとの対比のうえでのことであって、村落で毎年くりかえされる年中行事などのもつ日常性にくらべるならば、やはり非日常的性格が強いことを忘れることはできない。史料上の初見である河内半田村の場合、その発生はおかげ参りのときと同様、御祓の降下にあったことが、その非日常性を示している。

さて、おかげ踊りを一応、上記のように規定すると、さらにその具体的様相のうちにその規定を確認する必要がある。天理市福智堂の「福智堂年代記」(『天理教学研究』一三)は、

同年八月、十一月比迄、在々所々ニて御かけおとりはやるなり。老若男女皆ゆかたももひき、きやはん、秀《(幣カ)》をもっておどるなり、太鼓ニてはやすなり。後々は踏込錦切ニてこしらへはくなり。扇をもっておとるなり、三味線、こきう、しめ大鼓、すゞ、かねニてはやすなり

と、村民が共通の服装、それもかなり華美なもので統一され、鳴り物が入り、娯楽的な要素が強いことを示している。枚方の近くの中尾村の例を『御蔭耳目』は、

一人前二十匁づゝの持出しにて、ひもぱ《（緋紋羽）》のぶっさき羽織の揃にて、明七つ時、氏神の社にて太鼓を打、一統是を相図に飯を焚、二度めの大こ《（鼓）》にて勢揃をなし、未明より三番目の太鼓にて躍り出て

と述べている。天理市福智堂の場合とその状況が同じであり、おかげ踊りが同様式で畿内一円に急激に一村単位でまず流行したことがうかがえる。

一村単位で踊られたこの踊りは近隣の村々に踊り込むことで、さらにその範囲をひろめていく。他村に踊りをかけていく、掛け踊りの様式が、このおかげ踊りの重要な側面をなしているのである。豊中市域の南刀根山村では、四月一一日の今宮村の三〇人余りを皮切りに、五月まで一四回も踊り込まれている。また南刀根山村からも四月三〇日、五月一日と両日にわたって、一〇〇人余りが一団となって他村に踊りを掛けている。これらの踊りの様子は、たとえば四月二三日にやってきた半丁村の場合は人数一五〇人余りで、男は地白、女はあいかえしの揃いの浴衣で、踊子は紅のほっち、あかえうで《（腕）》ぬき《（抜）》という服装で、太鼓を打ち鳴す太鼓踊り、手にしでをもつしで踊り、手踊りで踊った。他の村の場合には、太鼓踊りなどのほかに笠踊り、面踊り、手拭踊り、扇子踊りなどがみられ、さまざまな趣向を村ごとにこらしたものであった。踊り込んでくる連中は口々に次のような音頭を唱えたという。

お蔭踊は悪磨《（ママ）》を払　年は天保で宝みす《（水）》

箱根山から落くる水ハ　三島女郎衆之けしよ《（化粧）》の水
おに《（鬼）》の禰ん《（念）》仏おかね《（鉦）》の音は、三里ひ《（びカ）》しいて草津宿
わしの心ハ舞子之浜よ　いつも青葉を松ばかり
伊セ《（勢）》の古市のおやまさんのおめこ　近年ハ御蔭でたこに成
いせ《（伊勢）》の宇治ばし《（橋）》落たわ《（そカ）》うたじゃ　お蔭道者踏落ス
二上り　おんど
恵《（遠カ）》州浜松広よふてせまい　やけたくるより弐度建怒
吉田とふ《（通）》れハ二かい《（階）》よりまねく《（招）》　しかもか《（鹿）》の子のふり《（振）》袖で

どうも甚だ卑雑な文句もみられるが、こうした側面も民衆運動に付随するものであることは否定できない。なお、古市《ふるいち》は伊勢の山田（外宮）と宇治（内宮）の間にあった著名な遊郭であり、江戸時代の参宮にあっては庶民の一つの目的でもあったところである。

村ごとに発生

このおかげ踊りの発生の契機が河内半田村の例のように、御祓の降下にあったことは注目しなくてはならないが、御祓の降下はそれまでおかげ参りを誘発したのにもかかわらず、ここでは村ごとのおかげ踊りが発生している。このちがいはなにによるのであろうか。その点を明確に示す史料はないが、いくつかのことが考えられる。まず三月にはじまったおかげ参りは、おかげ踊りが盛んになってくると全体に衰えてくる。おかげ踊りの盛行とおかげ参り

の退潮とは関連がある。さきにみたように、おかげ参りは各地で豪商、村落、さらには支配者側からの道筋各所での施行があったが、その施行も無限にはつづかず、しだいに少なくなる。施行をあてにしてきた道者の困窮がはじまるし、また大量群参をあてこんだ宿賃その他の不当料金、旅行中の病気、悪行といった暗の部分が表面化してくる。村に帰ってきた者から、それらの噂が流れてくる。支配者側にしてみても、春さきに村から大量の人員が一時的にもせよ流出することは、耕作にもさしつかえることだから決して喜ばしいことではない。しかし、事が信仰にかかわることだけに強圧的に禁止することもできがたいから、次の竜野藩の布告にみられるように、間接的にこれをおさえようとする。

伊勢参宮此頃専罷出、中には道中筋施行をあてに致し罷出候者も有之、並女・子供迄も罷出、途中にて連にはぐれ、大に難儀致し候ものも有之趣に相聞候。右体之儀無之様、村々にて心を付候様被仰聞候間、左様被相心得、無油断心を配可被申候。神参之儀御差留に而は無之、此段も相心得可申候

閏三月二九日　　　　　　　　　　　　　（『網干町史』）

全体に民衆の側も、支配者側も、おかげ参りに対して否定的な空気が流れることになる。次にあげる例をみよう。さきに示した「福智堂年代記」の書きとどめるところである。

当国葛下郡畠田村御祓より給ふといふて来る也。七月十八日御へい天下り給ふといふて

参る也。右ニ付追々在々参詣仕、依之内宮を送迎《ひろめ》太神宮と号し、外宮を亀山太神宮号の右両宮建立し、右の鳥居大坂寄進、御馬大和在々寄附、宇治橋拵、天岩戸をこしらへ、翌卯ノ春、畠山参り誠ニ日々村々三人五人も人やむ日なし。さるによって、畠山繁昌なり。畠山村ニ茶屋拵、万金丹屋を拵、誠普請専致居候処、翌卯五月領主郡山殿様ゟ畠山村両宮焼捨給ふ也。是全仍（偽カ）之也。凡一年程之間、畠山参り有之也。

つまり降下した御祓をその地に祀り、そこに神宮、宇治橋、天岩戸、万金丹（伊勢の朝熊山にあった薬屋）といったおかげ参りの際に順拝する対象をつくりあげ、周辺の地域の人々の信仰を集めたのである。一種の流行神（はやり神）である。御祓を祀ったのは畠田村だけではなかった。『御蔭耳目』は、大坂と奈良の堺のひるめの例をあげている。

国分峠より十町斗側に、ひるめといへる処有り。此処の高山の絶頂に水神の社有て、麓よりは五十丁の登りなり。毎年一度づゝ神事有て、其節には地頭より役人来り、其扉を開く事にて、神事終ればこれを閉て錠をおろし、鍵をば役人持帰りて平日にはこれを開く事なきに、其神体側に打捨、中に太神宮の神体いり代り、社前にも剣先の御祓降りありしとて、大勢参詣をなし、一日に三十貫余りの賽銭をあげめるにぞ、社辺に小屋掛をなして商人多く集りぬ。間なく内宮建て、勧請せしと云。

ここでも畠田村と同様、御祓の降下があり、そこに神宮が勧請され、人々が参詣しており、やはり流行神的性格を示している。この二例はその成立と展開の形式からみて、中世以来の飛神明の伝統がよみがえったものといえよう。その点、重要なことだが、当面の課題からみるならば、おかげ参りについて旅行の途次のさまざまな障害が伝えられ、一方では支配者側のおかげ参りを喜ばない空気があるときに、ごく近くにかつ不安のないところに、おかげ参りの対象となった伊勢と同様なものがつくられれば、そこに人々の関心と行動が一時に集中したことは当然でもあったといえる。このようにして、民衆の行動の範囲は大いにせばめられることになり、おかげ参りが縮小されることになる。この二例はたまたま人の目をひくものであったので記録されることになったわけであるが、これはあくまでもおかげ参りの縮小版である。では、村ごとのおかげ踊りの発生の原因はどこに求められるのであろうか。

災厄除去と世直り待望

慶応の「ええじゃないか」についての具体的様相は第二・三章で述べたが、そこでは降下した御祓の類は祠を設けて祀り、祀り終わると村の氏神の境内に納めるのが一般的な様式であった。慶応以前にあっては、降下物の行方を記したものが少ないが、やはり御祓などの降下物の最終的な安置場所は氏神、鎮守の境内である。現在、奈良県と京都府におかげ踊りの様子を描いた絵馬が数点発見されている（「大阪市立博物館展示目録」）。そのうちの一つ、奈良県磯城郡三宅村伴堂の杵築神社に納められた天保二年の絵馬は、神社の鳥居の前で多くの踊り子が華美な服装で踊っているもので、南刀根山村の記事を具体化したかの感じさえうけるものである。これらの絵馬がどのような経緯で神社に奉納されたのか関係史料がなく、わからないが、おそらく御祓の降下があり、これを祀り氏神に納めた際のものではなかろうか。この推定が正しいとするならば、村ごとのおかげ踊りの成立の一側面には、降下した御祓の類を村の神社に納める際の踊りがあったと考えてよいのではあるまいか。伊丹市域内の北村のおかげ踊りの記録（『伊丹市史』四）では、他村三八ヵ村に踊りこんだとし、そのときにはまず第一日目は自分の村の氏神の神前で踊り、第二日目には村内の家々をめぐり、三日目から他村におもむいた。他村に入ると「夫々氏神ニおゐて御神楽・御湯立又ハ百灯色々ニ而有之」というのが例であったとしている。この事実も以上の考えを裏付けるものであろう。

しかし、御祓の類の降下は、おかげ踊りのあった村すべてにみられたものではない。おかげ踊りの発生と展開には、民衆の心意にかかわる他の側面も大きく作用したのである。この文政一三年という年は大和では「当年ハ春早々ゟ極月迄ハ人気相揃平和の年柄ニて古今稀成年ト悦居り申候」（「荒蒔年代記」）とも「惣て作物例年に倍し、別て綿は常に倍して多く得し上に」（『御蔭耳目』）という例年にない豊かな年であったことは記憶されてよいことである。これが民衆に派手な揃いの服装で踊らせた背景にあった。

しかし、文政一三年は全国的にみれば違作の地方が多く、米価はじりじりと上昇をはじめ、翌天保二年には幕府は米の貯蔵を禁ずるとともに、貧民に救米を出さざるをえなくなっている。天保の大飢饉への途を歩みだした年であった。さらに支配体制の面からの天保年間は大塩の乱、水野忠邦の幕政改革など、その幕藩体制の全体的危機の到来の時点であったことはいうまでもない。こうした災厄到来の空気は、民衆の肌に伝わってくる。おかげ踊りに、

躍らざる者は一族厄病に死し、又は其家焼失せぬ

と称し、人々を踊りにひきこんだという例（『御蔭耳目』）は、このおかげ踊りが虫送りに典型的にみられる村送りの掛け踊りの形式でなされた事実とあわせ考えると、おかげ踊りの急激な流行の背後には、きたりくるであろう災厄の被害をなんとかのがれたいと望んだ民衆の心意の存在があったといえよう。こうした民衆の心意の存在が、御祓の降下のみられなかった村々にも連鎖的に、かつ急激に踊りを流行させることになったのである。

おかげおどりハあくま《（悪魔）》をはらふ、ところ宝《（豊）》ねん《（年）》神いさめ。
いせ《（伊勢）》の天神《（マヽ）》様かおとれとおざる　おとら世の中よふなを《（直）》る。　（『伊丹市史』四）

この踊りの文句のはじめの部分は豊中市のものと一致しており、災厄除去から、さらに世直りの希望へと進む民衆の意識の変化を示すものとして重要である。この世直りを待望する意識は「ええじゃないか」では、さらに色合いを濃くする。

年貢の未進、減免

以上のように、おかげ参りにつづいて畿内を中心に村ごとに流行したおかげ踊りの発生と展開は、まずおかげ参りに伴う悲惨な側面がひろく民衆の間にも知れわたったこと、さらに

耕作放棄に連なるおかげ参りの大量群参にたいする支配者側の暗黙の禁止的態度が、おかげ参りの波をおさえることになった。そこへ中世以来の飛神明の伝統により降下した御祓の類を祀ったことが、地域的、かつ流行神的な現象を発生させることになった。さらに御祓の降下のなかった村々でも、支配体制の衰退からおこる社会不安によりもたらされるであろう災厄からのがれたいという強い民衆の意識が、村単位の掛け踊りの形式のおかげ踊りを流行させることになったのである。

このおかげ踊りの展開の過程で見落とすことのできない現象は、

明七つ時、氏神の社にて太鼓を打、一統是を相図に飯を焚、二度めの大こにて勢揃をなし、未明より三番目の太鼓にて躍り出で、凡そ三十日斗躍り廻り、年貢皆済の時節にいたり、これを一石に付て三斗減ぜよとてやかましく云募りて、つひに一石に付一斗づゝを減ぜしむ。(『御蔭耳目』)

また、

年貢など其儘にて少も頓着せざる事なれば地頭の迷惑となるべし。誠にあやしき年にぞ有りぬ。(『御蔭耳目』)

とあるように、支配者のもっともおそれた年貢の未進・減免へと進んだことである。おかげ踊りを踊りこまれた家では、振舞いの酒食を用意しなくてはならなかったし、踊り手を出さぬ富裕な家は身分相応の金品を出さねばならぬ有様であった。また、

ハセのナアとよくのゼに、懸払ハよいさよいさ

と、年末の支払の延期を強制する現象もひろくみられた。これに対して支配者側は禁止するが、たとえば、

俵本は織田の領分なるが、御蔭躍すべからず、若これをなさば、発頭人を召捕、厳科に行べしと也しかば、一統に起り立、毎家に不残出て大に躍りをなし、領中不残厳科に行はれべし。一人も残るべからずとて、大に躍り廻り、地頭も詮すべなしと云。(『御蔭耳目』)

此時ニ柳本様ハ至而厳敷御差留被成候、同年十一月八日ニ柳本御屋敷御陣屋焼失、峰《(ママ)》数四十八峰《(ママ)》焼失、是ハおかけの施行もなくおかけおどりも出し不申候ニ付、焼失との噂これあり(「荒蒔年代記」)

と、民衆の消極的反抗にあって、黙認せざるをえなかった。これら一連のおかげ踊りに付随する現象は、百姓一揆・打ちこわしに連なるものであった。

おかげ参り、おかげ踊りと平常の社会生活を大きくかきみだした民衆の動きは、これが支配体制の強固なときであれば、一時的流行として文政以前の数度のおかげ参りの場合と同

様、いつしか波のひくように静かな日常生活のうちに戻ってしまう。しかし支配体制がゆらぎ、また飢饉の到来という時代の流れは、日常的な静かな民衆の生活のリズムを狂わしてしまう。おかげ踊り流行ののちも、部分的な流行が断続的にみられるのである。大和の場合を「福智堂年代記」についてみると、おかげ踊りは天保二年もつづく。嘉永二（一八四九）年には、「かっぷりおどり」（かっぽれおどりか）がはやり、同四年には「稲荷おどり」が流行している。また奈良県磯城郡川西村市場の糸井神社の「おかげ絵馬」は「天保十三年壬寅三月吉祥」と記され、天保一三（一八四二）年にもおかげ踊りのあったことを語っている。京都では天保の大飢饉のあと洛中に豊年踊りが流行した。「示羊記」は、

㈢去月廿四五日比以来、今宮社小屋建立奉加物運送之雑人、着花麗衣裳、途中躍狂、三十或五十或百人為群、如狂人、其儀超過、此一両日上中下京之輩、各着綾羅錦繍躍狂、不分昼夜、皆様云、躍レ〱、不躍者損 負ナヨ〱云々、其群或以千数之、雖行合無口論、相互躍過、前代未聞事云々

と記している。ここにみえる歌の文句「躍れ〱、躍らぬ者は損、負なよ〱」は、

おどろか、おどろふ、まけなよ、まきゃせぬ、おどれよ、おどるぞ、踊らにゃそんじゃ、おどるあほうに見るあほう、おなじあほなら踊がとくじゃ、お米もテウなら私もテウ〱、チョイト〱〱

というもので、現在の阿波踊りの文句に近似している。おそらく、まだこうした小流行が天保以後、断続的にみられたにちがいない。豊年踊りの歌の文句にうかがえるように、それはおかげ踊りの伝統に連なるものであり、この民衆の間の流れが、最終的に幕末の「ええじゃないか」に集中するのである。

慶応の「ええじゃないか」に近接した幕末の安政二（一八五五）年には小規模な「おかげ参り」があった。この年、宮中に御祓が降ったという噂がたち、春三月朔日頃から四月二〇日頃までの一ヵ月半ほど人々の参宮があった。群集は幟や作り花をつけた竹棹をたて、揃いの絹の衣裳をまとい、三絃・太鼓をならし、舞台様のものを舁きながら参宮し、内宮には一八〇本もの奉納幟が立ちならんだ。（大西源一『大神宮史要』）

おかげ参りから「ええじゃないか」へ

最後に民衆運動としての「おかげ参り」についてまとめて、この章を終わることにしたい。まず、おかげ参りという言葉は、宝永二（一七〇五）年の大量群参のときにはじめて成立する。大量の群参、施行の実施、御祓の降下などのいわゆる神異など、おかげ参りを構成する諸要素はすべてこの宝永のときにそろう。宝永以後の明和、文政のそれは大筋において、宝永にみられた諸要素をこえるものはなかった。おかげ参りは宝永、明和、文政の三回が大規模なものであったが、その間に多くの地域的かつ部分的な流行があったことに注意したい。それは民衆運動の伝統といったことに結びつく。文政のおかげ参りについては、その発生の前から宝永と明和の例から六〇年に一度のおかげ年の到来ということが知識人の間でいわれたことはよく知られている。民衆の間にあっては、淡路の例にみられるように、村の堂などに結びつけ、村の行事のたびごとにおかげ参りの記憶が再生産され維持され、一つの伝統として意識されていた。この村の行事による意識の維持と部分的・地域的流行現象は、民衆運動としてのおかげ参りを考える際に大きな意味をもつものといえよう。

全国的な大規模なおかげ参りの中間にみられた地域的かつ部分的な流行は、文政以後はことに天災地変の多発、支配体制の衰退とあいまってはげしく民衆を動かし、最終的には幕末の「ええじゃないか」のうちに結実することになる。

「おかげ参り」の伝統は「ええじゃないか」に結実して終わったわけではなかった。明治になってもその名ごりがみられた。明治二二（一八八九）年に神宮では式年遷宮が行なわれた。翌二三年は文政の「おかげ参り」から六一年目だというので、伊勢の神宮教院は神風講社大参宮会を組織し、期間も一月から六月までとし、会員からは大々神楽その他の費用として三〇銭をとり会員票を交付した（『大神宮史要』）。「中外商業新報」は一月一四日の紙上でこの時の「おかげ参り」を、

本年は伊勢太神宮のおかげ年なるが、昨今の如く厳寒肌を裂く程の寒さをも厭はず一月早々関東筋より熱田へ向け汽車にて行き、汽船に塔《（ママ）》じて参宮するもの中々に多ければ、汽船会社よりおかげと染抜きし手拭一筋づつ参宮人に限り広告として贈りたるに、此程既に千筋近くに達せりといふ

と報道している。二三年の「おかげ参り」は江戸時代に慣例となっていた施行などはなかったから、施行をあてにした者にとっては予想外のことであった。三月六日付の「東京朝日新聞」は、その様子を雑報として

お蔭まゐりとて、今年は諸国より伊勢参宮をする信心者頗る多い中に、昔も今もお蔭まゐりは、道中一切施行にて、びた一文費さずに、参詣の出来ることゝ思ひ、懐中無一文にて飛出だせしやからもあるよしなるが、何がさてせち辛い世の中に、さうはまゐらず、却って道中の茶屋、旅籠屋に、参詣人のふところを、鵜の目、鷹の目で狙ってゐるゆゑ、途中まで出て、ハタと困り、乞食同様の抜けまゐりを済まし、這ふ這ふの体で帰国する連中少からずとのこと。

と伝えている。この二三年の「おかげ参り」は例年より多少多くの人々を伊勢路にあつめたが、かつてのようなにぎわいはみられなかった。大量群参としての「おかげ参り」はやはり文政一三年をもって終わったといえよう。

追記　「おかげ参り」については、相蘇一弘「おかげ参りの実態に関する諸問題について」（大阪市立博物館研究紀要七、一九七五年三月）という労作が発表された。史料の批判的利用について教えられる点が多く、本書の記述も訂正すべき箇所もあるが、今回は技術的に不可能なので、同氏の論考を参照されたい。また「おかげ

踊り」については、川合賢二「天保のお蔭踊りと村政改革」（ヒストリア七六、一九七七年九月）が、その初見を文政一三年四月下旬、河内岩室村とする史料を示されている。さらに「おかげ参り」「おかげ踊り」の絵馬については、岩井宏実「お蔭参り・お蔭踊りと絵馬」（瑞垣一二一、一九八〇年八月）が公表されている。

第六章　「世直し」か「世直り」か

これまで「ええじゃないか」について、それを構成する諸要素、具体的な各地での展開の事例をあげ、そこにあらわれた民衆運動の系譜を歴史の流れに求め、さらに「ええじゃないか」に先行する「おかげ参り」が伊勢をめざしたことから、伊勢神宮と民衆とのかかわりかたを考え、ついで「おかげ参り」の具体的な様相をその数次にわたる展開のうちに求めてきた。

このようにくどいまで各地の事例をあげ、またその民衆運動としての先行する諸形態にまで遡ってみたのは、第一にこれまでの「ええじゃないか」をめぐる見解がともすると比較的少数の史料に依拠して述べられ、戦後、各地で進められている地方史研究での成果を無視するかの感があり、「ええじゃないか」をどのように評価するにしても、地方史研究により発掘された多くの資料をまず学界共通の財産にすることが必要だと考えたからにほかならない。第二に、民衆運動自体の性格からして伝統的な意識や行動様式に大きく民衆が左右されることが多いから、民衆運動の系譜をさぐることにより「ええじゃないか」の民衆運動としての連続面と個性的な特殊性が明らかになると考えたためであった。

さて「ええじゃないか」の研究史については第二章で簡単にふれたが、ここでもう一度ふりかえっておこう。歴史的意義・形態、そこに参加した民衆意識の三点にわけてみることにしたい。

「ええじゃないか」の研究史

歴史的意義については、「ええじゃないか」が慶応三年という、まさに幕藩体制崩壊の時点に発生・展開したことから、「ええじゃないか」に参加した民衆の体制崩壊に果たした役割を積極的に評価するものと、消極的にしかみないものとがある。まず第二の消極的評価は、昭和六年の土屋喬雄の「維新史上のナンセンス」にはじまる。倒幕勢力が民衆の不幸不満に乗じて民心を収攬しようと計画し、煽動したもので、民衆自体が積極的に自由にその意志を示したものではないというのが、土屋の見解であり、民衆は利用されたにすぎないという消極的な評価であった。つづいて羽仁五郎は、前年慶応二年に高まった百姓一揆・打ちこわし等の民衆の闘争の波が「ええじゃないか」のために低落し、民衆の関心が「ええじゃないか」に集中している間に、民衆とは全く無縁の場所で政権の交替がなされてしまったとし、やはり、民衆の幕藩体制崩壊の際に果たすべき役割にマイナスの作用を与えたと、その評価は低かった。戦後になり、遠山茂樹は羽仁の見解の路線のうえにたち、最終的には「それ（ええじゃないか）は百姓一揆・打ちこわしの闘争を政治闘争にまで結集する意識と手段とをもたず、いいかえれば小ブルジョアの指導をはっきりとつかむことのできなかった農民一揆が政治的危機の凝集の意味に耐えかねて、一挙にその弱さを暴露したものであった」（『明治維新』）という評価を下した。また「ええじゃないか」をめぐる見解を整理した石井孝も、「『ええじゃないか』が倒幕派によって利用され助長されたのは、それが彼らにとって危険のないものであるからにほかならない」（『学説批判　明治維新論』）とし、積極的な評価を下しえないとした。藤谷俊雄も「民衆は未曾有の大政変の時期に完全につんぼ桟敷におかれ、民衆の『世直し』をもとめるエネルギーは、維新の変革に積極的に汲みとられることなく、混乱のなかに浪費されてしまったのである。ここに組織と指導者とをもたなかった当時の民衆運動の弱さが決定的にあらわれているといえよう」（『「おかげまいり」と「ええじゃないか」』）と、羽仁、遠山の見解の線に沿ってまとめている。

こうした諸見解に対して、はじめて多くのうもれた資料を発掘し、「ええじゃないか」の発生事情、おかげまいりとの関連、その伝播と詳しく追求した相蘇一弘は、慶応三年は米価の急落、物価の下直傾向、豊年予想、豊年という条件があり、この年に一揆・打ちこわしが低落した原因を「ええじゃないか」に求める通説に反対しながらも「百姓一揆の根本的な原因が封建制度の矛盾にあるということを考えるとその意味では『ええじゃないか』は、たしかに民衆の解放への要求を昇華させてしまった訳であり、手放しで積極的な評価をする訳にもゆかぬであろう」（「〝ええじゃないか〟私考」『大阪市立博物館研究紀要』二号）とした。

相蘇につづいて、河内という地域をかぎって豊富な史料を紹介した島田善博は「そこに一貫する計画性は、仮に倒幕派などによる社会混乱を目的とする意図に発したものであったとしても、民衆がこれに対するに村落の伝統的な運営機構を応用して受けとめ、従来からの祭りや村の行事と同じような方法で対処している点に、『ええじゃないか』が事件の経過に従って風俗化して行く方向を予測させる」と重要な指摘をし「河内における場合もまた、一般に言われる如くその熱狂は目的を見失ったエネルギーの暴発に終り、その性格は作為性の弱さを脱し得なかった」とその結論を述べている（「河内国の〝ええじゃないか〟について」『ヒストリア』五六）。

「ええじゃないか」をめぐる評価の大勢は、以上のように消極的な評価しか与えない。これに対して積極的な評価をくだしたのは井上清であった。「幕府の人民支配権力を一ヵ月近くまひさせ」(『日本現代史』)た事実全体の革命的意義を強調した。津田秀夫も「この運動は在来のお蔭詣りの動きの形態をとりながらも、この運動の基底には「封建的共同体」からの解放感が強く打ち出されているのである」(「幕末期大坂周辺における農民闘争」『社会経済史学』二一―四)と評価し、さらに「世直しの社会経済史的意義」(『近代化の経済的基礎』)でも「エイジャナイカ運動を『世直し』運動とみるとき、『世直し』層が『世直し』において共同行動をとりえたのは、自主的な耕作放棄だけでなく、その他の産業部門での生産過程の支配や統制にたいする抵抗であり、反逆であった」といっている。津田と同じく、幕末の大坂周辺を素材にすぐれた考察をした小林茂は「エ、ジャナイカの狂乱・乱舞の渦は幕藩体制崩壊の最後の止めをさす群集の抵抗であった」と、やはり積極的な評価をくだしている(「封建制崩壊期における畿内農民のイデオロギーの展開」『ヒストリア』一四)。安丸良夫は史料集(『民衆運動の思想』)の解説で「『ええじゃないか』は『おかげ参り』とはかなり異質なものであり、民衆の『世直し』をもとめる願望がより直接的に噴出したものと考えられる。幕府の倒壊を目前にして、民衆が封建的諸規制から全面的に解放される予感と幻想にとらえられたとき、熱狂的な世直し踊りとしての『ええじゃないか』がおこったのであろう」と評価している。

このように歴史的意義をめぐって見解は二つに大きく分かれているが、それぞれの論者が「ええじゃないか」を全体としてどのようなものと理解したうえでの評価かということになると、その「ええじゃないか」像は必ずしも一致しておらず、共通の土俵にのっていないともいえよう。

形態をめぐる論点

つぎに形態をめぐる点の見解をみよう。問題は全体の形態よりも、おかげ参りとの関係で、その発展あるいは変型とするものと、両者は本質的に別であると考えるものがあり、第三の見解としては、おかげ参りの影響を認めながらも、直接的には文政一三年のおかげ参りに大和、河内など畿内で発生した村落を基盤とするおかげ踊りに連なるとするものがある。

第一の見解は「御札降り年代記」(『定本柳田国男集』二七)などで柳田国男が指摘し、遠山茂樹、E・H・ノーマン(「ええじゃないか考」『クリオの顔』)、津田秀夫なども、「ええじゃないか」がおかげ参りの系譜のうちに位置づけられるものという前提で論を進めている。第二の見解は第三の見解に含まれていることが多いので、両者あわせてみておこう。この点をはっきりと示したのは岩井宏実で二つの論文(「お蔭踊私考」『芸能史研究』二九・「大和の〝お蔭参り〟と〝お蔭踊り〟」『大和文化研究』一五ノ三)がある。岩井は大和や南山城にみられる慶応三年のおかげ踊りの絵馬を紹介・分析し、「慶応の『ええじゃないか』の狂乱のなかでも、伝統的な『お蔭踊り』が一糸乱れぬ整然たる集団を組んで敬虔に氏神に奉納されていた」と結論し、大和にあっては、文政一三年のおかげ踊りの影響のもとになされた事実を示した。この点は相蘇の見解もほぼ同様である。なお、岩井の扱った絵馬については、牧村史陽もおかげ灯籠とあわせてその著『お蔭参りとお蔭燈籠』で紹介している。この岩井の指摘は、河内の諸例を紹介した島田の論文にもみられるもので、「ええじゃないか」評価にも大きくかかわってくる重要な問題である。さきにみた安丸の見解も世直しの概念を導入し、「おかげ参り」と「ええじゃないか」の質的な差違を指摘している。しかしここでもがいえるかどうかが問題になろう。また、安丸のもちだした世直しの概念にもかかわってくるが、「ええじゃないか」の形態をめぐっての議論は、これをむかえた民衆の意識がどのようなものであったかという点に関係してくる。

民衆意識をめぐる論点

「ええじゃないか」を民衆意識の面から考察する必要のあることは、藪重孝などもいっていたところ(「慶応三年大阪に於ける御蔭騒動」『上方』一号)であったが、これを正面に据えて見解を述べたのは和歌森太郎であった。彼は慶応三年当時の民衆の「被圧迫感は事実であったけれども、それが爆発する仕方は一揆・打ちこわしをはじめいろいろありうる中で、とりわけ『ええじゃないか』の内容をもつような形で、これが発現した理由」を問わねばならぬとし、そこに「弥勒の世直し神として当来するとの信念が結びついたこと、そういう中世以来の潜在意識が民衆をして奔放な乱舞にかりたてた」のだとした(「近世弥勒信仰の一面」『史潮』四八)。これまでの見解が民衆を対象としながらも、民衆自身がどのように感じ、またどのような意識にうながされて参加したかという点にふれえなかった弱点を鋭くついたものであった。堀一郎は、和歌森の見解をふまえながら、社会不安に民衆がどのように対応し行動したかを世界各地の例を引き、「ええじゃないか」について、「そこには、民衆の上に覆いかぶさった社会不安と被抑圧感が、久しく民間に潜在した救世主下生再臨の信仰を、こうした形で民衆の間に爆発させたのだとすれば、それはメシア的運動や宗教的一揆運動への前段階的な現象と見ることもできる。（中略）それはいわばメシア思想とメシア的政治宗教的運動に結晶される以前の、民衆のカオス的心理に基づく突発的現象でもあった。」（「社会不安と民間信仰」『日本宗教史研究』三）と規定した。この和歌森と堀の指摘は、ややともすれば歴史専門の研究者が、慶応三年という「ええじゃないか」発生の時点に焦点をあわせ、ときにその背景を考える場合でも、「おかげ参り」あたりまでしか考察が及ばなかったのに対し、民衆のもつ伝統的な意識・行動様式を遡って考察の対象にした点に、多くの学ぶべきことがあったといえる。

こうしたこれまでの研究史からみて、「ええじゃないか」を考察するときの態度が自ずから定められてくる。それはまず第一に、慶応三年の時点でこの「ええじゃないか」がどのような条件のもとに発生し、かついかなる形態で展開し、その終末をむかえたかということを、なるべく一地域に限定せず、ひろい範囲において確認することであろう。次に民衆運動の系譜のうちに占める「ええじゃないか」の特殊性と共通性を、そこに加わった民衆の行動様式や意識に重点をおいて明らかにすることであろう。そうした作業により、はじめて「ええじゃないか」の歴史的意義についての試論が提出できるのであろう。

慶応三年という時代状況

「ええじゃないか」が発生・展開した慶応三年は、政治的にはこの年の一〇月に徳川幕府最後の将軍慶喜が大政を朝廷に奉還せざるをえなかった幕府最後の年であった。社会的には天明以来飢饉があいつぎ、そのうえ、開国の結果として国内の伝統的な産業は大きな打撃をうけ、米価を中心とする物価の上昇は著しいものがあり、民衆の生活は極度に苦しかった。この状況を民衆がどのように感じていたかは、前年の慶応二年には百姓一揆（七二件）・打ちこわし（二八件）が江戸時代を通じて最も激化し、大坂での打ちこわしに参加した民衆が尋問に答えて、打ちこわしの元凶は当御城内にありと叫んだという一事に明らかであろう。また当時流行した、ちょぼくれ節や数え唄の類からは、民衆の政治担当者である幕府や武士を全く不信の気持でみていたことがはっきりとうかがえる。

畿内では第五章でみたように、文政一三年のおかげ踊りの流行以来、天保年間の京都での豊年踊りをはじめ部分的・地域的に断続的な踊りの流行がみられた。畿内で「ええじゃないか」をおかげ踊りとよんでいることが多いことからも、「ええじゃないか」の盛行はそれまでの地域的・部分的な踊りが拡大、かつ大流行したものといえる。畿内以外の地での慶応以前の断続的な流行現象としては、天明年間葛飾あたりから江戸にひろまったおたすけ踊りはその一例であろう。また川路聖謨の『東洋金鴻』にみえる石塔洗いなどの流行も踊りとはちがうが、物価上昇、飢饉などに苦しんでいた民衆の不安な状態を語るものであり、民衆のおかれていた条件は基本的に変わらぬものであった。

全般的な物価の上昇ではあったが、慶応三年は『感興漫筆』に、

去年の飢荒に比すれば、当秋豊熟にして人心も穏になり

とあるように、不安な状況のどん底に豊年ということで一筋の光がさしこんだ。豊年は米価に影響する。民衆はそこに希望を求めようとした。この小康状態を持続させ、さらに一挙によくなってほしいという願望が「近来の不景気時節直し」（『五十年の夢』）ということで、人々を踊りのうちにのめりこませていったのが、慶応三年における民衆の共通した感情であった。

次にこのような状況のうちにおかれていた民衆を、「ええじゃないか」のうちにまきこんでいったきっかけをつくった神符類の降下をめぐる問題にふれることにしよう。当時の有識者の残した随筆類をみると、神符類降下の先例として、おかげ参りのときのことが想起されている。

往時、宝永・明和・天保年間、伊勢の御祓所々に降りて、御蔭参りといふ事はやり、伊勢の両宮群集する事往々に記録ありといへども、今年の如く神仏交り降るの事はなし（『感興漫筆』）

そうして、そこではかつては神符のみの降下であり、今回は神符以外の仏教色の濃い仏像類

などの降下がみられる点に特色を認めている。事実、第二章で各地の例をみたように、民衆の信仰、社寺参詣の状況を反映する実に雑多なものが降下しており、ここにまきこまれた地域と民衆がひろく、かつ多かったことを語っていて、有識者の記述の正しさを示している。

おかげ参りのときの神符の降下は、第五章でもふれたが、それは初期のおかげ参りにあっては大量群参の直接のきっかけではなく、むしろ伊勢に向かう人の波に衰えがみえたときに、それを復活させるものとして降下があり、文政の段階になると、おかげ参りの発生と神符の降下が近接し、所によっては降下が契機で大量群参が開始されるようになり、降下がおかげ参り発生の起因として強く印象づけられることになる。こうしたおかげ参りのときの降下に対して、「ええじゃないか」の場合は、明らかに神符類の降下が原因となっている。この点は文政のおかげ参りにおける降下の役割が、さらに明確になったといえる。

おかげ参りの人の波を、継続させ拡大する役割を果たした神符の降下の背後には、当然、神意とのみいうことのできない、ある作為的・人為的な働きが存在したことを疑えないことは、やはり第五章にふれたところである。「ええじゃないか」の場合は、そうした事例がかなり明らかになってくる。松木時彦の父親が山田で試みた実験がある。土佐の寺村左膳の従者が止宿した京の宿で降下がないと嘆いているのを聞いて、たまたまもっていた土佐の伊野大国社のお守りを、夜ひそかに庭に落としておいたところ、翌日からお札が降ったとその宿の者は近所の人と踊りくるったという話もある。近江水口宿の水口藩掛屋記録の「山村日記」(『水口町志』)は慶応三年一一月一三日の条に、今日夏見村之者之由、山村裏へ御札御降有之趣、表ゟ急度見居候趣申之、裏へ参候ニ付、河合源兵衛、善七両人跡ゟ参候処、懐ゟ天照皇太神宮御札を取出し、隠居庭竹垣へ差込置候

と、いわゆる御札の降下が饗応をあてにしたらしい夏見村の者の懐からのものであることを実見している。名古屋では、

万松寺の僧、日蓮宗某寺（円頓寺）の僧、札を出して降らせ捕られたり（『感興漫筆』）

と、その犯人がつかまったことを記している。四国徳島の『池田町史』は、

或る若者、大利村武一郎の門にありし石を、其家の床の間に夜中ひそかに上げ置きけるを、夜明けて家人これを発見して、神のなさせしことゝ思ひ、大いに祝したり。また当時の伊勢神宮の箱祓の大麻を以て、狐の尾なりと云ひ触らせるものなり、村人これを信じ、箱祓を大神棚に奉安するを憚り附近の神社の境内に捨て置きけり。悪戯ずきの若者ひそかに携えて、或る富豪の家に投じ置きけるを、家人見出して御降りとて驚喜し祝宴を開けり

と述べている。

さらに、翌慶応四年三月二日の『中外新聞』は、

或る処にて按摩渡世をする盲人の家にかくれ居たる浪人一人を召捕り、其所持の荷物を改めしに外の物は無くて、只神社仏閣の札の板木を沢山持ち居たり。去年諸国に神符の類を降らせし者、皆な此輩の所業なりし事いよ〳〵明白なり

と伝えている。

神符類の降下の背後にさまざまな立場のものの人為的なものが働いていたであろうことは、当時の人々も気がついていた。幕臣の福地桜痴は、

或は云ふ此御札降りは京都方の人々が人心を騒擾せしむる為に施したる計略なりと、其果して然るや否やを知らざれど（『懐往事談』）

という観察をくだしている。幕臣である福地と反対の立場にあった岩倉具視の伝記は、「ええじゃないか」について記述したあとで、

八月下旬に始まり、十二月九日王政復古発令の日に至て止む。けだし具視が挙動もこの喧鬧のためにおおはれて、自然と人目に触るることを免かれたり。

と、つけ加えている。しかし、「ええじゃないか」が一二月九日の王政復古というすぐれて

政治的な日にすべて消えてしまったのではなく、以後もつづいていたことは第二章で明らかにしたところである。にもかかわらず、この伝記の記述者があえて一二月九日で終末を迎えたと強弁していることの背後には、「ええじゃないか」の混乱に際し、それを拡大し利用しようとしたきわめて政治的な力が働いていた事実を知っていたからとしか考えられない。そのうえ、具視の政治活動に対して「ええじゃないか」が、それを隠す煙幕の役割を果たしたとしていることは、そのことを裏付けている。事実、討幕派の志士が「ええじゃないか」に関与していたことは、石井孝も、土佐の大江卓が自ら札をつくり、それを降らせたという大江自身の証言や、吉田家に薩摩藩から大量の運動資金が流れこんだ史料を紹介している（『学説批判　明治維新論』）。ことに吉田家云々の点で興味ある地方資料は、信州富士見の「原之茶屋名取与兵衛手記」である。手記は、一一月二一日に松本の行者があらわれ、翌日の御札の降下を予言したところ、神祇最上政所札《（ママ）》が翌二二日に確かに降下したという。いうまでもなく、神祇斎場所は京の吉田山にあるもので、この富士見の例は吉田家に薩摩から金が入ったことを裏付ける一資料とみられる。また「ええじゃないか」が政治活動を隠す役割を果たしたことは、陸援隊の生残り田中光顕の、この踊りにまぎれて大坂から堺に脱出することができたという回顧（『維新風雲回顧録』）からも理解できる。しかし、田中は自らひきおこしたわけではなかったが、この騒ぎが討幕派の活動を幕府側の目から隠し、その活動をより自由にしたものであったことは否定できない。「ええじゃないか」を人為的に拡大するように働いたのは、討幕派とその同調者だけではなかったことは明らかではあるが、以上にみた諸資料は、そこに政治的意図を含む作為がかなりの比重を占めていたらしいことを証している。

政治的意図と煽動

さらにいうならば、政権が討幕側に握られてからのこうした騒ぎに対する禁令は、すべて一段ときびしく、たとえば大阪府の明治元年一〇月の惣年寄への触れは、神仏札の降下は旧冬の場合は曲者の仕業と断定し「右は全く曲者共の仕業にて決而可ニ信用一訳に無之」と強い態度を示している。これを『丁卯雑拾録』にみえる三年九月の町触れに「神仏を尊敬神酒等相備候儀ハ其通候得共」とある非常に遠慮したいい回しや、同年一一月一三日に出された藤堂藩の家中への触れで「右様の儀有之候共、御祓を疎略に不致銘々志次第にて」としている例など旧幕時代のものとくらべてみると、両者の差異は明らかである。京都では一一月に奉行所が禁止令を出し、不審なもの四、五人を捕えたという（『五十年の夢』）。この両者の態度のちがいの背後に、かつての反体制側であった志士たちの作為が「ええじゃないか」の起因であったことを、新政府の役人となった人々は知っており、それゆえにこそ、志士とは無関係である『岩倉公実記』のいう一二月九日以後の混乱に対して、はっきりと曲者の所行と断定、きびしい態度に出たとみることは考えすぎであろうか。

しかし、こうした事実からある特定の政治的意図をもった人々の活動だけによって民衆が「ええじゃないか」の乱舞のうちにのめりこんでいったと結論づけるのは、甚だ危険であり、かつ民衆を軽視するものであろう。民衆はいつの時代でも決してひとにぎりの政治上の指導者の意志だけで行動するものではない。「ええじゃないか」発生の条件は、決してひとにぎりの煽動者による作為によるものではなかった。どんなものでも、燃えあがる状態になくては、いくら火をつけても大きく燃えあがるものではない。政治的意図をもった大部分の煽動者の行為は、民衆が「ええじゃないか」にふみきる発火点の役割を果したかもしれないが、これを「ええじゃないか」として、一つの社会的なひろがりをもった民衆運動にまで燃えあがらせたのは、なんといっても民衆自体であった。『丁卯雑拾録』の江戸からの書状に、横浜での降札を述べたあと、

此様子ニ而ハ当地江もふる御札の有らんと諸人相待申候、天降始り江戸中うかれ出し候ハヽ、賊乱も自然と相納世直し踊ニ而も相始り候ハヽ、面白からんと今ゟ楽しミ罷在候

と、江戸での降札を期待していると記しているが、こうした近辺での降札、以後の踊り開始の情報は各地にもたらされ、期待のうちに開始される。このような降札を期待する民衆の気持は各地の史料に認められ、そこに民衆自体の自発的なものがうかがわれる。火をつけさえすれば、大きく燃えあがる状態であったことを示している。

村落の秩序

次に「ええじゃないか」の形態である。第一・二章でみたように、まず神符類の降下がある。神符類は小祠に祀られ、その前での数日にわたる無礼講的な祝宴がある。参加者は変装・仮装することが多く、それは日常性の否定に連なるものであり、その要素は歌と踊りに

強く示される。ことに歌には当時の民衆の意識をうかがうにたるさまざまなものがみられる。この歌と踊りを伴う無礼講的なオルギー状態も領主・村役人らの指導と命令により平静化し、再び日常性が復活してくる。全体として「ええじゃないか」における人々の状況は、このように総括しても誤りはないのだが、第二章にあげた各地の事例は必ずしもこの規定のうちに止まるものではなく、さらに各地域ごとの特色をもつのである。さらにこれに加えておくと、「ええじゃないか」にあたっては、表面的にはともかく基本的には当然のことながら村落生活を背後にもつ秩序が存在していたことを確認しておくことは、「ええじゃないか」の評価にかかわるものとして重要である。

村落秩序の影が色濃くみられるのは、文政一三年の「おかげ参り」のおりに「おかげ踊り」を展開させ、以後においても小規模な地域をかぎって踊りが流行した畿内の場合である。河内国河内郡（現東大阪市）五条村の「当村氏神八幡宮末社伊勢皇太神宮鎮座記」（島田氏前掲論文所引）では、一一月一日に村内の朝平権右衛門宅の柳の木に降下した御祓串は、まず朝平家で「三日の間奉祭」、六日の日に氏神の「八幡宮御脇座ニ奉祭」したが、この祭りには「村中惣休」が庄屋野口与右衛門より触れられ、八幡に奉祭するための御祓串を納めた箱には、年行事八名、庄屋・年寄・総代の村役人六名と、降下した家の朝平権右衛門の名前が村中氏子の名と共に記されている。この五条村では、「ええじゃないか」が村役人の許可と村中の協力、つまり村落の秩序のもとになされているのである。降下のあった場合、支配の役所に届けることはひろくみられた。

摂津豊嶋郡桜塚村では、庄兵衛宅の門先に神宮の札が一二月八日に降下したことが、年寄連名で桜井谷の御役所に届けられている(『豊中市史』資料編二)。畿内ではないが、愛知県春日井市域の白山村でも、降下した札の種類と降下した家の当主の名前が報告されている(『春日井市史』)。近江水口宿でも、

慶応三丁卯冬十二月朔日卯之上刻、日光大権現天降有之候。依之早速新敷祠に納奉り新薦之上に祭り御神酒・灯明・御供等を奉備、尤大岡寺法印、山名掃部、被参清浄に掃清め、三日之夜迄三日三夜祭り、第四日に無滞御祠を納め、其外万端都合宜取納め之事。尤町内より幟并に御神酒等被献(「別所氏雑記」)

とあるように、三日三晩の祭りと、町内から幡・酒等が献ぜられている。

名古屋でも、

官に達すれば七日の間祀るべし、但、奢ヶ間敷事を禁ぜらると云(『感興漫筆』)

と、七日間の祭りであった。刈谷の場合も、それぞれの降下したものの種類と場所が挙げられた後に、

右者銘々表口并裏へ前書之通御札御身影御守等落居候ニ付、為病難除町々安全五穀成就、今十五日より七日七夜之間、釣提灯・笛・太鼓ニ而御勇申度、尤右町々家別ニ釣提灯ニ而灯

明差上申度段、百姓代之者ゟ届出候間、乍恐此段御届奉上候、已上

と、町庄屋加藤新右衛門が奉行所に届けている（『刈谷市史』）。ここでも七日七夜の祭りが村役人の統制下になされているのである。このように畿内を中心とする地域では、「ええじゃないか」はアナーキーなオルギー状態というよりも、その背後に村落の秩序が存在し、その枠のなかでの狂乱状態であったといえよう。その点では、大和や南山城にみられるこのときのおかげ踊りの絵馬がいずれも、そろいの浴衣や衣裳を着た踊り手が氏神の境内で整然とした姿をもって描かれていることは、絵馬という性質からくる制約があるにせよ、不時の降札が村落の行事のうちに位置づけられてしまっていたことを示すものである。アーネスト・サトウが大坂で実見した、

燃えるようなまっ赤な着物で、踊りながらイイジャナイカの繰りかえしを叫んでいる人々
（『一外交官の見た明治維新』）

は、「踊り狂っ」てはいたが、その背後にはそろってまっかな着物を人々に着させた組織の存在があったのである。さらに名古屋で、祭礼のときに出た馬のとうがこのときにみられたり（『感興漫筆』）、外宮の鎮座地山田の新町で、御祓の降下を契機に町中が両宮に参宮し、その帰途、古市の料亭麻吉で百人前もの昼飯を注文したり（『久保田俊詮雑誌』）、同じく山田の田中中世古町で富士の巻狩の仮装行列を三五〇人もの人数で組んだ（『神都百物語』）と

いう例も、村や町の従来からの伝統的な組織がなくしては不可能なことであった。

　畿外の例として、東海道の宿場、藤沢での例を実況を描いた絵巻でやや詳しくみることにしたい。藤沢市藤沢の堀内家に、現在「神仏御影降臨之景況」という絵巻（二九九ページ写真）が残されている。絵は明治四年に一七歳でなくなった同家の郁之助の筆になるもので、絵のあとに付せられた文章は郁之助の父悠久の筆になるものである。絵は灯を連ねた小屋の前で善悪の仮面をかぶった人物がいるところにはじまる。この人物はいうまでもなく歌舞伎の三社祭のそれである。

桃太郎と鬼、桃の絵の旗がつづき、七福神の仮装をした人々が描かれる。次の舞台は藤沢の宿場の町並みの前を二十人あまりの下帯一つで頭に鉢巻きをした一群が、笹に天照皇太神宮の旗をつけたのを手にする男を中心に駆けぬけている。悠久の文によるなら六根清浄と口々に唱えていたのだろう。宿場の家には降下した御祓や御札を奉祀した祠が安置されている。次に子供にみかんを撒いている男の頭上に降下しつつある三枚の御祓が描かれ、三人の人物が手をかざしてこれを眺めている。降下の状景を描いた貴重な資料である。降下につづく場面は町と記した提灯を手にした男に守られた裸形の男たちが神輿を担いでいく。一一月で寒いので焚火にあたる男たちもみえる。これについで三味線などを手にした芸人たちと観客、その人波は日光山東照宮の旗をかかげ、額に三角の布をつけた葬列、葬列は寝棺の入った輿の行列につづく。葬列は乞食と馬方が棒と石で後を追う騎上の二人の異国人の逃げ去る姿に変わる。この場面は悠久の文によると藤沢で現実にあった事件を写したものである。最後は米と酒の施行の有様と、遠景では櫓のうえから餅らしきものを群衆に投げる有様がみられる。

以上のように、この絵巻には、御祓の降下の部分のほかにも、外国人を追う姿に示される素朴な民族意識の表現、幕府の終末を暗示するおそらく家茂の葬列を描いたともみられる日光山東照宮の旗を先頭にする葬列の場面などの注目すべき点が多いが、さきにみた畿内の諸例との関連でいえば、三社祭、七福神、桃太郎などの華美な仮装は、確かに日常生活の埒《らち》をこえるものではあるが、そこにはそれらを準備したであろう平常の宿場としての村とは異なる豊かな生活を無視することはできない。また神輿の回りを警備する町の名入りの提灯を手にする町役らしき人物の存在は、ここでも「ええじゃないか」に町の日常組織が反映していた一例といえよう。

非日常的なエネルギー

さて、以上のように各地の例をいくつか検討してみると、一般に乱舞・狂乱などの形容詞を冠して称せられることの多い「ええじゃないか」が案外にも、伝統的な村落なり町なりの組織や機構に依存している面の少なからず存在していることに気がつくのである。さらに「ええじゃないか」は、民衆運動の系譜のうちにも位置づけられるように、そこでの民衆はオルギー状態にあったと規定することができるが、その非日常的なオルギー状態にしても日常の生活組織や機構を全面的に否定し破壊するところに成立するのではなく、それは日常生活を基礎において、それとの対応においての非日常的なものなのである。

こうしたことをいうためには、「ええじゃないか」にかかわる史料についても考えてみる必要がありそうである。いうまでもなく、記録または文書史料の大原則として、日常的なご

「神仏御影降臨之景況」　堀内郁之助の筆になるもの。御札の降下してくる様子

くありふれた平常の日々繰り返されるようなことは記録されがたいのである。「ええじゃないか」は確かに異常現象であったからこそ、多くの記録やまた後年の回想やその聞取りが残されることになったのである。だが、そうしたうちで、ことに後年の回想の類は、印象に強く残った異常な事実のみが記憶に残り、当然そのときにあった「ええじゃないか」の諸事象やそれに加わった民衆の行動を支えていた日常的な事実は、日常的であるがゆえに記憶の底に埋没し忘れさられてしまう。回想ではなく当時書かれた記録にしてみても、こうした傾きがないとはいえない。ことにそれが生活の場を知らない旅行者などの手になる記録の場合には、日常生活の実体を知らないだけに、異常さのみが表面におし出され印象に残り記録されることになる。これまでの「ええじゃないか」をめぐる多くの議論には、こうした依拠する史料自体に対する反省が忘れられてはいなかったであろうか。そのうえ、人々の目にとまりやすく、かつ記録されやすかった名古屋、京、大坂などの都市にあっては、村落にくらべて町の恒常的な行政や共同生活の組織のうちに組み込まれることの少ない村からの離村者をはじめ浮動する人が多いから、都市での行動は村落での「ええじゃないか」にくらべて非日常的性格が濃かった。この都市の状況が多く「ええじゃないか」として記録されることが多かったことも考慮のうちに入れておかなくてはなるまい。

しかし、このようにいったからといって「ええじゃないか」にみられる民衆のオルギー状態の非日常的な行為を、すべて日常的なもののうちにひきもどすわけではない。男子の女装、性の解放を示す諸事実などは、疑いもなく非日常的な行為である。それは日常的なものの、別のいいかたをすれば生活の秩序が前提として存在していて、はじめて非日常的なものとしての性格をもつ。

日常性に対して、「ええじゃないか」にみられる非日常的といういいかたをしたが、その非日常性とは毎年、村で繰り返される生活のリズムのうちにあって正月、盆、祭礼などのいわばハレの日の行動の拡大したものにほかならないのである。「ええじゃないか」のうちにみられる性をめぐる問題は、なにもここにはじめて登場するものではない。古く風土記のときの歌垣の例に遡るまでもなく、毎年の盆踊りや祭礼の晩にも規模のちがいこそあれ、みられたものであることは、民衆の生活に多少とも関心をもつものであればよく知っていることである。さらに百姓一揆や打ちこわしに関連し、「ええじゃないか」の評価のときに問題にされる無銭飲食の強請・強要にしてみても、祭礼の神輿の巡行に伴って、ままみられることであり、飲食だけではなく神輿があれば器物の破損の生ずることも決して稀なことではなかった。こうして村落生活のレベルでみるならば、「ええじゃないか」のうちにみられる民衆の非日常的な行為や要素は、「ええじゃないか」にかぎって、とくにあらわれたものでは決してなかった。だがこう考えたからといって「ええじゃないか」のうちに認められる諸要素を村落の年中行事のうちにみられるハレの日の行事や行為のうちにすべてを還元してしまうつもりはない。それは全く非歴史的なことである。ことにここにあって、慶応三年という幕府最後の年という特殊性を無視してしまうことは、誤りである。開港以後の物価の上昇はつづき、民衆の生活は楽ではない。しかも、三〇〇年近くつづいた江戸幕府は第二次の長州征伐すら満足に実施しえない。薩・長を中心とするグループは、討幕にまでもちこみたいらしい。時代は大きく変化しようとしていることだけは、民衆は肌で感じていた。しかし、時代の変化は民衆とは全く無関係のうちに着々と進行している。新しい政治が楽な生活を保証するとはかぎらない。自分たちの生活にもっとも影響するであろうことが全く知らされずに進行していく。慶応三年という時点で、民衆が老若男女ともに「ええじゃないか」に熱中したのは、そうした民衆の不安が背後にあったからにほかならない。「ええじゃないか」には確かに討幕派の連中を含むある人為的な要因により発生した側面が大きいが、それはおそらく討幕派の予想した以上に拡大し、かつ永続し、一二月九日の王政復古、天皇親政のもとの新政権誕生以後も、火をつけた連中の思惑以上の事態を生じたのは、ここにみたような民衆の時代と社会の動きに対していだいていた不安が爆発したためであった。

さまざまな歌詞

さて、これまで慣例にしたがって「ええじゃないか」という言葉で呼んできた。事実、今日では一つの学術用語として「ええじゃないか」は定着しているといえる。しかし、第二章でみたように、当時の資料でこの運動全体を「ええじゃないか」として一括し記述したものは少ない。ある名称をもって示したものを整理すると次のようになる。

お下り	駿河両河内村、近江蒲生郡
御天降	京都
御札降り	遠江
御札祭	尾張・美濃
おかげ	伊勢山田、河内

おかげ騒動	伊勢山田
おかげ踊り	山城相楽郡・大坂・大和三輪・讃岐仲多度郡
おかげ参り	伊勢山田
おかげ祭り	信濃上伊那郡
直おかげ	伊勢多気郡
霜月おかげ	河内
大踊り	阿波・備前
雀踊り	淡路
えいじゃないかという踊り	阿波麻植郡
チョイトサ祭	信濃伊那地方
ヤッチョロ祭	信州下諏訪

この名称の一覧で、第一に気のつくことは当時の資料にみえる名称で、今日の通称となっている「ええじゃないか」を以てするのは、僅かに阿波麻植郡山川町川田の「世界善悪年代記」だけという事実である。後年の記述では京都の『五十年の夢』が「ヨイジャナイカ〲と云う踊」とし、福地桜痴も「ヱジヤナイカ踊」としているが、とにかく当時の民衆は踊りにさいして「ええじゃないか」という文句をうたったが、それを全体の名称とはせず、おもにかつての文政の「おかげ踊り」の名称をもって呼び、かつ意識していたことは確かである。われわれはややともすると「ええじゃないか」のもつ投げやりな語感、意味合いに意識的あるいは無意識的にひきこまれて、その線に沿ってこの運動を理解し、かつ評価しがちで

ある。確かに当時の民衆がこの時に「ええじゃないか」を大声で唱和したことの背後には、民衆のおかれたなんともしがたいそうした投げやりな雰囲気があった。しかし、それがすべてであれば、このような名称のあらわれ方はせず、もう少し「ええじゃないか」の名称が多くともよいはずである。この点は民衆の意識にかかわってくることである。

民衆は「ええじゃないか」に、なにを求めたのだろうか。彼らの行動のうちにそれをさぐらなくてはならない。その行動にみられる民衆の意識は複雑でとらえがたいが、さいわいにして「ええじゃないか」で民衆の唱和した歌がある。その歌詞をよりどころにして、民衆の意識のうちにさぐりを入れてみようと思う。

民衆が口々に唱えた「ええじゃないか」「よいじゃないか」「いいじゃないか」という文句は一つの囃し言葉としてのものであり、その動作・行動により、

こいつ呉れてもえゝじゃないか
そいつ上げてもえゝじゃないか
持って去《い》んでもえゝじゃないか
着ものぬいでもえゝじゃないか
あたまはってもえゝじゃないか
まをとこしてもえゝじゃないか
(『阿波えゝぢやないか』)

などと適宜文句をつけて囃され、いやがうえにも人々の行動をあおりたてたものであった。

ここには、どのような行動をとっても責任を追及されないのだという人々の意識が認められる。そこには時代と社会が大きく変わろうとしているのに、それとは無関係な場所にたたされている民衆のいらだちが、その無責任な響きをもつ囃し言葉のうちにこめられている。ただたんなる囃し言葉としてではなく、まとまった歌詞になったもので多くの史料にみえ、各地でひろくうたわれたのは、

御影でよいじゃないか、何んでもよいじゃないか、よいじゃないか、よいじゃないかおまこに紙張れ、へげたら又はれ よいじゃないか　（淡路「水田家文書」）

えいじゃないか　えいじゃないか　おそゝに紙はれ　破れりゃ又はれ、えいじゃないか、えいじゃないか　（『丁卯雑拾録』）

といったやや卑俗なものであった。また、

おかげでえいじゃないか　えいじゃないか　はんじょうせい　はんじょうすりゃ　えいじゃないか　えいじゃないか　はんじょうせい　（『三雲庶民史』）

という祝い言葉的なものもあった。ともに説明の要はあるまい。

一ヵ所で囃されたのは一つの文句、一つの歌詞ではなかった。伊勢の山田では、次の一二種

もの歌詞がみられる。

正直に神のまつりをする人は　子孫繁昌すればエジャナイカ
にぎやかに御蔭参りが始まりて　日に正直の祓エジャナイカ
さりとてはおそろしき年うちわすれ　神の御蔭で踊りゃエジャナイカ
しまつする人もお蔭で此度は　つい天保を投げりゃエジャナイカ
御本宮あゆみを運べ此度は　末も繁昌すればエジャナイカ
老人媼も子供も皆踊れ　繁昌〱とうたやエジャナイカ
　七福の神にまじはるお多福の○○○《（ママ）》に　紙をはるもエジャナイカ
はじまりも終りもしらぬ此度のおかげ踊は是もエジャナイカ
国々へあまた降ります御祓は　御代も治るしるしエジャナイカ
十分の五穀のみのる卯年も越えて　目出度辰もエジャナイカ
下々へ祓ふらるゝ御蔭やら一合四勺もわすれエジャナイカ
御利生はみんな頭に戴きて踊れば　辰の春もエジャナイカ
（「見聞録」）

五穀の豊饒、社会生活の安定を願う人々の素朴な気持が、この歌詞にこめられていることは明らかである。京都府の北、網野や峰山でも、

塩竈街道で巾着拾った　ヨイジャナイカ　ヨイジャナイカ

あけて見たれば大神宮　ヨイジャナイカ、ヨイジャナイカ
伊勢から神が降る　御蔵に米が降る　大黒の金が降る　ヨイジャナイカ　ヨイジャナイ
カ
娘踊れ　踊れ　品よく踊れ　ヨイジャナイカ　ヨイジャナイカ　品のよい子を嫁に娶る
内は目出度や神様が降る　ヨイジャナイカ、ヨイジャナイカ
金と銀との鶴が舞う　ヨイジャナイカ　ヨイジャナイカ
御釜で飯炊く　斗鍋で爛する　飲んで踊れば　ヨイジャナイカ　ヨイジャナイカ
（『網野町史』）

と、やはり全体にこの年の豊かさを喜んでいる。同じ京都府久世郡城陽町でのものも、

ヨイセお蔭踊りはヨイセコラセ　どっから来ておせたヨーイセ　コレワイナ
伊勢の大神宮さんが　ヨイセコラセ　きておせた　サッサヤートコセー　ヨイヤナ　ア
レワノサッサ　コレワノサッサ　ササナンデモセー　エジャナイカ　エジャナイカ
ヨイセ　ことしは豊作　ヨイセコラセ　けっこな事でござる　ヨーイセ　コレワイナ
お米たくさんヨイセコラサ　とれて村中が大よろこび
（『城陽町史』）

信州の伊那地方でうたわれた数え唄形式のものでも、

一つとせ　人々のおどろくこのお札　神のしわざに相違ない　このオカゲサン
二つとせ　再びこの世に生まれても　またふる年は豊年だ　オカゲサマ
（『上辰野区史』）

と、同じように豊年を喜ぶ民衆の気持がにじみでている。
豊年、それによる米価の下落は、世のなかが一転してよい方向に向かうと人々に感じさせた。これまでの数年間の米価の上昇がはげしかっただけに喜びは大きく、それは世のなかが変わり、よくなる世直りへの希望へと進む。

「世直り」への期待
静岡県金谷の宿に残る記録、「歳代記」は、このときの数え唄を、

二ットセ　夫婦仲よく暮らすなり　神々御札舞い下る　コノヨナオシニ

と、コノヨナオシニ（此の世直しに）という文句でおさめている。阿波の板野郡でも、

日本国のよなおり《（世直）》は　えゝぢゃないか　ほうねんおどり《（豊年踊）》はお目出たい。おかげまい《（参）》りすりゃ
えゝぢゃないか、はあ、えゝぢゃないか　えゝぢゃないか　（『阿波えゝぢやないか』）

と、世直りの文句がみえ、淡路でも、

今年は世直りええじゃないか
世直り祝いに娘十五になつたなら
親のいう事聞かいでも
若いさんのいう事よう聞いて
むこさん持ち上げりゃ　ええじゃないか
親に孝行な嫁とれば　ええじゃないか
じさん　ばさん喜んで仕事する
これが出世の種となる
世間の評判　ええじゃないか
親に不幸な嫁とれば
じさん　ばさん泣くばかり
じきに三枚しき《（敷）》いん《（隠）》居して
嫁さんそしればええじゃないか

（『洲高社会科雑誌』八）

と、この年を世直りとして意識していた。当時の京都の様子を記した「御代の栄」には、神仏天降四季かへ歌として、

はるばる　いさみてござる天降り　神はあらたな世なほり《（直）》や　おかげ〳〵で民もぶし《（無事）》にて
有難い。日本ゆたかでやはりけふ、京もをどるやにぎわしや。みな〳〵家内うちつれて、
〇〇《のど》カにをどけそのすがた《（姿）》、はずむがはで《（派手）》にそろふそろい、赤の色ます大勢づれ、きんぎん《（金銀）》
をいとふをやぢまでぬけてなじみの茶屋ぐるい《（狂）》、おもはずすぼるいつゞけに、けさ《（今朝）》もさて
飲む湯豆腐酒、ア、、そうしてゆけからさはぎ《（虚騒）》、あいよい〳〵よいぢゃないか

（『歴史地理』二五—三）

とみえている。さきにもみた『丁卯雑拾録』にも、江戸からの便りとして、

天降始り江戸中うかれ出し候はゞ、賊乱も自然と相納、世直し踊りにても相始り候はゞ面白からん

という文面を載せている。

これらから、民衆が強く自分たちの暮しむきがよくなることを望んでおり、世直りに大きな期待をよせていたことは疑えない。そうしてこの世直りへの希望は、直接的には米価の下落によりもたらされたものであった。ただ注意すべきは、以上にみた歌詞でもその多くは世直りであって、すべてが世直しではないという事実である。民衆が自らたちあがって自分の手で要求を得ようとした百姓一揆にこそ、世直しが意識されるのである。御祓の降下を契機

に展開する無銭飲食やハレの日の状態の持続は、民衆が自ら意識してうみだした世直しではなく、それは民衆とは離れたところからもたらされた他動的な世直りであった。民衆の生活は、彼らの努力だけではなんともしがたい壁に当面していた。前年のあの江戸時代最大の高まりをみせた百姓一揆・打ちこわしをもってしても、状況は変化しなかったからこそ、彼らは彼ら以外の力による世直りの到来をまち望んでいたのである。

民衆が、世のなかが変わって暮しがよくなると感じたのは、神符類の降下という事実をまのあたりみたからである。空からの降下を吉兆としてとらえたのは、このときばかりではない。第三章でみたように、歴史的にも多くの先例があり、日本人の一つの基本的な民俗文化に根ざした感情であった。

西から蝶々が飛んで来て　神戸の浜に金撒いて　エイジャナイカ　エイジャナイカ

（『郷土研究』四ノ七）

という歌も、そうした民衆の意識の存在を語るものである。民衆の生活の場である村や町の生活秩序は、前にみたごとく強く残っていたから、河内などに典型的にみられるように、「ええじゃないか」も、村の行事体系のうちに組み込まれてしまうけれども、この慶応三年という時点での民衆の不安は、地下水のように人々の生活の奥深く秘められていた民俗文化に根づく伝統的な感情や意識を、表面にもちだすことになる。

神は出雲を本として　六十余州の神仏が
人間世界を一列に　照させ給ふ恵にて
諸神諸仏の御降りが　日本国中いちじるし、
弥勒仏の御威光で　五穀成就ありがたい

（『阿波えゝぢやないか』）

という阿波での歌は、豊年の稔りを弥勒仏の力としてとらえている。日本の民衆の間で、弥勒がたんなる仏教上の弥勒下生の信仰だけでなく、社会を根本的に変革し、民衆の生活を一新する世直しの神として、さまざまな時代に、かつ多くの様式で観念され期待されていたことは、多くの人々により説かれているので、ここではふれないが（宮田登『ミロク信仰の研究』）、こうした民衆の潜在意識が「ええじゃないか」にみられることは注意すべきことである。

さらに、こうした民衆のうちに維持されてきた意識をうかがわせるものに、さきに引用した刈谷の町庄屋、加藤新右衛門の奉行所への報告がある。そこでは、神符の降下は「病難除け、町々安全、五穀成就」のために、七日七夜の間、町として祀ったのである。近世初頭の伊勢踊りが、「爰かしこに金銀米銭の降りかしと云ひ伝へ何の他念も無く踊」（『大海集』）ったという側面のほかに村に入りくる悪霊を送るという意識のもとになされ、それは平安の志多羅神の運動にも連なる掛け踊りの伝統によるものであろうことは、第三章でみたのであるが、この刈谷の例は「ええじゃないか」の踊りにも空からの神符の降下によるもののほかに、そうした要素のあったことを語っている。さらに民衆の民俗文化に根ざした観念として、神符の降下に空からの降下物を神聖視するもののあったことはいうまでもない。

このように「ええじゃないか」にみられる民衆の意識には、その基底に弥勒仏を世直し神として観念するもの、さらに空よりの降下物を神聖視する観念などの民衆の間に潜在していたものがあった。それに慶応三年という政治的にも社会的にも不安な状況のうちで、米価の下落、豊年の到来という契機から、世直りへの期待が民衆のエネルギーをこめて爆発したことは、

再びこの世に生まれても、またふる年は豊年だ　オカゲサマ

という数え唄に、よく示されているといえよう。ただ、「ええじゃないか」で、民衆の待ち望んだ世直り、弥勒の世は到来したのだろうか。「ええじゃないか」についやされた民衆のエネルギーは、民衆になにをもたらしたのだろうか。その答えは、民衆が「ええじゃないか」にこめた世直りとはほど遠い、明治国家の成立であった。それは世直りを期待し、自らの手による世直しをたたかいとることのできなかった民衆への、当然の答えでもあったといえよう。

明治以降の「ええじゃないか」

「ええじゃないか」に結集されたかにみえる日本の民衆運動の流れは、明治以降どうなったのであろうか。問題は近代日本全体にかかわることであり、かつ今日のわれわれの行動に関

係することである。今後を期したいと思うが、この流れが決して消え去ったものではなかったことを示す資料をあげておこう。大正四年、京都で柳田国男の見聞したところである。

大正四年の御大典のさい京都に大礼使事務官として赴いた折に、やゝ小型の「ええぢゃないか」踊りが市内に始まったことがあった。当時の警察部長で淡路出身の永田青嵐もその警備のため市内にお忍び姿で出たのだが、私が彼の肩をいからせた姿を認めたと同時に踊ってゐる群衆も彼を認め「部長さんもええぢゃないか」と歌の文句が変ったので思はず苦笑した。(『故郷七十年』)

あまり具体的ではないが、民衆の間に「ええじゃないか」が一つの囃し言葉として定着していたこと、しかも府の警察部長という為政者側の最先端にある者をも「部長さんもええぢゃないか」の囃し言葉で包みこみ、自分たちのうちに引き込んでしまっているのは、やはり幕末の「ええじゃないか」の伝統が民衆の間に深く生きつづけていたことを語るものであろう。

参考文献

『ええじゃないか』高木俊輔　一九七九
『神々と民衆運動』西垣晴次　一九七七
『お蔭参りとお蔭燈籠』牧村史陽　一九七〇
『「おかげまいり」と「ええじゃないか」』藤谷俊雄　一九六八
『抜け参りの研究』吉岡永美　一九四三
『阿波えゝぢやないか』山口吉一　一九三二
「神符降臨の話」柳田国男（『定本柳田国男集』二七）
「御札降り年代記」柳田国男（『定本柳田国男集』二七）
「神符の降下に就いて」井野辺茂雄（郷土研究　三―一〇）
「御蔭参の源流管考」井上頼寿（歴史と地理　二四―二）
「御蔭詣の源流と沿革」井上頼寿（歴史地理　五五―四）
「維新史上のナンセンス」土屋喬雄（『日本社会経済史の諸問題』所収）
「幕末における思想的動向」羽仁五郎（『明治維新史研究』所収）
「〝えいぢゃないか〟の乱舞」石井孝（歴史学研究　一―六）
"MASS HYSTERIA IN JAPAN" E. H. NORMAN（Far Eastern Survey 14-6）
「近世民衆心理の一面」遠山茂樹（『歴史科学大系』二三所収）
「近世弥勒信仰の一面」和歌森太郎（史潮　四八）
「封建制崩壊期における畿内農民のイデオロギーの展開」小林茂（ヒストリア　一四）

「幕末期大坂周辺における農民闘争」津田秀夫（『近世民衆運動の研究』所収）
「慶応三年における民衆の動向」石井孝（『学説批判　明治維新論』所収）
「ええじゃないか考」E・H・ノーマン（『クリオの顔』所収）
「河内国の〝ええじゃないか〟について」島田善博（ヒストリア　五六）
「〝ええじゃないか〟私考」相蘇一弘（大阪市立博物館研究紀要　二）
「お蔭踊私考」岩井宏実（芸能史研究　二九）
「御蔭之記―遠州〝横須賀惣庄屋覚帳〟から―」原秀三郎・繁沢雅子（日本史研究　一三八）
「世直し一揆資料―弥勒下降と御札降―」堀口貞幸（伊那路　一七―一〇）
「世直しの時代」宮下一郎（伊那路　一七―五・六）
「刈谷町のお札降り」岡本建国（地方史研究　二三―五）
「慶応三年竹原下市〝打こわし〟と〝ええじゃないか〟」頼祺一（芸備地方史研究　七六）
「ええじゃないかの発生について」大久保友治（郷土研究〈愛知県郷土資料刊行会〉三）
「稀書珍本巡礼三」市橋鐸（郷土研究〈愛知県郷土資料刊行会〉三）
「紀州の〝おかげ参り〟と〝ええじゃないか〟」安藤精一（和歌山県史研究　四）
「〝ええじゃないか〟の民衆運動」阿部真琴（大阪歴史学会編『近世社会の成立と崩壊』所収）
「一農民のみたええじゃないか」青木美智男（神奈川県史研究　二六）
「信濃におけるお札降り・ええじゃないかについて」高木俊輔（信濃　二七―九）
「御幣密々取扱一件」〝ええじゃないか〟研究会（日本史研究　一四八）
「ええじゃないか」伊藤忠士（佐々木潤之介編『世直し』所収）
「おかげ参りの実態に関する諸問題について」相蘇一弘（大阪市立博物館研究紀要　七）
「御鍬神考―近世伊勢信仰の一側面―」西垣晴次（『民族史学の方法』所収）
「阿波の〝ええじゃないか〟をめぐって」松本博（史窓　九）

「天保のお蔭踊りと村政改革」川合賢二（ヒストリア　七六）
「駿河・遠江を中心とした〝ええじゃないか〟について」枝村三郎（静岡県近代史研究　二）
「〝ええじゃないか〟騒擾の位相」中川武秀（香川の民俗　二六）
「〝お札降り〟の時代」乾宏巳（『なにわ大坂菊屋町』所収）
「お蔭参り・お蔭踊りと絵馬」岩井宏実（瑞垣　一二一）
「中国四国地方の「ええじゃないか」運動」安藤精一（経済理論　一八九）
「新出の「おかげ踊り」「ええじゃないか」図絵馬について」相蘇一弘（大阪市立博物館研究紀要　一八）

※参考文献は初版刊行以後発表された事例報告を中心にし、本文中に引用したものの多くは省略した。

付　表

第一表　松阪を通過した道者（明和八年三月上旬―七月二八日まで）

森壺仙『いせ参御蔭之日記』による　　**太字**は最初にあらわれた時を示す

三月　上旬	**丹後田辺**（女子・子供）
中・下旬	同右
四月　一日	（例年の春道者のみ）
一〇日	（道者少なし）
一一日	**山城宇治郡**の抜参り（女子・子供のみ）
一二日	**山城久世・紀伊郡**
一三日	**山城綴喜郡**（山田で報謝・接待はじまる）
一六日	**京都・伏見・淀・八幡・山崎・久世渡**（宇治郡は参り仕舞）
一八日	京都・**大津・膳所**・淀・伏見（外宮で長官よりむすびを出す。御祓降下の風聞。松阪でも三ヵ所に接待所を設く。紙幟・御影面流行。大津にて竹の子笠施行）
一九日	京都・大津・膳所・**瀬田**・淀・伏見・**坂本**・山城一国不残。**伊賀上野**（京三条五条の橋で辰巳講・万栄講笠施行。犬の参宮の噂）
二〇日	京都の人、減る。伊賀上野・**奈良**（道者の様子よくなる）
二一日	京都・大津・坂本・膳所・伏見・淀・八幡・山崎・**西岡**・奈良（櫛田川・稲木川の橋賃取らず）
二二日	昨日と同様（外宮一ノ鳥居で長官より赤飯出す。松阪の町人山田八日市場で施行、金五百両、米五百俵。道者報謝に門々に立つ）

二三日　山城一国・伊賀上野・奈良（雨天のため御座こも、米俵施行）
二四日　昨日同様（子供・女報謝に門に立つ）
二五日　京洛外・大津・坂本・膳所・**松本**・**草津**・伊賀上野・奈良（京では抜参りで即位に支障が出る。津観音堂に御祓四つ降下）
二六日　京近在・大津・膳所・松本・**津の町在**（四日市にも御祓降下）
二七日　津・**四日市**・山城は減る
二八日　津・四日市・山城・大津・坂本・伏見・奈良
二九日　この三日減る
三〇日　京近在・大津・膳所・坂本・伏見・淀・八幡。津は減る。**大坂**より少々通る（大坂で御祓五つ降下。奈良で野するもの多し）
五月　一日　京・大津・伏見・淀・**鳥羽**・**竹田**・**近江八幡**・大坂の道者は減る（外宮一日で五万四〇〇〇余りの御祓渡す。大坂の道者・女は無数、子供多し、職人舟方の者で京都より下輩でさわがし。外宮鳥居前の赤飯一日に三十俵より四十俵を費す）
二日　京、減り、大坂多くなる。**堺**・**桑名**・四日市・**東近江**・**亀山**・**関**（外宮前の赤飯・米がなく中止。松阪二ヵ所に御祓降下）
三日　大坂道者多し。堺・**河内八尾**・近江八幡・桑名・四日市・津（わらじ一足九文になる。馬も高値。相可・射和で施行）
四日　大坂いよいよ多く、男・女子供半々ぐらい。堺・**佐野**・**貝塚**・八尾・**尼崎**・**平野**・近江八幡・大和・桑名（松阪二ヵ所に御祓降下。所々に御祓降下）
五日　大坂（堀江・ざこ場・つつぼ）多し、京洛中なくなる。和泉・河内・摂津・**若狭小浜**
六日　大坂多し。和泉・河内・尼崎・小浜・桑名・**伊丹**（松阪入口に馬方・駕かき吟味所設置、高値を取締る）
七日　大坂・堺・尼崎・**住吉**・佐野・貝塚・**岸和田**・平野・八尾・**郡**・伊丹・**池田**・**兵庫**・**西宮**・桑名・関・亀山・**水口**・若狭（迷人多し。わらじ十三文より十六文。山田、旅籠賃八十文、木賃二十四文に公定）

八日　大坂・堺多し。和泉・河内・摂津・伊丹・池田・尼崎・西宮・兵庫・**播磨路**・水口・若狭小浜
九日　大坂・堺多し。佐野・貝塚・岸和田・八尾・伊丹・池田・尼崎・西宮・兵庫・水口・桑名・**尾張**少し出る（わらじ十七文より二十四文になる）
一〇日　大坂・堺・岸和田・尼崎・西宮・平野・京・兵庫・若狭・近江・桑名・尾張（京よりよき道者出る。夜通し歩く道者多し）
一一日　大坂・堺より**和歌山**までの在々、**明石**・**有馬**・**岐阜**・**大垣**・桑名（大坂少なくなる）
一二日　紀州・桑名・尾州・岐阜・伊丹・池田・有馬・明石・尼崎・兵庫・西宮・八尾（京はなくなる）
一三日　**三田**・兵庫・明石・**高砂**・尼崎・伊丹・池田・有馬・和歌山・**名古屋**・桑名（わらじ八文より十文）
一四日　**宮津**・**姫路**・明石・兵庫・三田・紀州・和泉・大坂・堺・桑名・**犬山**・岐阜（例年の道者の三倍、松阪にはぐれ人尋所設置）
一五日　宮津・三田・姫路・明石・兵庫・尼崎・和歌山・犬山・美濃・**三国**・**三河**（三河は舟で参宮、道者大分あしくなる）
一六日　紀州・堺多し、他は同様（紀州道者きたなし。わらじ五、六文）
一七日　和歌山・三田・兵庫・明石・姫路・高砂・尼崎・若狭・越前・**室**・**岡山**・**徳島**・**淡路**（大坂減る。わらじ日を追って安くなる）
一八日　和歌山・明石・阿波・淡路・岡山
一九日　昨日同様、**讃岐**・徳島・岡山・大和
二〇日　播磨・阿波・讃岐・岡山・淡路・紀伊・尾張・大和・和泉（脇々に泊めること禁止）
二一日　昨日同様（紀州減る。西へ寄る）
二二日　昨日同様、四国・**備中**・紀伊・大坂
二三日　**播州加古**・**加西郡**・徳島・讃岐・**伊予**・**備前児島郡**・**備中小田郡**・紀伊・近江・尾張・三河（五月節供より四分の一に減る）
二四日　丹波・丹後・他は昨日同様

二五日　昨日同様（大暑により道者減少）
二六日　播州加古・**印南**・加西郡・徳島・讃岐・伊予・備前・備中・丹後・**笹**（篠）**山**・近江・尾張
二七日　四国・**金沢**（四月二八日頃よりすく。遠江の道者は舟で）
二八日　笹山・播磨・備前・備中・阿波・讃岐・伊予・越前・越中・紀伊・尾張
二九日　播磨多し

六月

一日　播磨多し
二日　**江戸**・**安芸**・備前・**下ノ関**
三日　播州加東・加古・加西・印南・備前児嶋・備中・備後・安芸・**周防**・下ノ関・徳島・**丸亀**・**高松**・**金比羅**・笹山（四国・播州多く、紀伊・和泉・河内はなし。牛の参宮あり。報謝を中止しようとすると御祓が降り続行する）
四日　他所の道者同前、**松阪**より抜ける（山田では施行なくなる）
五日　笹山・播州・備前・安芸・阿波・讃岐・**出雲**・**石見**・備中・備後・江戸（松阪の抜参り多いので法度出る）
六日　**安芸広島**・丹波・播州・周防・讃岐・出雲・石見・東海道筋・江戸
七日　広島・**長門**・出雲・播州・周防・讃岐・伊予・石見・丹波・尾張・東海道筋・江戸（全体の七分は西国筋の者なり）
八日　安芸・備前・長門（乞食同前の道者多くなる）
九日　広島・備前・備中・出雲・石見・播磨・長門・下ノ関・東海道筋・江戸
一〇日　丹後・丹波・広島・江戸（町役人より接待中止の命令出る）
一一日　広島・周防・長門・備前・備中・播磨・阿波・讃岐・伊予・淡路・丹波・出雲・石見・尾張・三河・**伊豆**・**相模**（物乞いの道者多くなる）
一二日　安芸・周防・備中・備前・長門・阿波・讃岐・伊予・淡路・播磨・丹波・丹後・江戸・出雲・石見・大坂（宇治橋に米粒、籾、小豆、毛ふる）
一三日　昨日同前（津島祭りをかねての関東の道者多し。下関にも御祓ふる）
一四日　昨日同前、相模・**駿河**・伊豆・遠江・三河・**武蔵**・丹波（報謝宿少なくなり、橋に泊る者多

し）
一五日　下ノ関・丹波・安芸・備中・備前・播磨・阿波・伊予・讃岐・伊豆・相模・江戸・越前・**敦賀**・越中（六月一日頃より道者増加す）
一六日　昨日同前（大坂たまに通る。京はなし）
一七日　昨日同前、江戸・相模・伊豆・三河・尾張が半分ぐらい、**土佐**・**小倉**
一八日　阿波・丹波・安芸・関東筋・金沢・越後（越後は例年の参宮で御影参りではなし）
一九日　丹波・亀山・綾部・福知山・阿波鳴門・高松・敦賀（四月二二、三日頃と同じように盛行、四国の道者多し）
二〇日　丹波・播磨・伊予・**萩**・**筑前**（四国・丹波多く、関東は少なくなる。紀州藩より接待・報謝の中止命令出る）
二一日　笹山・福知山・綾部・淡路・高松・備前・備中・阿波・**松山**・**西条**・萩・安芸・敦賀・播磨・**但馬**
二二日　福知山・綾部・笹山・丹後・但馬・**小豆嶋**
二三日　福知山・綾部・笹山・丹後・但馬・備前・備中・安芸・長門・周防・阿波・讃岐・伊予・越前・相模・三河・武蔵・九州（阿波・丹波の道者は報謝に立たず）
二四日　昨日同前、**峰山**・**美作**・相模・**日向**（道者の八分は丹波）
二五日　昨日同前（丹波六、七分を占める）
二六日　（雨のため川止めにより通行なし）
二七日　峰山・福知山・綾部・但馬・美作・阿波・讃岐・伊予・備前・備中・安芸・江戸・**下総**・相模・越前
二八日　峰山・福知山・綾部・但馬・丹後・備前・備中・長門・安芸・紀伊・阿波・讃岐・伊予・淡路・美作・**津山**・美濃・三河・尾張・江戸・相模・播磨
二九日　江戸・相模・**上野**・丹波・丹後・但馬・美作・備前・備中・周防・安芸・長門・阿波・讃岐・伊予杉山・西条・播磨・備後（関東筋が半分を占める）
三〇日　昨日同前、上野・**下野**・**常陸**・武蔵・相模・三河・尾張（道者の半分は関東）

七月　一日　備前・備中・備後・安芸・長門・美作・播磨・丹波・丹後・但馬・越前・上野・**信濃**・尾張・讃岐・江戸（備中・備前・上野が多い）
二日　昨日同前、**土浦・豊前**（脇道を通るので、すいてくる）
三日　土浦・丹波・但馬・美作・備後・**上田・足利**・丹後・田辺・九州
四日　備中・備後・備前・美作・出雲・石見・阿波・讃岐・伊予・但馬・丹波・播磨・長州・九州・土浦・信濃・美濃・尾張・越前・越中・安芸・周防・備後
五日　備前児島郡・**安芸竹原**・讃岐・宇和島・信州（信州女道者多し、播州・丹波少なくなる）
六日　越前・越中・相模・淡路・信濃・加賀・備前・備中
七日　昨日同前（七月に入り、道者あしくなる）
八日　備中・備後・安芸・周防・長門・阿波・讃岐・伊予・但馬・美作・**因幡・伯耆**・上野・信濃・尾張・美濃・越前・越中・加賀・九州（美作の道者多し）
九日　昨日同前
一〇日　（川止めにより道者少なし）
一一日　**相馬**・安芸・備前児島郡・土佐（備中の道者少なくなる。広島の城に御祓降る）
一二日　昨日同前、**宇和島**・但馬・**長崎**（道者日をおってよくなる）
一三日　（洪水のため道者少なし）
一四日　**備中浅江郡**・**小田郡**・**屈屋郡**・備前児島・広島・竹原・備後・長門・美作・但馬・因幡・伯耆・出雲・石見・**肥前**・筑前・宇和島・讃岐・阿波・淡路・伊予・**今治**・松山・西条・美濃・信濃上田・上野・下野・常陸土浦・江戸・相模・越前・**備後福山**
一五日　昨日同前（上野・信濃道者多し）
一六日　（道者通常の年のごとくになる）
一七日　**筑前福岡**・長崎・越後・越中・越前（昨日より道者少し多し。上野多し）
一八日　（昨日より道者多し）
一九日　備前・備中・備後・安芸・長州・出雲・石見・伯耆・美作・但馬・阿波・讃岐・宇和島・**大洲**・長崎・福岡・上野・常陸・下総・信濃・美濃・尾張（中国筋より山上参りをかねた道者多

し）

二〇日　上野・美濃・豊後・豊前・紀州有田（上野大抜け。九州は男の道者多し）

二一日　昨日同前

二二日　因幡・信濃・美濃・尾張（洪水）

二三日　但馬・豊前・因幡・紀州有田

二四日　昨日同前、福井・若狭（若狭は山上参りを兼ねる）

二五日　昨日同前、東美濃・備後・阿波・讃岐

二六日　（道はなはだすく）

二七日　（道者各国の者入り込む。陸奥出羽はまだ出ず）

二八日　美濃・伯耆・阿波・長門・讃岐・上野・信濃

第二表　大坂での施行（明和八年）

施行者	施行場所	金額	品物
鴻池善右衛門	玉造	四六〇両	（銭二三〇〇貫）
安治川問屋中	安堂寺町	一五〇両	（草鞋二五万足）
中嶋屋	深江村		（餅米一〇〇石）
辰巳屋	安堂寺町		（銭一〇〇〇貫）
天王寺屋	松原村		（銭一〇〇〇貫）
上町	安堂寺町		（笠二〇〇〇〇）
嶋ノ内	玉造		（琉球竹杖数不知）
日野屋	玉造		（銭一二〇〇貫）
平又	安堂寺町		（銭二〇〇〇貫）
かじまや	松原村		（銭数不知）
堂島問屋中	萩原宿		（白米一〇〇〇石）
天満市問屋中	淀川		（船三〇〇艘）
新町茶屋中			（手拭）
道頓堀茶屋中	大坂より三輪まで半町に一本		（高提灯一〇〇〇本）
北浜十二浜中	闇峠で児・老人を背負う		（若者毎日三〇〇人）

（『いせ参御蔭之日記』より）

第三表　明和８年宮川渡河人員

月　日	明和続後神異記	月　日	明和続後神異記	月　日	抜参教訓鑑	摂陽奇観
4. 8〜23	125,000	5. 14	55,000	4. 26	1,030	1,130
4. 24	18,000	15	46,000	27	4,220	4,220
25	23,000	16	58,000	28	13,750	13,750
26	19,000	17	53,000	29	97,300	97,320
27	17,000	18	49,000	30	79,300	79,030
28	15,000	19	45,000	5. 1	112,600	113,600
29	13,000	20	38,000	2	92,300	92,008
30	8,500	21	34,000	3	125,000	125,000
5. 1	11,000	22	33,000	4	15,750	35,750
2	12,000	23	29,000	5	183,750	183,430
3	22,000	24	27,000	6		160,410
4	32,000	25	23,000	7		184,160
5	41,000	26	19,000	8		100,060
6	38,000	27	17,000	9		93,000
7	47,000	28	11,000	10		89,050
8	69,000	29	7,800	11		86,090
9	72,000	6. 1〜10	73,800	12		39,100
10	84,000	11〜20	160,000	13		91,010
11	66,000	21〜30	143,000	14		8,610
12	64,000	7. 1〜30	242,800			
13	57,000	8. 1〜 9	59,550	計	725,000	1,596,728

※『明和続後神異記』の合計は2,077,450

第四表　文政13年宮川船渡人数　（「御蔭参雑記」より）

月　日	宮川船渡人数	参宮人の出身地
閏3月 1日	1,000	阿波
2	3,000	
3	11,000	紀伊・和泉
4	23,000	紀伊・大和・和泉・摂津
5	62,000	淡路・山城・大坂
6	65,000	
7	65,000	
8	59,000	摂津・河内・小豆島
9	54,000	
10	55,000	
11	52,000	
12	94,000	高松・伊予・近江・松阪
13	52,000	三河・尾張・神宮近在
14	55,000	
15	54,000	
16	94,000	京都・五畿内・神宮近在
17	100,000	
18	97,000	京都
19	109,000	
20	109,000	
21	111,000	丹波・丹後・美作・京都・播磨
22	107,000	
23	116,000	美濃・尾張
24	108,000	
25	137,000	尾道・宮津・桑名・四日市
26	148,000	尾張・三河・美濃・岡崎・大垣・岐阜・桑名・四日市
27	121,000	
28	111,000	美濃・尾張・三河・姫路・下津井・安芸・近江・若狭・北勢
29	117,000	丹波・丹後・但馬・美濃・尾張
〆	2,281,000	「宮川舟番所人数改帳」より

第四表（つづき）

	宮川船渡人数	参宮人の出身地
4月 1日	上17,000　下97,000	
2	上12,000　下85,000	
3	上13,000　下96,000	
4	上11,000　下95,000	美濃・尾張・近江
5	上10,000　下96,000	
6	上10,000　下98,000	中国筋・美濃・尾張・三河
7	上 7,000　下79,000	
8	上 8,000　下80,000	越前・敦賀
9	上 5,000　下60,000	
10	上 5,000　下65,000	美濃・尾張・三河
11	上 4,000　下63,000	
12	上 3,000　下50,000	
13	上 2,000　下43,000	
14	上 1,500　下40,000	
15	上 1,000　下36,000	因幡・信濃・遠江
16	上 1,000　下37,000	
17	上 800　下30,000	
18	上 1,000　下23,000	
19	上 800　下18,000	
20	上 800　下18,400	
21	15,600	
22	16,700	
23	23,000	
24	15,600	名古屋・彦根・丹後・大坂
25	15,700	
26	上 8,000　下 4,000	
27	留　川	
28	上 8,000　下　留川	
29	7,500	名古屋・彦根
30	6,500	
〆	1,440,400	「宮川舟番所人数改帳」より

第五表　図司家宿泊者　（「御影参宮人衆泊名面日記」より）

国名＼月	4月	5月	6月	7月	8月	計	国名＼月	4月	5月	6月	7月	8月	計
近江	7	21	17	9	10	64	日向					1	1
山城	2	2			1	5	若狭		1				1
京都				1	1	2	讃岐	2		1		1	4
大坂		1		1	1	3	越前	7	26	21	12	11	77
摂津		1		1		2	加賀	3	16	11	11	3	44
河内				1		1	能登		5	7	3	1	16
大和				1		1	越中		13	20	12	1	46
紀伊		1	1			2	越後			1	2		3
伊賀				1		1	美濃	1		2	1	1	5
伊勢					1	1	飛騨					1	1
播磨		3	2	1	1	7	尾張			4	2	1	7
備前			1			1	三河			2	1		3
備中				1		1	遠江				2		2
安芸		1				1	信濃			1	1	1	3
因幡			1			1	駿河					1	1
伯耆			1			1	江戸			2	1	4	7
石見			1			1	下総				2		2
阿波	1	1				2	上野				1		1
伊予			1			1	計	23	92	97	68	42	322

あとがき

フランスの美術史家アンリ・フォションは「歴史上のひとつの時期というものは、たとえ短くとも、数多くの段階、いわば多くの成層をその中に含んでいるものである。歴史はヘーゲル流の生成ではない。歴史は同じ速さで同じ方向へ、事件やその残骸を運び去ってゆくひと条の河のようなものではない。われわれが本来歴史と名付けているところのものを形づくっているのは、まさに種々雑多で不規則な流れそのものなのである。われわれはむしろさまざまな方向に走り、時には断層によってとぎれている地層、同一の場所、同一の時点で、その地点が経てきたさまざまな時代を把握することができるような、そして流れ去った時代のどの部分も同時に過去であり、現在であり未来であるような地層の重なりを考えて見た方がよかろう。」(『至福千年』神沢栄三訳)と、歴史の成層的分析の視点について記している。「ええじゃないか」という歴史事象を、ただその発生・展開した時点に限定して理解するだけでなく、フォションの言う成層的分析の立場からみようと試みたのが本書である。副題を「民衆運動の系譜」としたのも、そうした意図に他ならない。ただ、私の意図がどの程度実現しえたか、甚だ心もとない。今後さらに問題を深めたいと思っている。

本書の主題である「ええじゃないか」にはかなり前から関心はあったが、それは伊勢信仰の一端としてのものであった。より直接的には、まず先年、勤務先でいわゆる学園紛争を体験したことが大きい。二ヵ月余りの非日常的な人々の動き、異常な状況下におけるある種の解放感の存在といったものは、ハレとケあるいはアノミーといったことを考えさせ、「ええじゃないか」とのアナロジーを感じさせた。またそれと前後して藤谷俊雄氏の本が出版された。一読し教えられることが多かったが、そこでの「ええじゃないか」の歴史像と評価は、私の考えていたものとはかなり違っていたし、各地で地道に進められている地方史研究の成果が、全く無視されたかのように取上げられていないこともうなずけなかった。これらのことでこれまで蒐めた関係史料を検討している時に、立教大学に進んだ後藤芳子さんが林英夫教授の指導で卒業論文に、「ええじゃないか」を扱いたいと話しに来られた。その時、各市町村史にみえる史料をみたらどうか、ということを話した覚えがある。後藤さんは精力的に仕事をすすめ、立派な卒業論文を完成された。後藤さんの蒐められた史料には未見のものも多く、それにより再考する機会をあたえられた。

こうした時に新人物往来社の内川千裕氏から依頼をうけた。もともと私は中世の神社史、ことに伊勢神宮について調べてきたので、「ええじゃないか」の展開した幕末についての知見は少なかったし、やたらとむずかしい学術用語が用いられる幕末を扱った論文とは縁があまりなかった。本来ならばこの話しを断わるべきであったのかもしれない。しかし、前に述べたようないくつかの事情と「ええじゃないか」に古代以来の日本の民衆の動きをみるというフォションの成層的分析の方法を適用することで幕末を専攻していない私なりの「ええじゃないか」像を示し、また知られていない各地の史料を学界の共通財産にすることができるかもしれないと考え、この執筆依頼を承諾した。しかし、意図のようには筆はなかなか進まない。史料も同質のものが多く、民衆の生活の内面にまで立入ったものがないという欠陥をもっていた。その上、私の怠惰もあって約束の期限に大幅に遅れ、また出版社の考えていたであろう内容よりも数等堅苦しいものになってしまった。この点、内川及び宮本久の両編集者に申し訳なく感じている次第である。

本書がなるについては多くの方々の御厚意があった。神宮文庫、内閣文庫、明治大学刑事博物館、藤沢市史編纂室、徳島県立図書館では所蔵史料について便宜をいただいた。乾宏巳、市原輝士、大浜徹也、小谷俊彦、葛谷利春、児玉幸多、後藤芳子、圭室文雄、芳賀登、林英夫、萩原龍夫、古川真澄、宮田登、山田忠雄の各氏からは史料の教示をえた。また相蘇一弘、岩井宏実、島田善博、牧村史陽、藤谷俊雄、藪重孝の各氏からはその論考から多くの学恩をうけた。なお、掲載の図版については前にあげた方々の他、反町茂雄氏はじめ所蔵者各位の御厚意により掲載することができた。なかには学界に未紹介のものも含まれている。さきにフォションにならい成層的分析といったが、歴史にたいするこうした見方への目をひらくことになった和歌森太郎、萩原龍夫、桜井徳太郎の三先生の学恩も忘れられない。また所収の史料を利用させていただいた各地の市町村史の編纂に従事された方々の地道な研究に深く感謝したいと思う。そうした研究がなかったら、恐らく私が本書をなすことはなかったであろうし、もし書いたとしてもその内容は空虚なものになっていただろう。さらに教室で接している生徒諸君との交流が、どれほど本書をなすにあたって大きな支えになっていたかはかりしれないことも記しておきたい。

昭和四十八年四月

再版にあたって

あることが契機で八年前に出した本書が再版されることになった。初版の刊行後、高木俊輔（歴史評論二八六）、上林澄雄（柳田国男研究四）、山田忠雄（『農民闘争史』下解題）、田中彰（『明治維新』）など各氏から紹介かつ批判をいただいた。また、本書で紹介した史料が多くの方の論考に引用されることも少くなかった。学界共有の資料にしたいという本書のねらいは達せられたように思う。参考文献で示したように、以後、事例の報告も多くなった。喜ばしいことである。それらの事例や御批判により加筆、訂正すべきであるが、再版という条件のため、誤植の訂正と簡単な追記に止めざるをえなかった。刊行後、石川淳氏の『至福千年』を読んだ。「ええじゃないか」に至る民衆の動きをよく描いたものであり、反省させられた。また西欧での宗教的民衆運動の研究もノーマン・コーン（『千年王国の追求』）をはじめいくつか紹介・翻訳され、教えられることが多かった。いずれ改版の際にこれらの点を生かしたいと思う。

再版に際し初版の時と同様、内川千裕氏と宮本久氏になにかと御世話になった。あつく感謝するものである。

昭和五十五年十一月

KODANSHA

本書の原本は、一九七三年に新人物往来社より刊行されました。

文庫化にあたっては、一九八一年の再刊版を底本としました。

本文中に「気違ひ」「非人」「革田」「穢多」等、現在では差別的な表現が使われていますが、歴史資料の引用であること、著者に差別を助長する意図はなく、すでに故人であることなどから、原本のまま掲載しました。

文庫化にあたり、読みやすさを考慮して、適宜、小見出しを加えました。

西垣晴次（にしがき　せいじ）

1929年，東京生まれ。東京文理科大学史学科卒業。民俗学研究所所員，東京学芸大学付属高校教諭等を経て，群馬大学教授，目白大学教授，日本学術会議会員を務め，2013年没。著書に『三重県の歴史』，『地方史入門』，『神々と民衆運動』，『お伊勢まいり』，『地方文化の日本史３　鎌倉武士西へ』（編著），『図説　群馬県の歴史』（責任編集）ほか。

講談社学術文庫

定価はカバーに表示してあります。

ええじゃないか
民衆運動《みんしゅううんどう》の系譜《けいふ》

西垣晴次《にしがきせいじ》

2021年８月10日　第１刷発行

発行者　鈴木章一
発行所　株式会社講談社
東京都文京区音羽 2-12-21 〒112-8001
電話　編集（03）5395-3512
販売（03）5395-4415
業務（03）5395-3615
装　幀　蟹江征治
印　刷　株式会社廣済堂
製　本　株式会社国宝社
本文データ制作　講談社デジタル製作

ISBN978-4-06-524586-6

「講談社学術文庫」の刊行に当たって

これは、学術をポケットに入れることをモットーとして生まれた文庫である。学術は少年の心を養い、成年の心を満たす。その学術がポケットにはいる形で、万人のものになることは、生涯教育をうたう現代の理想である。

こうした考え方は、学術を巨大な城のように見る世間の常識に反するかもしれない。また、一部の人たちからは、学術の権威をおとすものと非難されるかもしれない。しかし、それはいずれも学術の新しい在り方を解しないものといわざるをえない。

学術は、まず魔術への挑戦から始まった。やがて、いわゆる常識をつぎつぎに改めていった。学術の権威は、幾百年、幾千年にわたる、苦しい戦いの成果である。こうしてきずきあげられた城が、一見して近づきがたいものにうつるのは、そのためである。しかし、学術の権威を、その形の上だけで判断してはならない。その生成のあとをかえりみれば、その根は常に人々の生活の中にあった。学術が大きな力たりうるのはそのためであって、生活をはなれた学術は、どこにもない。

開かれた社会といわれる現代にとって、これはまったく自明である。生活と学術との間に、もし距離があるとすれば、何をおいてもこれを埋めねばならない。もしこの距離が形の上の迷信からきているとすれば、その迷信をうち破らねばならぬ。

学術文庫は、内外の迷信を打破し、学術のために新しい天地をひらく意図をもって生まれた。文庫という小さい形と、学術という壮大な城とが、完全に両立するためには、なおいくらかの時を必要とするであろう。しかし、学術をポケットにした社会が、人間の生活にとってより豊かな社会であることは、たしかである。そうした社会の実現のために、文庫の世界に新しいジャンルを加えることができれば幸いである。

一九七六年六月

野間省一